Deutsch–Englisc
Englisch/Amerik
English/America
German–English.

Hans Klaus

Fachausdrücke
im Bankgeschäft

Banking
Dictionary

Herausgegeben vom
Schweizerischen Bankpersonalverband
(Mitglied der Union europäischer Bankpersonalverbände)

Edited by the Swiss Association
of Bank Employees
(Member of the Union of European
Associations of Bank Employees)

Verlag Paul Haupt
Bern und Stuttgart

CIP-Titelaufnahme der Deutschen Bibliothek

Fachausdrücke im Bankgeschäft / hrsg. vom Schweizer.
Bankpersonalverb. Hans Klaus. – Bern ; Stuttgart :
Haupt.
  Verf. von Hans Klaus: Banking dictionary. Terminologia
  bancaria
NE: Klaus, Hans; Schweizerischer Bankpersonalverband;
  1. PT; 2. PT

Deutsch-englisch-amerikanisch, English-American-
  German. – 7., völlig überarb. Aufl. – 1990
  ISBN 3-258-04197-0

Publisher's Note

In the year 1965 our Association's official publication «Schweizerische Bankpersonalzeitung» contained a small collection of English and American technical expressions. Positive reader reaction continued to flow in, with the result that the idea of publishing the collection in book form in order to provide a practical aid to as broad a group of readers as possible met with a extremely favourable reception. This collection of technical terms now appears in its seventh edition, completely revised and brought fully up to date.

Equally marked was the effect of the other volumes; please note the advertisement at the end of the present glossary.

This set of books will serve a double purpose in your training, namely language instruction and increased knowledge of banking activities, so that a greater understanding of this important branch of the economy will be aroused.

We wish that this new edition, which has been compiled with such great care, continues to be successful and hope that this special service rendered by our Association will continue to be well received.

Swiss Association of Bank Employees

Vorwort des Herausgebers

Im Jahre 1965 erschien in unserem Verbandsorgan, der
«Schweizerischen Bankpersonalzeitung», eine kleine
Sammlung englisch-amerikanischer Fachausdrücke. Immer neue positive Reaktionen aus dem Leserkreis haben
dann die Idee reifen lassen, diese Sammlung in Buch-
form herauszugeben, um möglichst vielen Interessenten
ein nützliches Hilfsmittel zugänglich zu machen.
Der erste Band: Englisch/Amerikanisch – Deutsch und
umgekehrt, 1969 erschienen, zeitigte einen durchschla-
genden Erfolg und fand internationale Beachtung. Diese Fachwörtersammlung erscheint nun in siebenter Auflage, gründlich umgearbeitet und auf den neuesten
Stand der Dinge gebracht.
Ebenso eindrücklich waren die Ergebnisse weiterer
Bände; beachten Sie bitte die Anzeige am Schlusse
dieses Glossars.
In ihrem Aufbau möchte diese Buchreihe einem doppel-
ten Zwecke dienen, nämlich der sprachlichen Weiterbil-
dung und der vertieften Kenntnis der Banktätigkeit,
womit auch vermehrtes Verständnis für diesen wichtigen Zweig der Wirtschaft geweckt wird.
Wir wünschen der vorliegenden, umsichtig besorgten
Neubearbeitung einen vollen Erfolg und hoffen, dass
diese besondere Dienstleistung unseres Verbandes weiterhin gut aufgenommen werde.

Schweizerischer Bankpersonalverband

Author's Preface

Knowing the languages used by one's partners is of great help in opening up new business connections and in dispatching commercial operations and financial transactions.

In 1993 the European Community will have become a reality: a domestic market with 320 million people, the world's largest free economic area. A certain degree of standardization will result: of languages as one of our means of communication as well? Not at all! There will continue to exist a rather confusing variety of languages with German and British/American English as two important languages in Europe.

English around the world! The English language is understood on all continents. British/American English is the language of aviation, of space travel, of electronic data processing, and increasingly also of banking and financial economy.

The German language is the mother tongue of a speech area of some 100 million persons in Germany, Austria, the German-speaking part of Switzerland and the German minorities in various other countries. German has one of the richest vocabularies of all languages; it can create new derivations and combinations of words at will.

The present reference book acquaints the user with contemporary international banking and financial terms; it includes a variety of special terms which cannot be found yet in technical books. Special vocabulary that has become internationally valid in the field of foreign-exchange dealing, in the loans and documantary sectors and in investment banking have been newly added. The symbol «GB» against individual headings means that the technical term concerned is of British origin; the symbol «USA» means it is of the United States origin.

The text is enriched by a large number of paradigms, whereby, as a rule, the German versions are placed in part one, and the English versions in part two of the book.

With the present glossary, it was sought to offer the reader a considerable store of both linguistic and banking information, presented in a manner which is both brief and easy to understand.

Several banks endeavour to offer a multilingual service including the five major languages of Europe: German, English, French, Italian and Spanish. Furthermore, these banks thoroughly inform the public about all types of banking transactions and about economic as well as financial questions. I am particularly grateful to some of these banks and – last but not least – to the Office for Official Publications of the European Communities, Luxembourg, for their willingness to make extensive documents available to me.

Hans Klaus

Zum Geleit

Wertvolle Hilfe bei der Anbahnung von Geschäftsbeziehungen und bei der Durchführung der Handels- und Finanzgeschäfte: die Kenntnis der vom Partner benutzten Sprache!

Im Jahre 1993 wird die Europäische Gemeinschaft Wirklichkeit: ein Binnenmarkt mit 320 Millionen Menschen, als grösster freier Wirtschaftsraum der Welt. Vereinheitlichung – auch der Sprachen, als gemeinsames Verständigungsmittel? Mitnichten, eher eine verwirrende Vielfalt! Immerhin, zwei Sprachen sind es, die in Europa eine bedeutende Stellung einnehmen: Deutsch und Englisch.

Englisch weltweit! Die englische Sprache wird auf allen Kontinenten verstanden. Britisch/Amerikanisch ist die Sprache des Flugwesens, der Weltraumfahrt, der elektronischen Datenverarbeitung und immer ausgeprägter auch der Bank- und Finanzwirtschaft.

Deutsch ist die Muttersprache von rund 100 Millionen Menschen in Deutschland, Österreich, im deutschsprachigen Teil der Schweiz sowie von ethnischen Minderheiten in diversen anderen Staaten. Deutsch gilt als eine der wortreichsten Sprachen; es kann Ableitungen und Wortzusammensetzungen beliebig neu schaffen.

Das vorliegende Nachschlagewerk macht den Benutzer mit der internationalen, aktuellen Bank- und Finanzterminologie vertraut; es enthält Begriffe, die in Fachbüchern noch nicht zu finden sind. Besonders intensiv sind neue, international gültige Fachbegriffe aus dem Devisenhandel, dem Dokumentargeschäft, dem Kreditsektor sowie aus dem Finanzbereich (Investment Banking) berücksichtigt worden. Die Anmerkung «GB» bei einzelnen Fachwörtern bedeutet, dass der betreffende Ausdruck britischer Herkunft ist; die Anmerkung «USA»: aus den Vereinigten Staaten stammend.

Der Text ist durch zahlreiche Paradigmata (Satzbeispiele) bereichert, wobei die deutschsprachigen Versionen in der Regel im Ersten Teil des Buches plaziert sind, die englischsprachigen im Zweiten Teil.

Mit diesem Glossar wird versucht, dem Benutzer eine Fülle fachsprachlichen und banktechnischen Wissens zu bieten – knapp und leicht verständlich formuliert.

Etliche Banken benutzen gegenüber ihren Kunden nicht allein die eigene Sprache, sondern bedienen diese in den fünf grossen europäischen Kultursprachen: Deutsch, Englisch, Französisch, Italienisch und Spanisch. Überdies informieren diese Finanzinstitute die Öffentlichkeit ausgiebig über alle Arten von Bankgeschäften sowie über finanzielle und wirtschaftliche Fragen. Für ihre Bereitwilligkeit, mir zahlreiche Schriften zur Verfügung zu stellen, bin ich diesen Banken sehr zu Dank verpflichtet. Nützliche Dienste bei der Zusammenstellung der vorliegenden Neubearbeitung leistete auch die reichhaltige Dokumentation, die mir vom Amt für amtliche Veröffentlichungen der Europäischen Gemeinschaften, Luxembourg, freundlicherweise überlassen wurde.

Hans Klaus

Part I

I. Teil

English/American ——— German
Englisch/Amerikanisch — Deutsch

A

abandon abandonnieren: ein Optionsrecht nicht ausüben; durch Bezahlung eines im voraus vereinbarten Reuegeldes (Pämie) von einem Börsen-Prämiengeschäft zurücktreten.

above par über pari: Der Preis, z. B. eines Wertpapiers, ist höher als sein Nennwert.

ACB s. Agreement.

acceptance Akzept: Wechsel, der vom Bezogenen (Akzeptanten) durch seine Unterschrift auf dem Wechsel angenommen wurde und somit dem abgekürzten und verschärften Verfahren der Zwangsvollstreckung unterliegt, sofern der Bezogene im Handelsregister eingetragen ist.

acceptance credit Akzeptkredit: Kurzfristiger Kredit, bei dem die Bank dem Kunden gestattet, in einem bestimmten Ausmass (Kreditlimite) Wechsel auf sie zu ziehen; diese Wechsel werden von der Bank vertragsgemäss akzeptiert und meistens auch diskontiert.

acceptance price Übernahmepreis: Im Emissionsgeschäft: Preis, den die Banken dem Emittenten (Titelschuldner) für die fest übernommene Wertpapier-Emission bezahlen. Die Differenz zwischen Übernahmepreis und Emissionspreis ergibt die Bruttogewinnmarge der Banken (Übernahmekommission).

Accepting House (GB): Merchant Bank mit Spezialisierung in Bankakzepten im Rahmen internationaler Transaktionen.

account-only check; collection-only check; crossed check (GB) Verrechnungsscheck: Check, der auf der Vorderseite den Vermerk «nur zur Verrechnung», «nur zur Gutschrift» oder einen gleichbedeutenden Vermerk trägt. Er darf nicht bar ausgezahlt, sondern nur gutgeschrieben werden.

account statement Kontoauszug: Schriftliche Zusammenfassung des Geschäftsverkehrs während einer bestimmten Periode. Die Banken stellen ihren Kunden Kontoauszüge mit Zinsberechnung halbjährlich, vierteljährlich oder auf Wunsch auch auf einen anderen Termin zu. Dank der elektronischen Datenverarbeitung kann die Bank ihren Kunden auch Tagesauszüge liefern oder Kontoauszüge fallweise senden; dies jeweils dann, wenn auf dem betreffenden Konto Buchungen stattgefunden haben.

Act, s. Single European Act.

ACU s. Asian Currency Unit.

addendum Allonge: Mit einer Urkunde (Wechsel, Namenaktie) verbundenes Verlängerungsstück (Anhang), das für Indossamente verwendet werden kann.

adjust adjustieren: Berichtigen von Zahlenangaben, z.B. von Aktienkursen durch Berücksichtigung des Abgangs von Bezugsrechten bei Kapitalerhöhungen oder bei der Ausgabe von Wandelanleihen; ebenso werden Aktienkurse bei Aktienaufteilungen oder Aktienzusammenlegungen adjustiert (angepasst).

adjustment on conversion Konversionssoulte: Barbetrag, welcher bei der Konversion von Obligationen dem Titeleigentümer ausgezahlt wird oder – bei einer negativen K. – vom Titeleigentümer bezahlt werden muss. Die K. setzt sich aus folgenden Teilbeträgen zusammen:
1. Marchzins, wenn die Laufzeit der neuen Obligation nach dem Couponverfalltag der alten Obligation beginnt.
2. Zinsdifferenzbetrag, wenn sich die Laufzeiten der alten und neuen Obligation überschneiden und die Zinssätze unterschiedlich angesetzt sind.
3. Kursdifferenzbetrag, wenn die neue Obligation unter oder über pari ausgegeben wird.

administration of assets; property administration Vermögensverwaltung: Verwaltung des Vermögens bzw. bestimmter Vermögensteile durch einen Vermögensverwalter, der durch einen Verwaltungsauftrag damit betraut wurde. Die V. der Banken erfolgt z.T. in Verbindung mit dem Depotgeschäft.

advances s. receivables.

advance payment guarantee Anzahlungsgarantie: Bei grösseren Exportaufträgen hat der ausländische Käufer häufig eine Anzahlung für den Einkauf von Rohmaterial und für Fertigungskosten zu leisten. Eine solche Vorauszahlung wird der Käufer unter der Bedingung leisten, dass er eine A. erhält, welche die Rückerstattung der geleisteten Anzahlung für den Fall vorsieht, dass der Verkäufer seinen Verpflichtungen nicht nachkommen sollte.

affidavit Affidavit: Eidesstattliche Erklärung, z.B. über den Besitz und die Herkunft von Wertpapieren.

after market nachbörslich: inoffizieller, ausserbörslicher Handel in kotierten Wertpapieren, nach Beendigung der offiziellen Börsensitzung.

after-sight bill Nachsichtwechsel: Wechsel, der auf einen bestimmten Zeitpunkt nach Vorlage zum Akzept zahlbar ist (z.B. nach einem Monat).

Agreement on the observance of care by the banks in accepting funds and, on the practice of banking secrecy, ACB (S.) s. II. Teil: Vereinbarung.

Aibor (Amsterdam Interbank Offered Rate): allgemein akzeptierter Marktzins in den Niederlanden, dem Libor vergleichbar.

aircraft mortgage Flugzeughypothek: Forderung, die durch ein im Luftfahrzeugbuch eingetragenes Pfandrecht an einem Luftfahrzeug sichergestellt ist.

allocation Zuteilung. Im Emissionsgeschäft: Volle oder anteilmässige Zuweisung der gezeichneten Titel an die Zeichner nach Ablauf der Zeichnungsfrist.
– An der Börse: Anteilmässig reduzierte Zuweisung

12

von Titeln, sofern sich zu einem bestimmten Kurs Nachfrage und Angebot nicht decken.

amalgamation (GB); merger (USA) Fusion: Verschmelzung zweier oder mehrerer Unternehmungen zu einer einzigen Unternehmung.
Siehe auch: leveraged buyout.

American Stock Exchange (ASE, AMEX): Börse, an welcher Aktien kleinerer oder neugegründeter Gesellschaften gehandelt werden, das heisst solche Titel, die nicht an der «New York Stock Exchange» zugelassen sind.

amortization Amortisation:
– Kraftloserklärung von verlorengegangenen Wertpapieren, Spar-, Anlage- und Depositenheften.
– Ratenweise Rückzahlung (Tilgung) einer Schuld. Dementsprechend spricht man von Amortisationsanleihen oder Amortisationshypotheken, wenn periodisch Rückzahlungen erfolgen.
– Buchhalterische Abschreibung.

amount (of the documentary credit) Akkreditivsumme. Wird die Akkreditivsumme mit einem Zusatz wie «zirka», «ca.», «etwa» usw. versehen, so bedeutet dies, dass eine Abweichung von bis zu 10% nach oben oder nach unten gestattet ist.

APCS s. Association of Payment Clearing Services.

approximate-limit order; «near» order Zirkaauftrag: Limitierter Börsenauftrag, bei dem der Händler für die Ausführung einen gewissen Spielraum hat.

appurtenance lien Zubehörpfandrecht: Das Grundpfandrecht belastet nach Gesetz Grundstücke mit Einschluss aller beweglicher Sachen, die dem Zweck des Grundstücks dienen. Um Streitfragen zu vermeiden, hat der Verpfänder bei Grundpfandverträgen im Bankverkehr in der Regel ein Zubehörverzeichnis beim Grundbuchamt einzureichen.

APT s. Automated Pit Trading System.

arbitrage Arbitrage: Im ursprünglichen Sinne bedeutet «Arbitrage», möglichst schnell aus den bestehenden Preisunterschieden auf den verschiedenen Märkten Nutzen zu ziehen; ein Vorgehen, das natürlich rasch zum Verschwinden solcher Unterschiede führte. Heutzutage werden jedoch die europäischen Währungen im Verhältnis zum Dollar notiert. Da zudem beispielsweise $/DM-Kurse nicht nur in Deutschland, sondern auf allen wichtigen Finanzplätzen notiert werden, tendieren die Kurse einer bestimmten Währung dazu, überall gleich zu sein. Arbitrage im früheren Sinne dieses Begriffes ist deshalb kaum mehr möglich. Heute versteht man unter Arbitrage einfach das professionelle Interbank-Geschäft, im Gegensatz zum Kundengeschäft.

as if and when Per Erscheinen (der Wertpapiere); unter dem Vorbehalt des Zustandekommens und auf den Zeitpunkt der betreffenden Transaktion.

Asian Currency Unit (ACU) Buchhalterische Einheit, über welche z.B. die 170 Banken des Finanzplatzes Singapur die Offshore-Geschäfte abwickeln (d.h.

Transaktionen, die Singapurs internen Finanzmarkt nicht tangieren).

Asian dollar market Asiendollar-Markt: ein die wichtigsten Finanzplätze in Südostasien umfassender Geld- und Kapitalmarkt, der aus US-Dollar-Guthaben im Besitz von Nicht-Amerikanern alimentiert wird. Zentren des A. sind Hongkong und Singapur.

asked Briefkurs: Kurs, zu dem Wertpapiere, Devisen oder fremde Noten zum Verkauf angeboten werden. Kennzeichnung des Kurses durch Zusatz B. bzw. Brief.

assented bonds (USA): Obligationen, deren Zinsendienst oder Kapitalrückzahlung gemäss einem Reorganisations- oder Zahlungsplan nur noch auf reduzierter Basis erfolgt.

asset backed securities: Instrument zur kostengünstigen Refinanzierung von Finanzaktiva eines Unternehmens über den Kapitalmarkt. Auf die in einem Treuhandvermögen verselbständigten Finanzaktiva (z. B. Hypothekardarlehen, Kredite für Autokäufe, Leasing-Finanzierungen) werden Wertschriften ausgegeben. Die Bedienung der Anleihe erfolgt mit dem Cash-flow (Zins- und Amortisationszahlungen) der hinterlegten Finanzaktiva.

assignment Abtretung, Zession: Abtretung einer Forderung von einem Gläubiger an einen neuen Gläubiger. Im Unterschied zur Einzel-Z., bei der es nur um die Abtretung einer einzelnen Forderung geht, werden im Rahmen einer Global-Z. mehrere Forderungen abgetreten.

assignment credit Zessionskredit: der Kunde tritt seine Guthaben gegenüber Dritten als Sicherstellung an seine Bank ab und erhält dafür einen Kredit.

Assistant Treasurer (Officer) Handlungsbevollmächtigter.

Assistant Vice President: Prokurist.

Association of Payment Clearing Services, APCS (GB): Dachverband des Londoner Clearingsystems. Das segmentierte Clearinggeschäft wird von drei registrierten Gesellschaften durchgeführt: der ersten Gesellschaft obliegt das voluminöse allgemeine Clearinggeschäft. Das Clearing von Checks mit hohen Werten und das automatisierte Zahlungssystem CHAPS (Clearing House Automated Payments System) gehören zum Aufgabenbereich der zweiten Gesellschaft. Aufgabe der dritten Gesellschaft ist die Durchführung des elektronischen Clearingsystems BACS (Bankers' Automated Clearing Services). Sobald die direkte Kontobelastung bei Käufen in Läden praktiziert werden kann, wird eine vierte Gesellschaft das Clearing im zukunftsträchtigen Zweig EFTPOS, Electronic Funds Transfer at Point of Sale, übernehmen.

at best; at market bestens: Auftragsart beim Kauf bzw. Verkauf eines Wertpapiers, wobei der Auftraggeber keinen Höchst- bzw. Mindestkurs vorschreibt [unlimitierter Auftrag]. Für Titel mit beschränktem

14

Marktwert wird der Auftrag bei erster Gelegenheit ausgeführt.

ATM: s. Automatic Teller Machine.

at par abgeleitet vom italienischen «al pari», zum gleichen): der Preis entspricht dem Nennwert.

authority to purchase: eine Art Kreditbrief mit Wechsel auf den Käufer «ohne Regress», wobei der Verkäufer praktisch die gleiche Sicherheit erhält wie bei einem unwiderruflichen und bestätigten Akkreditiv. Ausschliesslich im Zahlungsverkehr mit dem Fernen Osten.

Automated Pit Trading System, APT: elektronisches Handelssystem der «London International Financial Futures Exchange (LIFFE)» für den Handel mit DM-Futures-Kontrakten, Optionen usw. Die Angebote für den Kauf oder Verkauf von Kontrakten werden auf den Bildschirmen angezeigt und vom System automatisch zu den besten Preisen abgewickelt.

Automatic Teller Machine (ATM): Schalterautomat, der je nach Konstruktion neben der Geldausgabe noch eine Reihe zusätzlicher Funktionen anbietet.

average term mittlere Laufzeit:
– Bei einer Anleihe: Laufzeit, bezogen auf den mittleren Termin zwischen dem frühest und spätest möglichen Rückzahlungstermin;
– Bei einem Exportkredit: Laufzeit, bezogen auf den mittleren Termin der Rückzahlungen und unter Berücksichtigung einer allfälligen Karenzfrist.

averaging: Kapitalanlageverfahren, das auf der regelmässigen Verwendung fester Beträge für den Kauf bestimmter Wertpapiere, insbesondere von Aktien oder Anlagefonds-Anteilscheinen, beruht. Dadurch ergibt sich mit der Zeit ein vorteilhafter Durchschnittspreis. Aufgrund der Anlage fester Beträge werden bei höherem Kurs weniger Wertpapiere bzw. bei tieferem Kurs mehr Titel erworben.

B

back-to-back: Akkreditiv auf «back-to-back»-Basis: Der Generalunternehmer oder Zwischenhändler möchte seinen Anspruch aus einem zu seinen Gunsten eröffneten Basis- oder Verkaufsakkreditiv an seinen Produzenten oder Unterlieferanten übertragen. Er ersucht seine Bank, ein Gegenakkreditiv (auch Einkaufs-Akkreditiv genannt) zugunsten des Produzenten oder Unterlieferanten, gleichsam «Rücken an Rücken» zum Basis-Akkreditiv, zu eröffnen. Basis-Akkreditiv und «back-to-back»-Akkreditiv sind getrennt voneinander und als eigenständige Akkreditive somit rechtlich nicht miteinander verbunden, obwohl beide zusammen einen einheitlichen wirtschaftlichen Vorgang bilden.

back-up facilities Back-up-Fazilitäten: Kreditlimiten, welche die wiederholte Emission von in der Regel kurzfristigen Wertpapieren erlauben; für den Fall der Nichtplazierbarkeit übernimmt die Bank oder ein Bankenkonsortium die Papiere.

backwardation; discount Deport
– Verlängerung (Prolongation) einer Baisse-Transaktion auf den jeweils nächstfolgenden Liquidationstermin der Effektenbörse, wobei die Bank am ursprünglich vereinbarten Termin die Titel leihweise liefert und den Kunden (Deporteur) durch eine entsprechende Kommission (Deportsatz) belastet.
– Differenz zwischen dem Devisen-Kassenkurs und dem tieferen Terminkurs. Auch Abschlag genannt.

BACS: s. Association of Payment Clearing Services.

balance of payments Zahlungsbilanz: Bilanzmässige Zusammenstellung der grenzüberschreitenden Zahlungen, Warenlieferungen und Dienstleistungen eines Landes. Die Z. gliedert sich in die Ertragsbilanz (mit dem Aussenhandel, den Dienstleistungen, Kapitalerträgen), die Kapitalverkehrsbilanz und die Devisenbilanz.
«Schliesslich zielt der Vorschlag der EG-Kommission darauf ab, im Rahmen des Europäischen Währungssystems ein einheitliches System des mittelfristigen Beistands zur Stützung der Zahlungsbilanzen der Mitgliedstaaten einzuführen. Dabei würden die beiden derzeit bestehenden Stützungsmechanismen in einem einzigen Instrument zusammengefasst und ihre Zweckbestimmung ausgedehnt. Auf diese Weise könnte die Gemeinschaft den Mitgliedstaaten, die besonderen Zwängen ausgesetzt sind, besser helfen, sich in vollem Umfang am Prozess der Liberalisierung des Kapitalverkehrs zu beteiligen.»
Quelle: «Stichwort Europa». Kommission der Europäischen Gemeinschaften, 12/88.

Bancomat: International verbreitetes System von Geldausgabe-Automaten, das geschaffen wurde, damit die Bankkunden jederzeit, d. h. auch ausserhalb der Banköffnungszeiten, Notengeld bis zu einem bestimmten Betrag beziehen können. Die Bancomat-Karte ist mit der eurocheque-Karte (ec-Karte, sogenannte Debitkarte) kombiniert; die ec-Karte ist so ausgerüstet, dass sie für die elektronische Bezahlung von Dienstleistungen und Waren (Tankstellen, Detailhandelsgeschäfte usw.) verwendet werden kann.

bank, banking house Bank, Kreditinstitut: Unternehmen oder Anstalt für Geldverkehr und Kreditvermittlung. Aktivgeschäfte: Die Bank leiht Geld aus. Passivgeschäfte: Die Bank nimmt Geld entgegen. Indifferente oder neutrale Geschäfte = bilanzunwirksame Geschäfte, z. B. Zahlungsverkehr, Depotgeschäft. Siehe auch: II. Teil, Universalbank.

bank bill s. banker's acceptance.

16

bank check Bankcheck: Von einer Bank ausgestellter Check, der auf die ausstellende Bank selbst oder auf eine dritte Bank gezogen sein kann.

bank clearing Bankenclearing, Bankgiro: Übertragung eines Geldbetrages von einem Bankkonto auf ein anderes bzw. von einer Bank auf eine andere.

bank commission Bankprovision: Im Debitorengeschäft der Banken zusätzlich zum Zins berechnete Belastungen für besondere Dienstleistungen (Kreditkommission) oder zur Abdeckung des Risikos.

Bank for International Settlements (BIS) Bank für internationalen Zahlungsausgleich (BIZ), in Basel: Eine Art Zentralbank der nationalen Zentralbanken im Dienste des internationalen Zahlungs-, Devisen- und Goldverkehrs. Die BIZ gewährt – in Zusammenarbeit mit dem Internationalen Währungsfonds – auch Überbrückungskredite an Länder mit vorübergehendem Zahlungsbilanz-Ungleichgewicht.

bank giro s. bank clearing.

bank notes Banknoten: Durch die Notenbank als Zahlungsmittel ausgegebenes Papiergeld. Heute allgemein mit gesetzlicher Zahlungskraft (gesetzliches Zahlungsmittel).

bank of issue s. note-issuing bank.

bank payment order Zahlungsauftrag: Auftrag des Kunden an die Bank, eine Zahlung zugunsten eines Dritten auszuführen.

bank position (foreign exchange operations) s. dealer position.

bank publicity Bankwerbung: Einsatz von Werbemitteln (Inserate, Prospekte, Plakate, TV-Werbesendungen usw.) für bestimmte Bankleistungen oder generell für Banken. B. ist Teil der Marketing-Politik der Banken.

banker Bankier: Person, die berufsmässig als Geschäftsinhaber Bank- und Börsengeschäfte betreibt oder in leitender Funktion einer Bank angehört.

banker's acceptances: In den USA und auch international als Geldmarktpapiere dienende Wechsel, die meist auf US-Dollars lauten und von amerikanischen Grossbanken akzeptiert sind. Sie werden während 90–180 Tagen auf Diskontbasis verzinst und dienen namentlich der Import- und Exportfinanzierung. Wichtigste Handelsplätze für B. A. sind New York und London.

banking secrecy Bankgeheimnis: Mitteilungsbeschränkung der Bank und ihrer Mitarbeiter über Vermögensverhältnisse von Kunden. «Den Kunden wird der direkte Anschluss an globale Informatik-Netzwerke offeriert. Dabei ist der Sicherstellung des Bankgeheimnisses besondere Beachtung zu schenken. Die öffentlichen Fernmeldeträger und die meisten privaten Übertragungsnetze sind als offen zu betrachten, weil Unbefugte Informationen zur Kenntnis nehmen und auch verändern können. Da primitive Verschlüsselungsverfahren nicht mehr genügen, ist der durchgehende kryptologische Schutz sämtlicher Verbindungen zu einer unabdingbaren

Forderung geworden. Um Datenbanken und Software vor Eindringlingen zu schützen, müssen ausgeklügelte Verfahren die Identität und Berechtigung jedes Benützers prüfen.»
Quelle: «Automation und Telekommunikation revolutionieren das Bankgeschäft». Wirtschaftsnotizen, Juni 1986. Schweizerische Bankgesellschaft.

bare shell Aktienmantel:
- Das rein formale Gebilde einer Aktiengesellschaft, die wirtschaftlich nicht mehr aktiv ist, aber rechtlich noch nicht aufgehoben wurde.
- Aktienurkunde (Hauptbogen) ohne Couponbogen und Talon.

bear Baissier: Person, die auf einen Kursrückgang spekuliert(Baisse-Spekulant). Der B. verkauft Wertpapiere, Devisen usw. auf einen späteren Termin in der Hoffnung, diese bis zur Lieferung zu einem tieferen Preis zurückkaufen zu können.

bearer share Inhaberaktie: Aktie, die auf den (nicht namentlich bezeichneten) Inhaber lautet. Die Übertragung der Aktie mit allen Rechten erfolgt durch blosse Übergabe des Aktientitels.

below par unter pari: Der Preis (z. B. eines Wertpapiers) ist niedriger als sein Nennwert. Es besteht in diesem Fall ein Disagio.

bid bond: In der Exportfinanzierung gebräuchliche Bietungsgarantie (auch Tender Guarantee genannt). Durch den B. B. garantiert in der Regel eine Bank im Auftrag des Anbieters die Zahlung eines Teils des Offertpreises (ca. 5–10%) für den Fall, dass der Anbieter nach erfolgter Annahme der Offerte durch den Käufer nicht bereit oder in der Lage sein sollte, einen entsprechenden Liefer- oder Leistungsvertrag abzuschliessen.

bid price, bid: Geldkurs; Preis, zu welchem Wertpapiere, Devisen oder fremde Noten zwecks Ankaufs nachgefragt werden.

Big Bang («The City Revolution»): Restrukturierung der Londoner Börse, 27. Oktober 1986. Abschaffung der fixierten und nicht aushandelbaren Courtage; Öffnung der Aktienbörse für in- und ausländische Geschäftsbanken; deutlich mehr Wettbewerb.

Big Board (New York Stock Exchange) s. Wall Street.

bill for collection Inkassowechsel: Wechsel, der einer Bank zum Inkasso (nicht zum Diskont) übergeben wird. Dem Kunden wird der Gegenwert eines Inkassowechsels sofort «Wert Verfall» oder erst «nach Eingang» gutgeschrieben.

bill guarantee Wechselbürgschaft: Durch Unterschrift auf dem Wechsel eingegangene solidarische Haftung des Wechselbürgen für die Verpflichtung des eigentlichen Wechselschuldners.

bill of exchange Wechsel: Ein nach gesetzlichen Formvorschriften ausgestelltes Wertpapier mit der unbedingten Anweisung des Ausstellers an den Bezogenen, eine bestimmte Geldsumme zu einem bestimmten Zeitpunkt an den Begünstigten zu zahlen (= gezogener Wechsel). Der W. ist von Gesetzes wegen ein

Orderpapier und durch Indossament übertragbar. Begünstigter und Aussteller können identisch sein (= Wechsel an eigene Order; Eigenwechsel).

bill of lading B/L Konnossement: Im Seefrachtgeschäftausgestellte Urkunde (Wertpapier), durch welche der Schiffskapitän, sein Stellvertreter oder die Schiffsgesellschaft bzw. ihr Agent den Empfang der Ware, die Transportbedingungen und die Verpflichtung zur Auslieferung der Ware am Bestimmungshafen an den rechtmässigen K.-Inhaber unterschriftlich bestätigt.

bill renewal Wechselprolongation: Verlängerung der Laufzeit eines Wechsels durch Hinausschieben des Verfalldatums. Dies geschieht in der Regel durch Anbringung eines Vermerks auf der Vorderseite: «Prolongiert auf den . . .»

BIS: s. Bank for International Settlements.

B/L s. bill of lading.

blank check (or blank draft) Blankocheck (oder Blankowechsel): Orderpapier, das der Aussteller unvollständig ausgefüllt weitergibt. Der Empfänger ist ermächtigt, das Orderpapier im Rahmen getroffener Vereinbarungen selbst auszufüllen, wobei die Haftung beim Aussteller bleibt.

blank endorsement Blankoindossament: Übertragungsvermerk (Indossament), bei dem die Bezeichnung des neuen Berechtigten (Indossatar) fehlt. In einem solchen Fall enthält das Wertpapier nur die Unterschrift des Indossanten (indossieren = übertragen).

blanket assignment Globalzession, generelle Forderungsabtretung, generelle Debitorenzession: Abtretung sämtlicher gegenwärtiger und zukünftiger Forderungen des Schuldners gegenüber Dritten.

blue chips: Aktien eines erstklassigen Unternehmens. Ursprüngliche Bedeutung des Wortes: Splitter eines Diamanten.

bond; debenture Anleihensobligation: Teilschuldverschreibung, die auf einen runden Betrag lautet und deren Ausgabe im Rahmen der Begebung einer Anleihe erfolgt. Die einzelnen Titel (Wertpapiere) einer Anleihe sind unter sich gleichberechtigt, wobei die Anleihensbedingungen (Zinssatz, Stückelung, Rückzahlungsbedingungen, Zahlstellen, Garantien usw.) einheitlich festgelegt sind. Im Unterschied zur A. werden Kassenobligationen nicht während einer bestimmten Zeichnungsfrist, sondern laufend ausgegeben; ferner sind sie nicht wie A., die in der Regel an Börsen kotiert werden, handelbar.
In den USA werden die festverzinslichen Wertpapiere vielfach unter dem Oberbegriff «Bonds» zusammengefasst.

bond issue Anleihe: Form der Fremdkapitalbeschaffung durch Ausgabe von meist festverzinslichen Wertpapieren. Die A. wird während eines Zeitabschnitts, z. B. zwei Wochen, zur Zeichnung aufgelegt und hat in der Regel eine mittel- bis langfristige Laufzeit. In vielen Fällen ist dem Anleihensschuldner einseitig das Recht eingeräumt, die A. unter Einhaltung einer

Kündigungsfrist vorzeitig teilweise oder vollständig zurückzuzahlen.

bond issue in default notleidende Anleihe: Anleihe, bei der die Zinsen oder geplante Kapitalrückzahlungen bei Fälligkeit nicht fristgerecht bezahlt werden.

bond rating (USA): Festlegung der Bonität (Finanzkraft) eines Unternehmens, das Obligationen ausstehend hat oder neue zu emittieren beabsichtigt. Siehe auch: rating.

bonds with warrants Optionsanleihe: Anleihe, die nebst dem Zinscoupon noch einen Optionsschein enthält, der den Inhaber in der Regel berechtigt, während einer bestimmten Zeitspanne Aktien oder andere Beteiligungspapiere des Anleiheschuldners zu einem im voraus bestimmten Kurs zu erwerben.

BOT s. Build-Operate Transfer.

bought deal: Vor der Emission einer Anleihe unterbreitet der Lead Manager dem Anleihensschuldner ein festes Angebot. Der Schuldner kann derweise die Kosten genau berechnen und das gesamte Marktrisiko auf den Syndikatsführer übertragen, der sein Risiko mit andern Syndikatsteilnehmern zu teilen versucht.

broken-period interest Bruchzins, Marchzins, Ratazins, Stückzins: Zinsbetrag, der von einem ordentlichen Zinsverfall bis zu einem Zwischentermin läuft, z.B. beim Kauf oder Verkauf festverzinslicher Werte: vom letzten Zinstermin bis zum Tag des Geschäftsabschlusses aufgelaufener Zins.

broker Börsenagent, Makler:
Vermittler, der für die Rechnung des Kunden, aber in eigenem Namen gewerbsmässig an der Effektenbörse oder im Devisengeschäft Abschlüsse tätigt.

brokerage Courtage: Kommissionsweise Vergütung an den Börsenagenten für den Kauf oder Verkauf von Wertpapieren.

build-operate transfer, BOT: Die Privatwirtschaft übernimmt den Bau einer bestimmten Anlage, z.B. einer Brücke, sowie deren Betrieb; sie erhebt die Benutzungsgebühren und besorgt den Unterhalt. Nach Ablauf einer festgelegten Frist wird die Anlage dem Staat wieder zur Nutzung zurückgegeben. Bei dieser strukturellen Neuausrichtung im Finanzierungsbereich steht der Verkehrssektor im Vordergrund, sei es auf der Grundlage von BOT, so in Grossbritannien und in den Niederlanden – oder in der Form von Konzessionierungen öffentlicher Dienste wie in Frankreich.

bull Haussier: Person, die Wertpapiere, Devisen usw. in der Hoffnung auf einen Kursanstieg kauft.

bullet bonds: vom Schuldner nicht kündbare und nicht vorzeitig rückzahlbare Anleihen mit fester Laufzeit.

business with corporate customers Firmenkundengeschäft.
«Seit mehreren Jahren fördern wir Unternehmensgründungen. Dabei steht im Vordergrund eine umfas-

20

sende Beratung, mit der wir den Jungunternehmer in der Planungs- und Startphase intensiv unterstützen. Unsere in diesem Rahmen durchgeführten Existenzgründungsseminare erfreuen sich unverändert eines lebhaften Zuspruchs; dies gilt auch für unsere Publikationen zu diesem Themenkomplex und für unsere Servicemappe «Informationen zur Existenzgründung». Ein bedeutender Bestandteil des Programms ist daneben die Finanzierung des neuen Unternehmens unter Einschluss der verfügbaren öffentlichen Finanzierungshilfen sowie des Dresdner Bank-Gründungsdarlehens mit teilweiser Zinsstundung, das auf die speziellen Belange des Unternehmensgründers abgestimmt ist. An etwa 2300 Jungunternehmer haben wir im Rahmen des Existenzgründungsprogramms bisher rund 500 Mill. DM Darlehen ausgereicht.»
Quelle: Geschäftsbericht 1988. Dresdner Bank, Frankfurt am Main.

C

c   Abkürzung für comptant = in bar; Lieferung gegen Kasse.

c & f   s. cost and freight.

call money; day-to-day money   Callgeld, Tagesgeld: Zwischen Banken in grossen runden Beträgen gegen Zins ausgeliehenes Geld, das von der geldgebenden Bank täglich abgerufen (engl. call = rufen) und von der geldnehmenden Bank jederzeit ohne Kündigung zurückgezahlt werden kann.

call option: Optionsrecht zum Kauf von Aktien, Devisen oder anderen Werten innerhalb einer bestimmten Zeit und zu einem bestimmten Preis.

capital export   Kapitalexport: Kapitalbewegung von einem Land in ein anderes. Beim entgeltlichen K. erwirbt das kapitalexportierende Unternehmen Forderungsrechte. Der K. kann auch unentgeltlich erfolgen, z. B. durch Spenden an Entwicklungsländer. Im weiteren Sinn umfasst der K. auch die Durchführung von Direktinvestitionen im Ausland durch multinationale Gesellschaften.

capital investment loan   Investitionskredit: Kredit zur Finanzierung von Anlagevermögen, insbesondere Liegenschaften, Maschinen usw.

capital market   Kapitalmarkt. Am K. werden langfristige Fremdgelder und Beteiligungskapital vermittelt.

Gespeist wird der K. im wesentlichen aus Spargeldern der privaten Haushalte bei den Kreditinstituten. Am organisierten K. der Banken und Börsen werden Aktien und festverzinsliche Wertpapiere gehandelt.

capital movements Kapitalverkehr.

«Die Liberalisierung des Kapitalverkehrs und der finanziellen Dienstleistungen ist unerlässlicher Bestandteil der Verwirklichung des grossen europäischen Binnenmarktes. Zu diesem gehört nämlich auch die Schaffung eines grenzfreien Finanzraums. Die Unternehmen und die Bürger der Gemeinschaft müssen Zugang zu effizienten finanziellen Dienstleistungen haben; sie müssen also diejenigen Leistungen auswählen können, die ihnen am wirksamsten, auf ihre Bedürfnisse am besten zugeschnitten, am sichersten und am kostengünstigsten erscheinen; ebenso müssen sie ihre Tätigkeit auf dem gesamten Gebiet der Gemeinschaft entfalten können, ohne ihre finanziellen Beziehungen jeweils auf das Land, in welchem sie tätig sind, beschränken zu müssen und ohne den Einschränkungen und direkten oder indirekten Hemmnissen (beispielsweise aufgrund von Devisenkontrollen) zu unterliegen, die allzu unterschiedliche einzelstaatliche Regelungen mit sich bringen.

Neben der schon seit langem vollzogenen Liberalisierung des Zahlungsverkehrs (Gegenleistung bei Transaktionen mit Waren oder Dienstleistungen) muss nun auch die – gegenwärtig noch eher zurückgebliebene – Liberalisierung des Kapitalverkehrs (Investitionen, Anlagen, Anleihen usw.) erfolgen, der auch Devisentransfers von einem Gemeinschaftsland zum andern umfasst.

Die nationalen Finanzsysteme werden sich auf mehr Wettbewerb einstellen müssen; die Kapitalkosten werden demzufolge zurückgehen, und es werden Modernisierungs-, Spezialisierungs- und Konzentrationsprozesse in Gang kommen, die die Produktivität und die Innovation günstig beeinflussen. Die europäische Finanzwelt wird auf diese Weise der zunehmenden internationalen Konkurrenz der Vereinigten Staaten, Japans und anderer Länder besser standhalten können.

Die öffentliche Hand in den Mitgliedstaaten wird sich zur Förderung einer stärker konvergierenden Haushaltspolitik veranlasst sehen, wenn die Devisenkontrollen abgeschafft sind und den traditionellen Erwerbern von öffentlichen Schuldverschreibungen alternative Anlagemöglichkeiten angeboten werden.

Das Europa des Kapitalverkehrs ist keineswegs ein «Geschenk» an «Kapitalisten. Es handelt sich hier um ein Ziel von gemeinsamem Interesse, um eine neue Chance für Wachstum und Beschäftigung in Europa. Denn für das Wachstumspotential der Europäischen Gemeinschaft werden die entsprechenden Auswirkungen weitgehend positiver Art sein.»

Quelle: «Stichwort Europa». Kommission der Europäischen Gemeinschaften, 12/88.

capital resources, equity Eigenkapital, eigene Mittel: das Reinvermögen eines Unternehmens, berechnet als Überschuss der Aktiven über die Schuldverpflichtungen. Internationale Angleichung der Eigenmittel-Vorschriften: Gemäss den Empfehlungen der Notenbank-Gouverneure (Mitglieder des Zehnerklubs) an die international tätigen Banken sollen ab 1. Januar 1993 mindestens 8% der Risiken und Verbindlichkeiten durch eigene Mittel (Eigenkapital) gedeckt (gesichert) sein. Die eigenen Mittel werden in zwei Gruppen aufgeteilt:
- Kernkapital, das mindestens 50% des Eigenkapitals ausmachen muss;
- stille Reserven, allgemeine Rückstellungen, nachrangige Darlehen, bestimmte Typen von Vorzugsaktien.

Damit wird ein Beitrag zur Bonität und Stabilität des internationalen Finanzsystems geleistet. Die Kapitalausstattung international tätiger Banken wird vergleichbar gemacht. Die Banken werden mit einer einheitlichen «Eigenkapital-Last» ausgestattet, wodurch Wettbewerbsverzerrungen zwischen internationalen Banken reduziert werden können.

capitalization Kapitalisierung:
1. Berechnung des Kapitalwerts (z.B. Ertragswert) von regelmässig wiederkehrenden, geldmässigen Leistungen oder Erträgnissen (z.B. Mieteinnahmen) mittels eines bestimmten Zinssatzes (Kapitalisierungssatz).
2. Bewertung eines Unternehmens, indem der Börsenkurs der Aktie mit der Gesamtzahl der ausstehenden Aktien multipliziert wird. Sofern eine Gesellschaft noch weitere Beteiligungspapiere emittiert hat, sind auch diese für die Berechnung der K. zu berücksichtigen.

capitalized income value Ertragswert: Wert einer Kapitalanlage, der sich durch die Kapitalisierung zukünftiger Erträge unter Verwendung eines bestimmten Kapitalisierungszinsfusses errechnen lässt. Die Berechnung des E. spielt eine besonders wichtige Rolle bei der Bewertung von Liegenschaften.

capped notes: Geldmarktpapiere (Notes) mit flexiblem, aber nach oben bis zu einem bestimmten Maximum begrenzten Zinssatz.

carry-over (contango) transaction Reportgeschäft. Im Wertschriftenhandel: Verlängerung (Prolongation) einer auf Termin abgeschlossenen Hausse-Transaktion von einem Ultimo- oder Liquidationstermin auf den nächsten, wobei der Käufer unter Zahlung eines Zuschlages (Report) die am Reportierungstag aus der Liquidation anfallenden Titel der am R. beteiligten Bank komptant verkauft und gleichzeitig auf den nächsten Ultimotermin zurückkauft. In der Regel erfolgt das R. heute in der Form eines Lombardkredits. Im Gegensatz zum R. erfolgt beim Deportgeschäft die Verlängerung einer Baisse-Transaktion unter Zahlung eines Deport.

cash; spot comptant: Bei Börsenkursen, Preis für Transaktionen, die per Kassa, d.h. bar, abgewickelt werden.

cash dispenser s. Bancomat.

cash flow Kapitalfluss, Geldstrom: Die während einer bestimmten Periode erarbeiteten Mittel eines Unternehmens. Der Cash flow ist die Summe von Reingewinn und der Nettozunahme von Abschreibungen und Rückstellungen während der betreffenden Periode. Ausserordentliche oder periodenfremde Aufwendungen und Erträge sollen aus der Berechnung des C. ausgeklammert werden, damit der ermittelte Gesamtertrag die tatsächliche Ertragskraftentwicklung des betreffenden Unternehmens möglichst klar widerspiegelt. Ebenso soll das Bild nicht durch extreme Veränderungen bei der Bildung oder Auflösung stiller Reserven verfälscht werden.

cash management: conduct of inpayments and out-payments in current business transactions; tight collection procedures on outstanding accounts; efficient management of cash balance.

Durchführung der Ein- und Auszahlungen des laufenden Geschäftsverkehrs; straffes Inkasso der Aussenstände; effiziente Bewirtschaftung der Barbestände.

CATS,
1. certificates of accrual on treasury securities (USA): Durch private Emissionshäuser abgegebene Inhaberobligationen, die nur ausserhalb der Vereinigten Staaten an Nicht-Amerikaner verkauft werden dürfen und die durch Namen-Obligationen des US-Schatzamtes gedeckt sind.
2. Kurzbezeichnung für das automatisierte Wertpapierhandelssystem an der Börse von Toronto.

CD s. certificate of deposit.

CEDEL S. A.: Internationales Clearingsystem, mit Sitz in Luxemburg, für die Verrechnung von Wertschriftentransaktionen, vor allem von Eurobondgeschäften.

central mortgage bond institutions Pfandbriefzentralen: Spezialinstitute zur Emission von Pfandbriefen und zur Gewährung langfristiger Kredite an die angeschlossenen Banken.

certificate Zertifikat,
– Sammeltitel für mehrere Anteilscheine eines Anlagefonds;
– Siehe auch: stock certificate.

certificate of accrual on treasury securities s. CATS.

certificate of deposit (CD): Geldmarktpapier (Einlagezertifikat) mit kurzer bis mittelfristiger Laufzeit, d.h. meist 1–12 Monate, ausnahmsweise bis zu 5 Jahren. Durch das CD bestätigt die betreffende Bank, dass sie einen bestimmten Betrag entgegengenommen hat und diesen nach Ablauf der vom Geldgeber gewünschten Laufzeit einschliesslich des bei der Ausgabe festgesetzten Zinses zurückzahlen wird. CDs lauten in der Regel auf US-Dollar, auch wenn sie von den amerikanischen Banken über ihre Niederlassungen in London ausgegeben werden (London CDs). Eine wichtige Rolle als Geldmarktpapiere spielen auch die in New York ausgegebenen CDs.

CHAPS: s. Association of Payment Clearing Services.

charts: Börsenschaubilder, die in graphischer Form die Kursentwicklung einer Aktie oder verschiedener Wertpapiere aufzeigen und von spezialisierten Börsenanalysten (Chartists) unter Berücksichtigung der Umsätze usw. für die Erstellung kurz- und mittelfristiger Kursprognosen verwendet werden.

check (USA); cheque (GB) Check, Scheck: Eine bei Sicht fällige, an bestimmte gesetzliche Formvorschriften gebundene Anweisung an die Bezogene (in der Regel eine Bank), an den Checkinhaber oder eine namentlich genannte Person oder deren Order, eine bestimmte Geldsumme auszuzahlen. Im Unterschied zum Wechsel ist der C. kein Kreditmittel, sondern ein Zahlungsmittel, das dem bargeldlosen Zahlungsverkehr dient.

check card Checkkarte: Ausweis für Kontoinhaber eines Checksystems, wie z. B. Eurocheque. Die Bank verspricht die Einlösung des Checks unter der Voraussetzung, dass die Unterschrift und die Kontonummer auf Check und Checkkarte übereinstimmen und die Nummer der Checkkarte auf der Rückseite des Checks vermerkt wird.

check made out to cash Barcheck: Check, den der Aussteller selber für Barbezüge verwendet.

checking account Checkrechnung: Konto bzw. Kontokorrent, über das mit Check (Scheck) verfügt werden kann. In der Regel keine oder nur niedrige Verzinsung.

cif, abbrevation for «cost, insurance and freight», which means that price of the goods includes all costs for the shipment and freight and insurance up to the port of destination.
Im Aussenhandel übliche Vertragsklausel, die besagt, dass alle Kosten der Verschiffung, Versicherung und Fracht bis zum Bestimmungshafen im Warenpreis inbegriffen sind.

circular letter of credit Zirkularkreditbrief: Dem Bankkunden zur Mittelbeschaffung auf Reisen ausgestellter Kreditbrief, der bei allen Korrespondenten der ausstellenden Bank zahlbar ist.

clean bill of lading (clean B/L) reines Konnossement: Konnossement ohne Vorbehalt hinsichtlich Zustand der Ware und Verpackung. Der Verkäufer hat die Ware in seetüchtiger Verpackung zu liefern.

clearing: Buchmässige Verrechnung gegenseitiger Forderungen, so dass nur der verbleibende Saldo vergütet werden muss, z. B. Wertschriftenclearing.

clearing agreement Clearingabkommen: zwischenstaatliche Vereinbarung hinsichtlich der Verrechnung gegenseitiger Forderungen im gebundenen Zahlungsverkehr über eine zentrale Stelle in jedem Partnerland.

clearing office Abrechnungsstelle: zur Rationalisierung des Wertpapierhandels und des Überweisungsverkehrs der Banken geschaffene Stellen für den Spitzenausgleich.

clearing system for settling transactions in securities
Effektengiroverkehr: System der Rationalisierung des Wertpapierhandels, indem die Titel nicht mehr von Bank zu Bank geliefert, sondern über eine Girozentrale (z. B. SEGA, Euroclear) buchmässig verrechnet werden.

closed end fund:
 – Anlagefonds ohne Verpflichtung, ausgegebene Anteilscheine auf Verlangen des Anteilscheininhabers zurückzunehmen. Bei diesen Anlagefonds besteht kein auf dem inneren Wert beruhender Rücknahmepreis. Die Ausgabe neuer Anteilscheine kann laufend oder periodisch erfolgen, z. B. mittels Anrechten.
 – Anlagefonds, der keine weiteren Anteilscheine mehr ausgibt.

closing price Schlusskurs: Der letzte notierte Kurs für ein bestimmtes Wertpapier während einer Börsensitzung.

Club of Ten Zehnerklub: Bezeichnung der Gruppe von 10 Ländern, die 1962 die «Allgemeinen Kreditvereinbarungen» zur Gewährung internationaler Kredithilfe in Zusammenarbeit mit dem Internationalen Währungsfonds beschlossen haben. Durch den Beitritt der Schweiz 1984 ist der Z. eigentlich zum Elfergremium geworden.

coinage prerogative Münzregal, Münzhoheit, Münzrecht: Recht, Münzen zu prägen.

collateral bill Kautionswechsel, Depotwechsel, Sicherungswechsel: Wechsel zur Sicherstellung einer (gegebenenfalls noch ungewissen) Verpflichtung; ermöglicht bei Nicht-Erfüllung seitens des Schuldners die Anwendung der Wechselstrenge; wird meist als Eigenwechsel ausgestellt.

collateral bonds (USA): Obligationen, die durch Hinterlage gesichert sind, z. B. durch Verpfändung von Hypotheken (collateral mortgage bonds).

collateral loan s. lombard loan.

collateral security margin Sicherheitsmarge: Die von der Bank verlangte Marge (Differenz) zwischen dem Marktwert einer Hinterlage und dem gewährten Kredit zur Absicherung gegen eine allfällige Wertverminderung.

collection Inkasso: Einzug einer Forderung, z. B. Inkasso eines Wechsels.

collection-only cheque: s. account-only cheque.

collective custody Sammelverwahrung: Aufbewahrung von fungiblen Wertpapieren nach Titelgattungen durch die Bank oder eine zentrale Stelle, wobei ohne Nummernzuteilung festgehalten wird, wie viele Titel den einzelnen Kunden bzw. Banken gehören.

collective order Sammelauftrag: Zusammenfassung mehrerer Vergütungsaufträge auf einem Formular.

Co-Managers: Mitglieder der Führungsgruppe des Emissions-Syndikates. Sie wirken als solche bei der

Festsetzung der Emissionsbedingungen mit und plazieren einen angemessenen Teil der Anleihe selbst.

commercial bank: im US-Trennbankensystem im wesentlichen ein auf das Kredit- und Einlagengeschäft sowie den Zahlungsverkehr spezialisiertes Finanzinstitut. Gegensatz: investment bank.

commercial paper: In den USA stark verbreitete Geldmarktpapiere in der Form von Eigenwechseln grosser Unternehmen, welche die Annahme (Blankoindossament) der Wechsel sicherstellen. Die Zinszahlung erfolgt mit dem Diskontabzug, der dem jeweiligen Marktsatz für C. P. entspricht.

commitment fee Bereitstellungs-Kommission: Wird der Kredit nicht sofort nach Vertragsabschluss beansprucht, so berechnet die Bank auf dem unbenutzten Betrag, pro rata temporis, eine B.

commodity fund Warenfonds: Anlagefonds, der sein Vermögen hauptsächlich in Warenpapieren anlegt, z. B. in Getreide- oder Metallkontrakten.

Common Market s. European Community.

common stock s. ordinary share.

compensation transactions: s. offset transactions.

composite trading, USA: Ein Börsenauftrag erhält im ganzen Land immer den zum Zeitpunkt der Auftragserteilung bestmöglichen Kurs, und zwar unabhängig davon, ob der Auftrag direkt in New York oder an einem anderen Ort, beispielsweise an den regionalen Handelsplätzen wie Boston, Philadelphia oder San Francisco, plaziert wird. Diese regionalen Börsen sind elektronisch mit dem „Big Board" in New York verbunden.

compound interest Zinseszins: Zins, der entsteht, wenn der Zins für einen bestimmten Zeitraum (z. B. Semester) zum Kapital geschlagen wird und somit gleichfalls Zinsen trägt.

compound yield Anlagerendite, Gesamtrendite: der gesamte Wertzuwachs einer Anlage innerhalb einer bestimmten Zeitspanne. Er setzt sich aus den Ausschüttungen plus Kursgewinn zusammen. Im Falle von Kursverlusten vermindert sich der Verlust um die ausgeschütteten Betreffnisse.

concern: s. group.

consolidated debt feste Schuld: langfristige, konsolidierte Schuld eines öffentlichen Gemeinwesens, z. B. Obligationenanleihe.

consolidation Konsolidierung:
- Umwandlung von schwebenden, kurzfristigen Schulden in feste, langfristige Schulden.
- Festigung des Kursniveaus an der Börse nach einem Rückschlag.
- Zusammenfassung der Teilbilanzen eines Konzerns zur Konzernbilanz.

consols: (bonds issues without fixed maturity). ewige Renten: Staatsanleihen, bei welchen sich der Staat nur zur Zahlung des Zinses (Rente) verpflichtet. Die Titel solcher Rentenanleihen sind nicht rückzahlbar, doch behält sich der Staat vielfach das Recht zur Kündigung oder zum Rückkauf an der Börse vor. Besonders verbreitet in Frankreich und Grossbritannien.

consortium Konsortium, Syndikat: Vereinigung von Unternehmen in Form einer einfachen Gesellschaft zur gemeinsamen Durchführung von Geschäften, z. B. Zusammenschluss mehrerer Banken zur Durchführung grösserer Finanzoperationen (Anleihen, Kapitalerhöhungen, Kredite usw.) auf gemeinsame Rechnung.

consortium loan, syndicated loan Konsortialkredit. «Mittelfristige Bankkredite, die flexibel und in hohen Beträgen verfügbar sind, spielten 1988 im zweiten Jahr hintereinander eine wachsende Rolle im internationalen Finanzierungsprozess. Für die kräftige Expansion der neu vereinbarten Konsortialkredite war wiederum die Nachfrage von Unternehmen vor allem zur Finanzierung von Unternehmensübernahmen und -fusionen entscheidend. Sie ist zugleich aber auch Ausdruck einer Rückbesinnung auf den Wert verlässlicher Bankbeziehungen (relationship banking) nach einer längeren Phase, in der verbriefte und damit handelbare Kredite bevorzugt worden waren.» Quelle: Geschäftsbericht 1988. Deutsche Bank AG, Frankfurt am Main/Düsseldorf.

construction loan Baukredit: Zweckgebundener, kontokorrentmässig geführter Kredit für die Fianzierung eines Neu- oder Umbaus. Auszahlung nur an Handwerker und Unternehmer, die am Bau Arbeiten ausführen. Kredit mit grundpfandrechtlicher Sicherstellung.

consumer loan s. personal loan.

contingency reserves: s. provisions.

contingent liability Eventualverpflichtung: Bedingte Verpflichtung, die nur beim Eintreten bestimmter Voraussetzungen wirksam wird, wie z. B. Bankverpflichtungen unter Akzept-, Bürgschafts-, Kautionskrediten. Eventualverpflichtungen einer Bank werden nicht in die Bilanz einbezogen, sondern als ergänzende Angabe beigefügt.

contingent order Ordre lié: «Zug um Zug»-Geschäft («verbundener Auftrag») an der Börse, wobei in der Regel der Erlös aus dem Verkauf von bestimmten Wertpapieren für den Kauf anderer Wertpapiere zu verwenden ist. Für die Durchführung der Umtauschoperationen können gegebenenfalls Kurslimiten für den Verkauf bzw. Kauf vorgeschrieben werden.

Contomat: Geldausgabe-Automat zum Bezug von Banknoten sowie, auf Wunsch, mit Kontostandmeldung und Angabe früherer Buchungen usw.

contractor loan Unternehmerkredit: Kredit zur Finanzierung der vom Unternehmer benötigten Betriebsmittel. Der Gegenwert der Betriebsmittel wird von der Bauherrschaft sukzessive aufgrund des Baufortschrittes ausgezahlt. Die Sicherstellung des Kredites erfolgt durch fiduziarische Abtretung aller Ansprüche aus dem Werkvertrag inkl. zukünftige Forderungen.

control stock: In den Händen der Geschäftsleitung oder einzelner Aktionäre konzentrierter Aktienbesitz, der mehr als 5 bzw. 10% des Aktienkapitals ausmacht.

conversion Konversion:
- Umwandlung einer alten, fälligen oder gekündigten Anleihe in eine neue Schuldverpflichtung der gleichen Gesellschaft zu neuen Bedingungen (Schuldumwandlung, Umfinanzierung).
- Erneuerung einer Kassenobligation.
- Umwandlung von Wandelobligationen in Aktien.
- Im Devisengeschäft: Umwandlung eines Guthabens oder einer Forderung in eine andere Währung.

conversion premium Wandelprämie: Das bei der Wandlung einer Wandelobligation zu bezahlende Aufgeld (Agio), wenn der Wandelpreis über dem Aktienkurs liegt. Die Wandelprämie bringt zum Ausdruck, um wie viele Prozent teurer Aktien zu stehen kommen, wenn sie durch Kauf und anschliessende Umwandlung von Wandelobligationen erworben werden.

conversion price Wandelpreis: Bei der Emission von Wandelobligationen festgelegter Basispreis zur Errechnung der Wandelparität (Konversionswert) beim Umtausch von Wandelobligationen in Aktien.

conversion right Wandelrecht: Ein mit der Wandelobligation untrennbar verbundenes Recht zur Umwandlung in Aktien oder Partizipationsscheine der betreffenden Gesellschaft.

convertibility Konvertibilität: Freie Umwandelbarkeit einer Währung in eine andere Währung (früher auch in Gold).

convertible bonds; convertibles Wandelobligationen: Schuldverschreibungen, die unter gewissen Voraussetzungen und Bedingungen in Aktien oder Partizipationsscheine der betreffenden Gesellschaft umgewandelt werden können.

Cooke (-Committee) Cooke-Komitee: Ausschuss für Bankenbestimmungen und Überwachung im Schosse der Bank für internationalen Zahlungsausgleich, benannt nach dem Vorsitzenden Peter Cooke, Bank von England, der die Richtlinien für einheitliche und nach Risiken abgestufte Eigenkapital-Unterlegungssätze in den Industrieländern ausgearbeitet hat.

corner: Börsensituation, in der die Leerverkäufe von Aktien durch Baissiers erheblich über den Bestand der am Markt verfügbaren, nicht in festen Händen befindlichen Titel hinausgehen, so dass die Baissiers die zur Erfüllung ihrer Engagements benötigten Titel zu überhöhten Kursen kaufen müssen.

corporate finance: Beratungs- und Finanzierungs-Dienstleistungen für Unternehmungen. Beratungsintensive „Bankprodukte" sind zum Beispiel Unternehmens-Übernahmen, im Gegensatz zu standardisierten Produkten wie Devisengeschäften, normalen Euro-Anleihen usw.

corporate loans s. II. Teil, Organkredite.

corporate raiders (USA): Spezialisten im Aufspüren unterbewerteter Gesellschaften, die sie entweder billig aufkaufen und mit Gewinn liquidieren oder in eine ungewollte Fusion mit einem anderen Unternehmen treiben.

corporation s. joint stock company.

correspondence check Korrespondenzcheck: Check mit Begleitabschnitt für Mitteilungen an den Empfänger bzw. den Begünstigten.

correspondent bank Korrespondenzbank: Ständige Bankverbindung eines Kreditinstituts auf einem anderen Bankplatz, wo es in der Regel nicht selbst vertreten ist.

cost and freight (c & f) = Kosten und Fracht: Im Aussenhandel übliche Vertragsklausel, die besagt, dass alle Kosten der Verschiffung und Fracht (ausgenommen die Versicherung) bis zum Bestimmungshafen im Warenpreis inbegriffen sind.

cost averaging: s. averaging.

counterfoil; stub Souche: Nach Abtrennung eines Checks oder einer Quittung im Heft zurückbleibender Abschnitt, auf dem die wichtigsten Angaben über den ausgestellten Check oder die ausgestellte Quittung festgehalten werden, z. B. Nummer, Betrag, Empfänger, Datum usw.

country risk Länderrisiko: Verlustgefahr, welcher die Kreditgewährung an ein bestimmtes Land in politischer, wirtschaftlicher, gesetzlicher oder sozialer Hinsicht ausgesetzt ist.
«Bei allen in den Konzern einbezogenen Gesellschaften wurden die Engagements im Kreditgeschäft mit unveränderter Sorgfalt bewertet. Durch Bildung von Wertberichtigungen und Rückstellungen ist für sämtliche erkennbaren Risiken – sowohl für einzelne Kreditnehmer als auch für Länderrisiken – nach konzerneinheitlichen Massstäben Vorsorge getroffen worden. Am Jahresende 1988 lag die Vorsorgequote für Länderrisiken im Konzern bei 77%. Bei inländischen Konzerngesellschaften vorhandene Sammelwertberichtigungen wurden aufgrund der Anordnung des Bundesaufsichtsamtes für das Kreditwesen vom 18. August 1988 aufgelöst. Latenten Risiken ist durch die Bildung von Pauschalwertberichtigungen Rechnung getragen worden.»
Quelle: Geschäftsbericht 1988. Deutsche Bank AG, Frankfurt am Main/Düsseldorf.

coupon Coupon: Der einem Wertpapier beigegebene Zins- oder Dividendenschein, der zum Bezug der fälligen Erträgnisse oder gegebenenfalls zur Geltendmachung von Anrechten berechtigt. Der C. gibt dem Inhaber das Recht, bei der Gesellschaft bzw. Bank den entsprechenden Anspruch geltend zu machen.

coupon sheet Couponsbogen: Der normalerweise mit einer Aktie oder Obligation verbundene Bogen mit den Coupons, die bei den jeweiligen Fälligkeitsterminen eingelöst werden können. Der letzte Coupon des entsprechenden Bogens einer Aktie ist oft als Talon zum Bezug eines neuen Bogens ausgestaltet. Bei ausländischen Aktien (insbesondere US-Aktien) ist häufig kein C. vorhanden; die Bezahlung der Dividenden solcher Titel erfolgt aufgrund des Aktienregisters direkt an die eingetragenen Aktionäre oder an deren Bankverbindung.

cover ratio Deckungsverhältnis: das Verhältnis zwischen den eigenen Mitteln und den Verbindlichkeiten der Bank.

covered warrant gedeckte Option: Arbitrage-Instrument. Covered warrants berechtigen – wie gewöhnliche Optionen – zum Bezug einer bestimmten Anzahl Aktien einer Gesellschaft zu einem bestimmten Preis während einer bestimmten Zeit. Im Gegensatz zu gewöhnlichen Optionen, welche einer Anleihe angehängt sind, ist aber der Emittent der c. w. eine Bank und nicht identisch mit der Gesellschaft, deren Aktien durch Ausübung der Option bezogen werden können. Die emittierende Bank sichert sich normalerweise für den Fall ab, dass die Optionen ausgeübt werden; diese Sicherstellung kann zum Beispiel durch physische Hinterlegung von Aktien erfolgen, die von einem institutionellen Anleger (Stillhalter) zur Verfügung gestellt werden.

credit Kredit:
- Vertrauen in die Zahlungsfähigkeit und den Zahlungswillen einer Person oder Körperschaft.
- Einräumung der Möglichkeit, über Geld bzw. Kaufkraft zu verfügen.
- Gliederung in Geld- und Verfügungskredite. Gliederung nach der Art der Kreditverwendung im Produktions- und Investitionsbereich (Investitions-K., Betriebs-K.) oder im Konsumbereich (Konsum-K.). Gliederung nach der Art der Deckung in Blanko-K. und gedeckter K. Gliederung nach der Benützungsform in Kontokorent-K. und feste Vorschüsse (Darlehen).

credit card Kreditkarte: Als Finanzpass gestalteter Ausweis, der bei Vorweisung und mit Unterschrift auf der Rechnung den bargeldlosen Kauf von Waren und Dienstleistungen ermöglicht. Die K. ist verwendbar bei den der entsprechenden Kreditkartenorganisation angeschlossenen Vertragsunternehmen (z. B. Detailhandelsfirmen, Hotels, Restaurants, Transportanstalten). International verwendbare K.: Eurocard; Diners Club Karte, American Express Karte, Visa Karte; MasterCard.

credit commission Kreditkommission: Im Kreditgeschäft zusätzlich zum Zins berechnete Vergütung für besondere Dienstleistungen oder als Risikoprämie.

credit interest Habenzinsen: Zinsvergütungen an Bankkunden für die von der Bank hereingenommenen Gelder (speziell für die im Kontokorrent dem Kunden gutgeschriebenen Zinsen). Die Bezeichnung bezieht sich auf die doppelte Buchhaltung, da die Fremdgelder auf der Haben-Seite verbucht sind.

credit limit; credit line
- Kreditlimite: Betrag, bis zu welchem die Bank dem einzelnen Kreditnehmer einen Kredit einräumt. Soweit der Kunde den Kreditspielraum nicht ausgeschöpft hat, kann er bei Bedarf sofort und ohne

nochmaliges Gesuch über den noch offenen Betrag verfügen.
– **Rahmenkredit:** genereller Kreditplafond, der während einer bestimmten Periode für die Benutzung offensteht. Ein R. kann z. B. zwischen zwei Ländern für die Gewährung langfristiger Export- oder Investitionskredite abgeschlossen werden.

credit memorandum Kreditprotokoll: Bankinterne Aufzeichnung über die Beurteilung eines Kreditgesuches.

credit overdrawing Kreditüberziehung, Kreditüberschreitung: Beanspruchung eines Kredits über die Kreditlimite hinaus.

credit standing s. creditworthiness.

Credit Union (USA): Kreditgenossenschaft, die als gemeinnützige Organisation hauptsächlich die Spargelder ihrer Mitglieder verwaltet und an diese ausleiht.

creditor; obligee Gläubiger: Derjenige, der ein Forderungsrecht besitzt. Im Falle eines Konkurses besitzen «privilegierte Gläubiger» gegenüber andern G. ein Vorrecht (Rangordnung der G.). Bei einer Verwertung der Aktiven wird der daraus resultierende Erlös gemäss dem nach Gläubigerklassen gegliederten Kollokationsplan verteilt.

creditworthiness; credit standing Kreditwürdigkeit, Bonität: Zahlungsfähigkeit, Zahlungswillen und andere positiv zu wertende Eigenschaften eines Bankkunden oder Anleihensschuldners, die auf seine Kreditwürdigkeit hinweisen.

cross-default clause s. joint financing.

cross rates: Errechnung von Kursen zwischen dritten Währungen.

cross selling: Angebot verschiedener Produkte/ Dienstleistungen durch den einzelnen Kundenberater.

crossed check gekreuzter Check: Check, dessen Verwendbarkeit durch besondere Kennzeichnung eingeschränkt worden ist.
Beim allgemein gekreuzten Check sind auf der Vorderseite nur zwei parallele Schrägstriche sowie allenfalls die Bezeichnung «Bankier» oder ein ähnlich lautender Vermerk wie z. B. «& Co» angebracht. Ein solcher Check darf von der bezogenen Bank nur an eine ihrer Kunden oder eine Bank bezahlt werden. Beim besonders gekreuzten Check ist auf der Vorderseite zwischen zwei parallelen Schrägstrichen der Name einer bestimmten Bank angebracht. Ein solcher Check darf von der bezogenen Bank nur an die bezeichnete Bank oder, wenn diese selbst die Bezogene ist, an deren Kunden bezahlt werden.

crown jewel option Gewährung eines Vorkaufsrechts für die attraktivsten Vermögensteile zu einem fixen, in der Regel günstigen Preis. Diese Massnahme kann sowohl zur Absicherung von Fusionsverträgen als auch zur Abschreckung eines unerwünschten Freiers dienen.

cumulative preferred (or preference) share kumulative Vorzugsaktie: Vorzugsaktien, bei denen allenfalls nicht ausgezahlte Dividenden in einer späteren, günstigeren Geschäftsperiode zusätzlich zu der fälligen Dividende nachbezogen werden können.

cumulative trust Akkumulierungsfonds, Anreicherungsfonds, Thesaurierungsfonds: sämtliche Erträge werden laufend wieder angelegt; durch den sogenannten Zinseszins-Effekt wird die Wertsteigerung beschleunigt.

currency Währung, Valuta: Geld (eines Landes oder einer Ländergruppe). Je nach dem internationalen Vertrauen, das eine W. geniesst, spricht man einerseits von einer harten, starken oder stabilen W., anderseits von einer weichen oder schwachen W.

«Veränderungen der Leistungsbilanzen spielen eine wichtige Rolle, wenn es darum geht, die grundsätzliche Solidität einer Währung abzuschätzen. Eine detaillierte Beurteilung der dahinterstehenden Faktoren gibt Aufschluss darüber, inwieweit attraktive Investitionsmöglichkeiten vorhanden sind oder nicht. Höhere Zinssätze als in andern Ländern können in diesem Zusammenhang von grosser Bedeutung sein. Bekanntlich hat Kapital die Tendenz, dorthin zu fliessen, wo der Ertrag am grössten ist. Doch orientiert sich der Markt unter einem System flexibler Wechselkurse nicht nur an nominellen Sätzen, sondern stellt Wechselkursveränderungen während der Laufzeit in Rechnung. (Erfahrungsgemäss gehen überdurchschnittliche Verzinsungen immer mit hohen Inflationsraten einher!) Der Entscheid zur Investition in Fremdwährung stellt somit auf die Nettorendite (Zinssatz minus erwartete Abwertung) ab.»
Quelle: Broschüre «Devisenhandel und Geldmarktgeschäfte», 1984. Schweizerischer Bankverein.

currency clause (foreign currency clause): Valutaklausel: Vertragsbestimmung, welche das Verhältnis zwischen der eigenen und einer fremden Währung festlegt, um das Risiko der Entwertung einer Währung bei einer bestimmten Forderung auszuschliessen.

currency parity: Währungsparität: Offiziell festgesetztes Wertverhältnis einer Währung gegenüber anderen Währungen, z. B. Dollarparität (= Wertverhältnis gegenüber dem US-Dollar). Früher bestand ein umfassendes Netz von Paritäten, heute dagegen nur noch in sehr begrenztem Umfang, da in vielen Fällen keine W. mehr festgesetzt wird.

current account Kontokorrent, laufende Rechnung: Chronologische, laufende Verbuchung der sich aus dem Geschäftsverkehr der Banken mit dem einzelnen Kontokorrent-Kunden ergebenden Gutschriften und Belastungen mit laufender Saldierung. Kann als Debitoren- oder Kreditoren-Rechnung geführt werden. Abschluss viertel- oder halbjährlich.
Das K. bietet nur geringe oder keine Verzinsung, jedoch unbeschränkte Rückzugsmöglichkeiten und viele zusätzliche Dienstleistungen (z. B. Checkheft, Bancomat, Zahlungsverkehr).

current account credit (USA) overdraft (GB) Kontokorrentkredit: Bankkredit mit der Möglichkeit der zeitlich und betragsmässig beliebigen Benutzung bis zu einer vereinbarten Kreditlimite während der Dauer des Vertragsverhältnisses. Besonders stark verbreitet zur Deckung des wechselnden Kreditbedarfs von Unternehmen. Der K. kann als ungedeckter Kredit (Blankokredit) oder als gedeckter Kredit (z.B. als Lombardkredit) gewährt werden.

current assets   s. operating assets.

custodianship account (USA)   s. securities safekeeping account.

custody account   s. securities safekeeping account.

D

D/A   s. documents against acceptance.

daily balance interest calculation   Staffelmethode: Im Kontokorrent übliche Methode der Zinsberechnung mit Saldoverzinsung. Der jeweilige Saldo wird bis zum Zeitpunkt, an dem er sich ändert, verzinst.

day order (USA)   Auftrag zum Kauf oder Verkauf von Wertpapieren an einem bestimmten Tag; wird der Auftrag an der betreffenden Börsensitzung nicht ausgeführt, so ist er verfallen.

day-to-day money: s. call money.

dealer (USA):   Wertpapierhändler, der nicht nur Wertpapierkäufe und -verkäufe vermittelt, sondern auch auf eigene Rechnung Wertpapiere übernimmt und direkt an Kunden verkauft.

dealer position   Händlerposition, Risikoposition: Die Devisenabteilung der Bank muss die Positionen in den verschiedenen Währungen stets im Auge behalten, was in modernen Handelsräumen mit Hilfe von Computern geschieht. Die sogenannte «Händlerposition» gibt die Bestände in den verschiedenen Währungen unabhängig von den Fälligkeiten an; sie registriert nicht nur die Kassageschäfte, sondern auch die Termintransaktionen und die Währungsbestände, die sich aus den Geldmarktgeschäften ergeben. (Oft wird der Ausdruck «Risikoposition» verwendet, um deutlich zu machen, dass man sich auf die gesamte Position bezieht, das heisst nebst der Kassaposition auch die Terminposition einbezieht.)

debenture bonds (USA)   nicht pfandgesicherte, festverzinsliche Obligationen.

debenture stocks: in GB: Obligationen. In den USA: Aktien mit Vorrecht vor den Vorzugsaktien.

debit charge procedure   Lastschriftverfahren, LSV: Methode zur rationellen Durchführung von Buchungen auf der Sollseite von Kundenkonten. Das L. wird von den Banken aufgrund einer einmaligen Einzugs-

ermächtigung seitens des bzw. der Kunden abgewik-
kelt.

debit interest   Sollzinsen: Entgelt für die von der Bank
an ihre Kunden ausgeliehenen Gelder. Die Bezeichnung bezieht sich auf die doppelte Buchhaltung, da
die von der Bank gewährten Kredite auf der Soll-Seite
verbucht sind.

debt-equity swap: Umwandlung von Schuld in Eigenkapital; Finanzinstrument zum Schuldenabbau. Es erfolgt ein Tausch der diskontierten Aussenschuld gegen inländische Beteiligungen. Der neue Investor
erwirbt zunächst die Schuld des betroffenen Landes
mit dem marktüblichen Preisabschlag. Die so diskontierte Schuld tauscht der Investor gegen Inlandswährung in Höhe der ursprünglichen Schuld und erwirbt
dann damit Inlandsbeteiligungen.
Der Dreieckstausch hat für alle Beteiligten Vorteile:
Die Aussenschuld des Landes fällt um den vollen
Betrag der betroffenen Nominalschuld. Der ursprüngliche Gläubiger erleidet einen begrenzten Verlust in Höhe des Preisabschlags, erhält aber im Ge-
genzug dafür Barmittel und eliminiert damit praktisch
sein Risiko. Der neue Investor schliesslich hat ein
Inlandswährung in Höhe der betroffenen Nominalschuld erworben und ist damit risikomässig entschä-
digt.

debt register claim   Schuldbuchforderung: im staatlichen Schuldbuch eingetragene Darlehensforderung
gegenüber dem Staat. Für eine Schuldbuchforderung
werden keine Wertpapiere ausgestellt.

debt rescheduling   Umschuldung: Neufestsetzung der
Bedingungen bestehender Verpflichtungen eines Lan-
des oder einer Unternehmung, zum Beispiel tiefere
Zinssätze, längere Zahlungsfristen.

„debt to nature" – swap: Tausch von Auslandschulden
eines Entwicklungslandes gegen die Finanzierung von
Naturschutzprojekten.

declaration of indemnity   Schadloserklärung: Durch
eine solche Erklärung (Revers) verpflichtet sich der
Erklärende, dem nach Verlust von Wertpapieren,
Coupons oder eines Sparheftes Ersatztitel ausgestellt
wurden, der betreffenden Bank bzw. der Gesellschaft
einen möglichen Schaden aus missbräuchlicher Verwendung der vermissten Titel zu vergüten.

default interest   Verzugszins: Zins, den der Schuldner
dem Gläubiger von Gesetzes wegen oder nach Vereinbarung entrichten muss, wenn er seine Schuld nicht
rechtzeitig bezahlt, also in Verzug gerät.

defective delivery   schlechte Lieferung: Wertschriften,
Gold oder Waren, die den Lieferbedingungen der
Börse oder den vertraglich vereinbarten Bedingungen nicht entsprechen, z. B. Aktien ohne dazugehöri-
ge Couponsbogen.

defensive stocks: Aktien, die bei guter Rendite zwar
begrenzte Kursgewinnchancen bieten, anderseits aber
nur in geringem Masse der Gefahr von Kursrück-
schlägen ausgesetzt sind, da die Unternehmen Branchen angehören, die wenig konjunkturempfindlich

sind, wie z. B. Versorgungs-, Nahrungs- und Genussmittelwerte.

deferred shares, deferred stocks Nachzugsaktien: Aktien, die erst nach Befriedigung der anderen Aktienkategorien Anspruch auf Dividenden haben.

deflation Deflation: Verminderung der Geldmenge im Verhältnis zum Güterangebot mit der Folge, dass das allgemeine Preis- und Lohnniveau zurückgeht und die Kaufkraft des Geldes steigt; in der Regel mit nachlassender Investitionstätigkeit verbunden.

demand deposits; sight deposits Kreditoren auf Sicht: In der Bankbilanz aufgeführte Kundengelder, die täglich abrufbar sind.

deposit business Passivgeschäfte: Geschäfte, bei denen die Bank Gelder entgegennimmt und damit Verbindlichkeiten eingeht, z. B. Spareinlagen, Kreditoren auf Sicht und auf Zeit, Ausgabe von Kassenobligationen.

deposit dealings s. money market.

deposit money Buchgeld, Giralgeld: Jederzeit für Überweisungen verfügbare und in Bargeld umwandelbare Bank- und Postcheckguthaben.

deposits Kreditoren: Kundeneinlagen bei einer Bank. In einem weiteren Sinne versteht man unter Depositengeschäft das gesamte Passivgeschäft der Banken in der Form der Entgegennahme von Publikumsgeldern. Depositeneinlagen im engeren Sinne sind dagegen nur die Kundeneinlagen auf Spar-, Depositen- und Einlageheften sowie auf Spar-, Depositen- und Einlagekonten.

deregulation Deregulierung: Abbau von staatlichen Vorschriften und Einschränkungen, insbesondere im Finanzbereich.

devaluation Abwertung: Verminderung des Aussenwertes einer Währung. Bei einem System fester oder blockmässig gebundener Wechselkurse erfolgt die A. durch gesetzliche oder behördliche Herabsetzung der Parität der betreffenden Währung gegenüber den anderen Währungen bzw. der Leitwährung (früher gegenüber dem Gold). Bei flexiblen Wechselkursen vollzieht sich die A. durch das Sinken des Wechselkurses am Devisenmarkt entsprechend den Veränderungen von Angebot und Nachfrage.

Diners (Club) Card Diners Club-Karte: Abk. DC-Karte. Kreditkarte, die auf den Namen des einzelnen Diners Club-Mitgliedes lautet und dieses berechtigt, in der ganzen Welt in Diners Club-Vertragsunternehmen (Hotels, Restaurants, Verkehrsunternehmen etc.) Rechnungen bargeldlos zu bezahlen.

direct underwriting s. firm underwriting.

disagio: s. discount.

discount
1. Diskont: Zinsabzug beim Ankauf später werdender Forderungen, namentlich von Wechseln. Der Nettobetrag der Forderung wird nach der Einreichung dem Begünstigten sofort gutgeschrieben. Die Diskontierung erfolgt meistens

durch die Banken. Der Diskontbetrag wird wie folgt für den Zeitraum der Diskontierung bis zum Verfalltag berechnet:

$$\frac{\text{Wechselbetrag} \times \text{Diskontsatz} \times \text{Zahl der Tage}}{100 \times 360}$$

2. Disagio, Einschlag, Minderpreis: Unterschied zwischen Nenn- oder Paritätswert und dem darunterliegenden Kurswert. Ein D. besteht z. B., wenn der in % des Nennwerts ausgedrückte Emissions- oder Börsenkurs unter pari (d. h. unter 100) liegt. Im Devisen- und Notenhandel spricht man von D., wenn der Kurs unter der festgesetzten Parität liegt.

3. Skonto: Der in Prozent ausgedrückte Preisnachlass, der usanzgemäss vom Rechnungsbetrag abgezogen werden kann, wenn die Bezahlung fristgerecht erfolgt.

discount credit Diskontkredit: Von der Bank dem Kunden eingeräumte Kreditlinie (Diskontlimite) zur Beschaffung liquider Mittel durch Einreichung von Wechseln oder ähnlichen Wertpapieren. Der Kunde kann aufgrund der Diskontzusage Wechsel bis zum festgelegten Gesamtbetrag diskontieren lassen, bleibt aber aufgrund seiner Wechselunterzeichnung wie andere Unterzeichner als Solidarschuldner bis zur Einlösung der Wechsel bei Verfall haftbar.

discount rate Diskontsatz; Bankrate; Diskontrate: Zinssatz, den die Zentralbank beim Ankauf von Wechseln für die Zeit von der Diskontierung bis zur Fälligkeit des Wechsels berechnet. Er ist die Grundlage für den Zinssatz, den die Geschäftsbanken ihren Kunden beim Ankauf von Wechseln in Rechnung stellen.

Die Veränderung des Diskontsatzes dient der Regulierung der Geldversorgung und des Zinsniveaus. Will die Zentralbank die Kreditnachfrage der Unternehmen dämpfen, erhöht sie den Diskontsatz und/oder verkleinert den Rediskont-Rahmen; will sie der Wirtschaft Impulse geben, senkt sie den Diskontsatz und/oder erhöht die Kontingente.

«Soweit bei Kreditverträgen mit der Wirtschaft der Zins an den Diskontsatz gekoppelt ist, schlagen Veränderungen sofort auf die Kreditkosten durch. Aber auch die übrigen Kreditzinsen und die Einlagenzinsen passen sich je nach Art und Marktlage früher oder später der neuen Situation an.»
Quelle: Broschüre: Rund um das Geld, 1987. Commerzbank, Frankfurt a. M.

discount without recourse Diskont à forfait: Kauf von Wechseln, wobei der Käufer auf das ihm nach Wechselrecht zustehende Regressrecht gegenüber dem Wechselverkäufer verzichtet; vor allem üblich bei der Finanzierung von Exporten nach Comecon-Ländern und manchen Entwicklungsländern.
Siehe Forfaitierung.

dishonored bill: s. over due bill.

dividend   Dividende: Der bei einer Aktiengesellschaft
je Aktie bzw. bei einer Genossenschaft je Genossen-
schaftsanteilschein ausgezahlte Anteil am Reingewinn. Die Festsetzung der D. erfolgt durch die Generalversammlung auf Antrag des Verwaltungsrates.
Als D. werden auch die Auszahlungen an die Inhaber
von Genuss- und Partizipationsscheinen bezeichnet.
Nach der Form der D. unterscheidet man zwischen
Bardividende (Auszahlung in bar), Wertpapier- oder
Stockdividende (Zuteilung neuer Wertpapiere) und
Naturaldividende (Ausschüttung in Sachwerten).

dividend coupon   Dividendencoupon, Gewinnanteil-
schein: Der wertpapierrechtlich verbriefte Anspruch
auf Gewinnanteil bzw. Dividende. In der Regel hat
der G. bei Aktiengesellschaften die Form eines Divi-
dendencoupons, und zwar sowohl bei Aktien als auch
bei Genuss- oder Partizipationsscheinen.

dividend-right certificates   Genussscheine: Gewinnbe-
teiligungspapiere, das keine Mitgliedschaftsrechte
(z.B. Stimmrecht), sondern nur Vermögensrechte
(Anteil am Reingewinn oder am Liquidationserlös,
Recht auf Bezug neuer Aktien) verschafft. Formen
des Genussscheines: Besserungsschein, Gewinnan-
teilschein, Gründeranteilschein, Partizipationsschein
(Beteiligungsgenussschein).

divisional coins   Scheidegeld: Nichtvollwertige Münzen, die nur in beschränktem Umfang als Zahlungsmittel angenommen werden müssen. Der Metallwert der
Scheidemünzen ist in der Regel niedriger als der
aufgeprägte Nennwert.

documentary acceptance credit   Rembourskredit: Ein
zur Import- oder Exportfinanzierung verwendeter Akzeptkredit, der in der Regel durch ein unwiderrufliches Akkreditiv seitens der Bank des Käufers sichergestellt ist.

documentary collection   Dokumentarinkasso: Auftrag
des Exporteurs an seine Bank, die entsprechende Forderung einzukassieren bzw. über eine Korrespondenzbank einkassieren zu lassen; die Bank, welche
das Inkasso vornimmt (Inkassobank), liefert die In-
kassodokumente (z.B. Verschiffungspapiere) erst
aus, nachdem der Käufer die vorgeschriebene Leistung erbracht hat. Die Internationale Handelskammer in Paris hat für das Inkasso von Handelspapieren
einheitliche Richtlinien aufgestellt.

documentary credit   Dokumentenakkreditiv; Doku-
mentarakkreditiv: Die übliche Form des Akkreditivs.
Das D. ist eine Einrichtung zur gesicherten Abwicklung des Zahlungs- und Kreditverkehrs, namentlich
in Verbindung mit Warenlieferungen. Die Durchführung des D.-Verkehrs erfolgt unter Mitwirkung einer
Bank oder mehrerer Banken. Die eröffnende Bank,
die auf Ersuchen und in Übereinstimmung mit den
Weisungen eines Kunden (des Akkreditiv-Auftragge-
bers) handelt, hat gegen Übergabe vorgeschriebener
Dokumente Zahlungen an einen Dritten (den Begünstigten oder Akkreditierten) oder an dessen Order zu
leisten oder vom Begünstigten gezogene Wechsel zu

bezahlen, zu akzeptieren oder zu negoziieren, oder sie ermächtigt eine andere Bank zur Vornahme solcher Zahlungen oder Wechselgeschäfte, sofern die Akkreditiv-Bedingungen erfüllt sind. Alle Aufträge zur Eröffnung, Bestätigung oder Avisierung eines D. müssen die vorzulegenden Dokumente genau angeben. Als Dokumente kommen beispielsweise in Frage;
- Dokumente, welche die Verschiffung oder Versendung oder Übernahme der Ware ausweisen (Verladedokumente, Seekonnossemente)
- Versicherungsdokumente
- Handelsrechnungen
- Konsulatsfakturen
- Ursprungszertifikate
- Gewichts- oder Qualitätszertifikate.

Die für den D.-Verkehr massgebenden Bestimmungen wurden von der Internationalen Handelskammer in Paris in den «Einheitlichen Richtlinien und Gebräuchen für Dokumenten-Akkreditive» (Abk. ERA) zusammengefasst, um eine möglichst einheitliche Durchführung solcher Geschäfte zu gewährleisten. Diese Bestimmungen werden gegenwärtig von den Banken in 175 Ländern angewandt.

documentary draft Dokumentartratte: Ein im Rahmen eines Dokumentargeschäftes vom Verkäufer auf den Käufer gezogener und von diesem akzeptierter Wechsel. Bei Vorliegen des Vermerks D/A (documents against acceptance) werden die Dokumente über die Warensendung bereits bei Akzeptierung des Wechsels ausgehändigt; dagegen erfolgt im Falle des Vermerks D/P (documents against payment) die Auslieferung der Dokumente erst nach Einlösung des Akzepts.

documents against acceptance, D/A (type of documentary collection)
Dokumente gegen Akzept: Bei Exportgeschäften im Zusammenhang mit einem Dokumentarinkasso oder Dokumentenakkreditiv vorkommender Ausstellungsvermerk auf der Tratte; die Dokumente dürfen dem Bezogenen nur gegen Akzept ausgehändigt werden.

documents against payment (type of documentary collection)
Dokumente gegen Zahlung: bei Exportgeschäften im Zusammenhang mit einem Dokumentarinkasso oder Dokumentenakkreditiv vorkommender Ausstellungsvermerk auf der Tratte; die Dokumente dürfen dem Käufer nur gegen Zahlung ausgeliefert werden.

Dollar Währungseinheit der Vereinigten Staaten (United States of America); Dollar/Cents 1/100. Wechselkurs-Regelung: unabhängiges Floating. Voll-Konvertibilität.

domiciled bill Domizilwechsel: Wechsel mit Domizilklausel, die darüber Auskunft gibt, wo der Wechsel zahlbar gestellt ist. In der Praxis werden Wechsel meist bei der Bank des Wechselakzeptanten domiziliert.

double taxation Doppelbesteuerung: Doppelte oder mehrfache Belastung des Einkommens, des Vermögens usw. durch verschiedene Steuern bzw. Steuerbehörden.

double taxation agreement (or treaty) Doppelbesteuerungsabkommen: Zwischenstaatliche Vereinbarung zur Beseitigung oder Milderung der Auswirkungen der Doppelbesteuerung. Zur Vereinheitlichung der D. hat die OECD Empfehlungen und Musterabkommen ausgearbeitet.

Dow Jones index Dow-Jones-Index: Aktienindex der New Yorker Effektenbörse, der für Industrie- und Eisenbahnwerte bereits seit 1897 und für Versorgungswerte (Public Utilities) seit 1929 regelmässig berechnet wird. Am bekanntesten ist der Dow-Jones-Industrieindex (Dow Jones industrials), der als Durchschnitt der Kurse von 30 Unternehmen der Industrie und einzelner weiterer Branchen berechnet wird.

D/P s. documents against payment.

draft Tratte: Gezogener Wechsel, der vom Trassaten (noch) nicht akzeptiert wurde. Gegensatz: Akzept (akzeptierter Wechsel).

draw by lot Auslosung: Bei einer Amortisationsanleihe: Ermittlung der gemäss Tilgungsplan zurückzuzahlenden Obligationen durch das Los.

drawee Bezogener, Trassat:
– Person oder Firma, auf deren Namen der Aussteller den Wechsel gezogen hat (Wechselschuldner),
– Bank, auf die ein Check ausgestellt wurde und die ihn zu Lasten des Kontos des Ausstellers einlöst, sofern die nötige Deckung vorhanden ist.

drawer Aussteller, Trassant: Person, die einen Check oder Wechsel ausstellt.

drive-in bank Autobank: Bankschalter, der vom Kunden vom Auto aus benützt werden kann.

drop lock bonds: Die Konversion in eine Anleihe mit festem Zinssatz kann automatisch erfolgen, wenn der LIBOR-Satz plus Marge auf einen vorher festgesetzten Mindestsatz fällt.

due date; maturity date Fälligkeit, Verfalltag: Zeitpunkt, an dem eine Leistung erbracht und gefordert werden kann, z.B. Rückzahlung einer Schuld. Bei Nichterfüllung einer Verbindlichkeit bis zu diesem Datum kommt ein Schuldner in Verzug.

due from banks on demand Bankendebitoren auf Sicht: Jederzeit frei verfügbare Guthaben einer Bank bei anderen Banken (sog. Korrespondenzbanken), gegebenes Callgeld mit Kündigungsfrist von höchstens 48 Stunden und Postcheckguthaben bei ausländischen Postverwaltungen.

due from banks on time Bankendebitoren auf Zeit: Guthaben einer Bank bei anderen Banken auf feste Zeit, z.B. Termingelder aus Börsen- und Devisengeschäften.

due to banks on demand Bankenkreditoren auf Sicht: Jederzeit fällige kontokorrentmässige Verpflichtung einer Bank gegenüber anderen Banken (sog. Korre-

spondenzbanken) und von einer Bank entgegenge-
nommenes Callgeld (bis zu 48 Stunden).

due to banks on time Bankenkreditoren auf Zeit:
Befristete Verpflichtung einer Bank gegenüber anderen Banken.

duration; term Laufzeit:
– Zeitspanne von der Emission bis zum Verfall eines
Wertpapiers bzw. zur Rückzahlung einer Anleihe.
– Zeitdauer, für die ein Darlehen oder ein Kredit
gewährt wird.

E

early bird receipts (USA): Diese Titel verschaffen
einen Anspruch auf unverzinsliche Papiere, die das
Schatzamt durch die Abtrennung der Coupons
(«stripping») von ausstehenden Treasury-Bonds ausgibt.

earning power Rentabilität: Leistungsfähigkeit eines
Unternehmens, gemessen an dem während einer bestimmten Periode erzielten Gewinn im Verhältnis
zum eingesetzten Kapital. Im engeren Sinn: Verhältnis des (erwirtschafteten) Reingewinns zum Eigenkapital.

earnings yield: Gewinnrendite: Gewinn je Aktie in
Prozenten des Börsenkurses.

ec. s. eurocheque.

ECP. s. Eurocommercial paper.

ECU: s. European Currency Unit.

EFT: s. Electronic Fund Transfer.

EFTA, s. European Free Trade Association.

EFTPOS: s. Electronic Funds Transfer at Point of
Sale.

electronic banking: Elektronische Bank: qualifiziertes
Informationsangebot der Bank an ihre Kunden; Echt-
zeit-Informations-Bereitschaft (Real-Time). Direkte
und selbständige Abwicklung der Bankgeschäfte in
der Schalterhalle, mit Hilfe geeigneter Automaten.
Bequeme Durchführung der Operationen vom Kun-
den-Domizil aus.
Man unterscheidet zwei Formen: einerseits die Auto-
maten-Servicestellen mit einem beschränkten Angebot an Automaten, primär Contomaten für Bargeld-
bezüge. Daneben gibt es die eigentliche elektronische
Bank, die über ein sehr breites Spektrum an automa-
tisierten Dienstleistungen verfügt: Contomaten für
Bargeldbezug und Einzahlungen (teilweise für die
Ausgabe von DM, US$, Lstg., FF, Schilling, Lire);
Noten- und Münzwechsel-Maschinen; Change-Auto-
maten zum Umtausch von Fremdwährungen; Gold-

41

automaten für Goldmünzen und kleine Goldbarren; automatische Kundentresore; Videotex und Teletext; Stock-Info-Geräte und Telebanking-Stationen. Die „Elektronische Bank" ermöglicht die Selbstbedienung rund um die Uhr.

electronic fund transfer (EFT) Elektronischer Zahlungsverkehr, wobei die Übermittlung von Zahlungen durch Zahlungsträger auf Papier reduziert wird.

Electronic Funds Transfer at Point of Sale, EFTPOS: s. Association of Payment Clearing Services.

electronic systems elektronische Systeme. Diese sind heute ein entscheidendes Hilfsmittel, um der Bank wesentliche Wettbewerbsvorteile zu verschaffen. Banken, welche die technologische Herausforderung annahmen, mussten allerdings rasch erkennen, dass der traditionelle Bankier ohne die Mithilfe geschulter und erfahrener Ingenieure und Informatiker alleine nicht mehr in der Lage ist, die technologischen Probleme zu lösen.

Es ist deshalb nicht verwunderlich, wenn bei fortschrittlichen und technologisch führenden Instituten in den obersten Chefetagen Generalisten mit technischem Background, Einzug halten. Der ausserordentlich hohe Entwicklungsaufwand für die Bereitstellung neuer elektronischer Systeme zwingt international tätige Grossinstitute, eigene Forschungsteams schon heute mit Problemkreisen zu beschäftigen, die erst in Zukunft auf uns zukommen.

endorsee Indossatar: Person oder Firma, die das Orderpapier und das damit verbundene Eigentumsrecht vom Indossanten übertragen erhält.

endorsement Indossament: Schriftliche und unterzeichnete Erklärung auf einem Orderpapier, womit der Indossant dem Indossatar alle Rechte aus dem Papier überträgt.

endorser Indossant: Inhaber eines Orderpapiers, der das Eigentumsrecht an dieser Urkunde mittels Indossament überträgt.

endowment capital Dotationskapital:
– Grundkapital, das ein Staat oder eine Gemeinde einem Unternehmen der öffentlichen Hand zur Verfügung stellt;
– Grundkapital, das ein Unternehmen seinen unselbständigen Niederlassungen zur Verfügung stellt.

en nom participation en-nom-Beteiligung: Beteiligungen an einem Emissionssyndikat unter namentlicher Erwähnung im Emissionsprospekt.

EPIC s. London Stock Exchange.

equity s. capital resources.

ERP, s. II. Teil, ERP – Kredite.

Eurobonds Eurobonds: Auf dem Euromarkt (Eurokapitalmarkt) ausgegebene, auf eine Eurowährung (Eurodollar, Euro-DM usw.) lautende Anleihensobligationen (auch Euro-Obligationen genannt). Der überwiegende Teil der Käufe und Verkäufe wird per Telefon und Telex (und nur wenig über die Börse) zwischen Banken und Händlerfirmen abgewickelt.

Eurocapital market Eurokapitalmarkt: Jener Teil des Euromarktes, über den die Transaktionen mit mittel- bis langfristigen Anlagen (mit über 18 Monaten Laufzeit) abgewickelt werden, vor allem in der Form von Eurobonds. Anteil der auf US-Dollar lautenden Emissionen: rund 80%.

Eurocard: Kreditkarte: an etwa 100 000 Bankschaltern weltweit einsetzbares Zahlungsmittel, mit direkter Verfügungsmöglichkeit über das eigene Bankkonto in unbeschränkter Höhe. Komplementärangebot zum eurocheque, welcher indessen betragsmässig beschränkt und auf Europa und die Mittelmeer-Länder begrenzt ist.

eurocheque (EC) Internationales Checksystem, in rund 40 Ländern verbreitet. Die einheitlich gestalteten Checkkarten und Checkformulare können sowohl für den bargeldlosen Einkauf von Waren und Dienstleistungen als auch für den Bezug von Bargeld bei den angeschlossenen Banken [Bancomat] verwendet werden. Die Einlösung der ec. ist bis zu einer bestimmten Höhe pro Check ohne Rückfrage bei der Bank des Checkinhabers garantiert.

Euro-clear: Internationales Wertpapier-Girosystem von Banken für die Sammelverwaltung und buchmässige Übertragung von Wertpapieren. Verwaltungssitz in Zürich.

eurocommercial paper (ECP) Die ECP sind wie die Euronotes handelbare Wertpapiere mit kurzfristigen Laufzeiten (von 1, 3, 6 oder 12 Monaten). Während bei der Emission von Euronotes die Banken Verpflichtungen eingehen (durch Übernahme von nicht plazierten Notes oder durch Gewährung von Standby-Krediten), entstehen bei den ECP für die Banken keine Eventualverpflichtungen. Die Banken treten lediglich als Agent des Schuldners und Händler der angebotenen Wertpapiere auf („dealership system"). Europäisches Gegenstück zu den Commercial paper in den USA.

Eurocredit Eurokredit: In einer Eurowährung gewährter internationaler Bankkredit.

Eurocurrency Eurowährung: Währung, die für die Guthaben und Verbindlichkeiten am Euromarkt verwendet wird. Zum Kreis der Eurowährungen gehören vor allem der Eurodollar, ferner der Euro-Franken, der Euro-FF, die Euro-DM, das Euro-£.

Eurodollars Eurodollars: Dollarguthaben und -verpflichtungen, die ausserhalb der USA bestehen. Diese Transaktionen bilden zusammen den Eurodollarmarkt.

euro-equities Durch das Verkaufssystem des Eurobondmarktes international plazierte Aktien und Partizipationsscheine, welche zum Marktpreis (und nicht mit Diskont, wie bei Bezugsrecht-Emissionen) angeboten werden; Alternative zur Ausgabe von Eurobonds.

Euromarket Euromarkt: Internationale Geld- und Kapitalmärkte, über welche Bankkredite und Anleihens-Operationen in Eurowährungen wie Eurodollar, Euro-DM und Eurofranken usw. abgewickelt werden, d. h. in Währungen, die sich ausserhalb ihrer Ursprungsländer befinden. Eurodollars zum Beispiel sind Dollarguthaben bei Banken ausserhalb der USA. An den weltumspannenden Euromärkten sind alle wichtigen Währungen vertreten, wobei der US-Dollar eine dominierende Position einnimmt. Die Bezeichnung «Eurodollar» wurde nur deshalb beibehalten, weil die Ursprünge in Europa liegen und weil die in Europa domizilierten Banken hierbei eine massgebliche Rolle spielen. In Asien ist der Euromarkt unter der Bezeichnung «Asien-Dollar-Markt» organisiert. Nachdem der Euromarkt ein Volumen erreicht hat, das auf 1800 Milliarden Dollar geschätzt wird, hat die Wechselkurspolitik an Einfluss verloren; demzufolge muss mit beträchtlichen Devisenkurs-Schwankungen gerechnet werden.

Euromoney market Eurogeldmarkt: Jener Teil des Euromarktes, über den die Transaktionen von kurz- bis mittelfristigen Anlagen (mit höchstens 18 Monaten Laufzeit) abgewickelt werden, vor allem in der Form von Festgeldern.

Euronotes, NIFs, RUFs: Mischform von Kredit und Wertpapier. Eine Bank (oder ein Konsortium von Instituten) gibt dem Schuldner eine Kreditzusage, die es ihm ermöglicht, kurzfristige Euronotes zu emittieren und nach deren Verfall im Rahmen der Gesamt-Laufzeit des Kredits zu erneuern. Für den Fall, dass die Noten nicht plaziert werden können, muss der zugesagte Kredit tatsächlich gewährt werden. Wegen dieses Eventualcharakters des Kreditrahmens war bisher der Kreditbetrag in der Bankbilanz nicht erschienen und hatte dementsprechend die Mindestkapital-Vorschriften nicht belastet. Ab April 1985 berücksichtigt jedoch beispielsweise die britische Zentralbank die am Euromarkt stark verbreiteten Euronotes (Note Issuance Facilities, NIFs; Revolving Underwriting Facilities, RUFs) bei der Beurteilung von Kreditrisiken und den entsprechenden Vorschriften über eine adäquate Kapitalausstattung, indem sie den Kreditrahmen für NIFs und RUFs mit dem halben Nennwert in die Berechnung der sogenannten «risk asset ratio» einbezieht, was bedeutet, dass die Bank of England diese wichtigen, bisher bilanzunwirksamen Eurokapitalmarkt-Instrumente praktisch zu langfristigen Kreditrisiken erklärt hat.

European Community Europäische Gemeinschaft.
Die Europäische Gemeinschaft wird vielfach als der «Gemeinsame Markt» bezeichnet. Seit dem 1. Januar 1986 setzt sich die EG aus zwölf Staaten zusammen: Belgien, Bundesrepublik Deutschland, Dänemark, Frankreich, Griechenland, Irland, Italien, Luxemburg, Niederlande, Portugal, Spanien und Vereinigtes Königreich. Die Europäische Gemeinschaft erstreckt sich über ein Gebiet von 2,25 Millionen km^2 bei einer Bevölkerung von 320 Millionen Einwohnern.
In der Einleitung zu dem 1957 unterzeichneten Römischen Vertrag wurde das Ziel, auf der Grundlage

eines gemeinsamen Marktes einen einheitlichen europäischen Raum zu schaffen, bereits klar und deutlich herausgestellt:

«Aufgabe der Gemeinschaft ist es, durch die Errichtung eines gemeinsamen Markts und die schrittweise Annäherung der Wirtschaftspolitik der Mitgliedstaaten eine harmonische Entwicklung des Wirtschaftslebens innerhalb der Gemeinschaft, eine beständige und ausgewogene Wirtschaftsausweitung, eine grössere Stabilität, eine beschleunigte Hebung der Lebenshaltung und enge Beziehungen zwischen den Staaten zu fördern, die in dieser Gemeinschaft zusammengeschlossen sind.»

Der Vertrag beruhte auf der vorausschauenden Erkenntnis, dass das Wohl der Gemeinschaft und ihr politischer und wirtschaftlicher Zusammenhalt von der Schaffung eines einheitlichen, integrierten Markts abhängig sind. Um einen solchen Markt zustande zu bringen, enthielt der Vertrag genaue Bestimmungen über den freien Verkehr von Gütern, Dienstleistungen, Personen und Kapital. Man hatte auch erkannt, dass es notwendig sein würde, diese vertraglichen Bestimmungen durch Massnahmen auf anderen, verwandten Gebieten abzusichern, wie z.B. durch die Schaffung der Wettbewerbsfreiheit und, soweit erforderlich, durch die Entwicklung einer gemeinsamen Gesetzgebung.

Quelle: «Die Gemeinschaft 1992, Ein Markt mit neuen Dimensionen». 1988, Europäische Dokumentation.

European Fund for Monetary Cooperation Europäischer Fonds für währungspolitische Zusammenarbeit: Gemeinsamer Fonds für währungspolitische Massnahmen im Rahmen des Europäischen Währungssystems.

European Investment Bank Europäische Investitionsbank: aufgrund des Vertrages von Rom von den Mitgliedstaaten der Europäischen Gemeinschaft (EG) gegründetes Kreditinstitut mit Sitz in Luxemburg. Zweck: Finanzierung von Projekten zugunsten unterentwickelter Regionen der EG.

European Monetary System (EMS) Europäisches Währungssystem (EWS): Form des internationalen Währungsverbunds, beschlossen am 5. Dezember 1978 in Brüssel durch den Europäischen Rat der EG. Zentrales Element des EWS ist die Europäische Währungseinheit, die für die Festsetzung der Leitkurse und die Bandbreite der Kursschwankungen der einzelnen Währungen massgebend ist. Interventionsspielraum normalerweise $\pm 2,25\%$; für einzelne Länder kann ein grösserer Interventionsspielraum vorgesehen werden. Siehe auch: European Currency Unit.

European Recovery Program, ERP s. II. Teil, ERP – Kredite.

ex dividend ex Dividende: Aktienkurs am Tage nach der angekündigten Zahlbarstellung der Dividende. Von diesem Zeitpunkt an wird der entsprechende Coupon einlösbar.

ex right ex Anrecht: Aktie, die nach Eröffnung des Anrechtshandels ohne das entsprechende Anrecht (meist in der Form eines Coupons) gehandelt wird. Das Anrecht wird von diesem Zeitpunkt an während der festgesetzten Laufzeit selbständig an der Börse gehandelt und kotiert.

exchange Börse: Regelmässig stattfindender, nach feststehenden Usanzen organisierter Markt. Je nach den gehandelten Gütern spricht man z. B. von Wertpapier-, Effekten-, Devisen-, Münzen- oder Warenbörsen.

exchange of data carriers Datenträgeraustausch: Austausch von EDV-Daten auf Magnetbändern, z. B. zwischen der Bank und ihren Kunden.

exchange office Wechselstube: Bankabteilung bzw. Bankschalter, der sich mit dem Geldwechsel und verwandten Geschäftssparten (wie Münzenhandel, Reisecheck- und Kreditbriefgeschäfte) befasst.

exchange rate Devisenkurs: Kurs beim Wechseln einer Währung in eine andere Währung, sofern es sich um eine bargeldlose Transaktion handelt (Devisenhandel, Checks, Wechsel, Zahlungsverkehr).

Executive Vice President: Generaldirektor, stellvertretender Generaldirektor.

exit bonds Austritt-Bonds: Im Rahmen von Umschuldungsabkommen mit Entwicklungsländern, Tausch der Auslandsschuld gegen Anleihen mit tieferem Nominalwert. Die ersten A. mit Schuldenabschlag waren die Morgan-Kapitalreduzierungs-Bonds vom März 1988. Sie hatten freiwilligen Charakter, und die Preisbildung wurde einem Angebots-(Tender-)verfahren überlassen. Die folgende Generation der A. kam mit der Brady-Initiative 1989 und dem zweiten Mexiko-Abkommen, ebenfalls mit Kapitalreduzierungs-Bonds. Bei den Morgan- und Brady-Kapitalreduzierungs-Bonds garantiert die US-Regierung durch den Verkauf von Zerobonds an das Schuldnerland die Rückzahlung der Anleihe. De facto ist damit das Risiko der Rückzahlung ein US-Risiko geworden. Das Zinsbedienungs-Risiko wurde im Falle der Morgan-Bonds nicht durch zusätzliche Garantien gesichert, ist aber bei den Brady-Bonds bis auf maximal zwei Jahre mit einem „collateral" abgedeckt.

export credit Exportkredit: Kredit zur Finanzierung von Exportlieferungen. Hinsichtlich der kredittechnischen Durchführung des E. der Banken unterscheidet man zwei hauptsächliche Formen; nämlich den Lieferantenkredit (Forderungskauf) und den Bestellerkredit, bei dem die Kreditgewährung der Bank direkt an den ausländischen Warenkäufer oder dessen Bank erfolgt. Grosskreditgeschäfte werden in der Regel von einer Mehrzahl von Banken gemeinsam durchgeführt.

export financing Exportfinanzierung: Zurverfügungstellung des erforderlichen Kapitals für den Export von Waren und (bei der E. im weiteren Sinn) für Dienstleistungen wie z. B. Leistung von Bau-, Ingenieur- und Entwicklungsarbeiten im Ausland. Die E. erfolgt normalerweise durch Lieferantenkredit des Exporteurs und unter Inanspruchnahme von Bankkrediten. Für die kurzfristige E. spielt das Dokumentenakkreditiv eine grosse Rolle. Der mittel- bis langfristige Exportkredit der Banken bildet heute die klassische Form der Exportfinanzierung. Sonderformen: Factoring, Fortfaitierung, Kompensationsgeschäfte.

external value Aussenwert: dieser kommt in der Wechselkursentwicklung zum Ausdruck und wird – bezogen auf eine Mehrzahl von Ländern – durch den A.-Index wiedergegeben. Dabei wird das geometrische Mittel der nach dem Export- oder Aussenhandelsanteil der Länder gewichteten Fremdwährungskurs-Indizes ermittelt.

F

face amount s. par value.

factoring Factoring: Eine weitgehend dem Zessionskredit entsprechende Form der Absatzfinanzierung, indem der Factor bzw. die F.-Gesellschaft (meist Tochtergesellschaft einer Bank) Buchforderungen mit einer Laufzeit von normalerweise 30–90 Tagen aufkauft. Gutschrift erfolgt unter Abzug einer Factoring-Gebühr für die vom Factor übernommenen Dienstleistungen; dazu kommen noch die Finanzierungskosten je nach der Kreditbeanspruchung. In der Regel wird beim F. auch das Delkredere übernommen, d. h. Zession ohne Gewähr für Eingang.

FAS: s. free alongside ship.

Federal Deposit Insurance Corp. (FDIC, USA): Die Banken sind teils Mitglieder, teils aufgrund besonderer Vorschriften, versichert, und zwar jeweils bis zu einer bestimmten Einlagen-Höchstgrenze pro Person oder Unternehmen. Die Versicherungsprämie, deren Höhe sich nach der Gesamteinlagen richtet, wird von den Kreditinstituten getragen.

Federal Funds In den USA entwickelte Form der Geldmarktanlage, die hauptsächlich von den grossen Handelsbanken zum täglichen Liquiditätsausgleich benutzt wird. Gehandelt werden die Überschussreserven von Banken bei der Zentralbank.

Federal-Funds Rate (USA): Interbanksatz für kurzfristige Ausleihungen unter den Banken.

Federal Reserve System Federal Reserve System: Für die in 12 Bankbezirke eingeteilten USA gibt es 12 „Federal Reserve Banks"; sie führen die geld- und kreditpolitischen Massnahmen durch, die der „Board of Governors" beschlossen hat; ihre Geschäfte entsprechen den üblichen Aufgaben einer Zentralbank. Sie schliessen Geschäfte nur mit Kreditinstituten ab;

Einlagen werden nur von Banken oder Regierungs-
stellen entgegengenommen.

FIBOR (Frankfurt Interbank Offered Rate): Zinssatz
einer variabel verzinslichen Anleihe in der Bundesrepublik Deutschland, analog zu LIBOR.

fiduciary transactions Treuhandgeschäfte: Treuhandgeschäfte sind dadurch gekennzeichnet, dass ein Treuhänder oder Fiduziar im Auftrage des Treugebers
oder Fiduzianten Sachen, Werte oder Forderungen in
eigenem Namen erwirbt und das Treugut im Interesse
des Treugebers und nach dessen Weisungen hält und
verwaltet. Der Treuhänder handelt in eigenem Namen, aber auf Rechnung und Risiko des Treugebers.
Bei den T., die von einer Bank in der Form von
Geldmarktanlagen im Ausland oder als treuhänderische Darlehen durchgeführt werden, geht es um
Anlagen und Darlehen, welche die Bank im eigenen
Namen, jedoch aufgrund eines schriftlichen Auftrages, ausschliesslich für Rechnung und Gefahr des
Kunden tätigt oder gewährt (Treuhandanlagen, Treu-
handdarlehen). Der Auftraggeber trägt das Wäh-
rungs-, Transfer- und Delkredererisiko.
Treuhandgeschäfte kommen auch in verschiedenen
weiteren Formen vor, z. B. treuhänderische Beteiligungen, treuhänderische Übernahme von Gründer-
funktionen und Verwaltungsratsmandanten.

final dividend Schlussdividende: Dividende, die von
Gesellschaften aufgrund des Jahresabschlusses ausgeschüttet wird, nachdem bereits während des Jahres
Quartals- oder Interimsdividenden ausgezahlt wurden.

finance bill Finanzwechsel: Wechsel ohne direkten
Zusammenhang mit einem konkreten Geschäftsgang,
häufig in Form eines Eigenwechsels. Er bietet der
Bank im Prinzip weniger Sicherheit als der mit einem
bestimmten Handelsgeschäft verbundene und mit
dessen Abwicklung sich selbst liquidierende Warenwechsel. Auch die Schatzanweisungen (Schatzwechsel) der öffentlichen Hand und die Bankakzepte sind F.

financial area s. integrated financial area.

financial engineering: Optimierung der Kapital-Aus-
stattung eines Unternehmens unter Einbezug aller zur
Verfügung stehender Finanzierungs-Instrumente.

financial futures Finanz-Termingeschäfte: standardi-
sierte Terminkontrakte über Käufe und Verkäufe von
Zinspapieren, Devisen, Edelmetallen oder Aktienin-
dizes. Bei Kontraktabschluss ist eine Einschusspflicht
vorgesehen; es besteht eine Nachschusspflicht, die
betragsmässig theoretisch unbegrenzt ist. Diese Geschäfte werden an hierfür besonders eingerichteten
Börsen abgeschlossen und dienen der Begrenzung
von Kurs- und Zinsrisiken.

financial loan; medium term financing Finanzkredit:
Bankkredit in fester Höhe und auf festen Termin ohne
Bindung der Kreditverwendung an kommerzielle
Transaktionen.

financial markets Finanzmärkte.
«Als Ende der 50er Jahre der Römische Vertrag unter-

zeichnet wurde, hatte Europa gerade die Wiederauf-
bauphase der Nachkriegsjahre überwunden, in der
die Finanzmärkte noch wenig miteinander verfloch-
ten und die Währungen oft nicht konvertibel waren.
Inzwischen hat die Entwicklung der finanziellen Beziehungen infolge privater Initiative zur Entstehung
internationaler, ja sogar weltweiter Finanzmärkte
geführt, die sich vielfach jeder Regelung entziehen
und sich durch rasche Anpassungsfähigkeit auszeich-
nen. Diese Entwicklung hat unter anderem folgende
Ursachen:
die Internationalisierung der Handelsströme und die
Entstehung multinationaler Unternehmen, die die
Finanzinstitute zwingen, ihre Präsenz im Ausland zu
verstärken;
der Wille der Wirtschaftsträger, sich gegen die Risiken von Wechselkurs- oder Zinsschwankungen zu
schützen und die verfügbaren Gelder optimal zu
verwalten, wobei sie sich im Interesse einer sinnvollen
Vorwegnahme der Entwicklung, bisweilen aber auch
zu Spekulationszwecken, immer ausgeklügelterer Instrumente bedienen.»
Quelle: «Stichwort Europa». Kommission der Europäischen Gemeinschaften, 12/88.

Financial Services Finanzdienste.

«Die finanziellen Dienstleistungen sind ein hervorra-
gendes Beispiel für einen Sektor, der bereits einen
eigenen, riesigen potentiellen Markt darstellt, und
der gleichzeitig mit ausschlaggebend für die Effizienz
des gesamten Produktionssektors und anderer
Dienstleistungsbereiche ist. Die Gemeinschaft sieht
sich nun der Aufgabe gegenüber, für das notwendige
hohe Mass an Aufsicht und finanzieller Sicherheit zu
sorgen, wobei der Finanzsektor gleichzeitig in der
Lage sein muss, die ständig wechselnden und immer
höheren Ansprüche der Kunden – Unternehmen wie
Privatkunden – auf dem gesamten europäischen
Markt zu erfüllen.
Ein Grossteil der Gesetze, die für die Öffnung des
Markts für finanzielle Dienstleistungen erforderlich
sind, ist bereits verabschiedet. Aber es bleibt noch
viel zu tun. In diesem zwangsläufig stark reglemen-
tierten Bereich ist die Kommission bestrebt, die Harmonisierung auf die Gewährleistung der finanziellen
Sicherheit und seriöser Geschäftspraktiken zu beschränken und möglichst viel nach dem Grundsatz der
gegenseitigen Anerkennung zu regeln, d. h. weitgehend wie beim Warenverkehr zu verfahren.
So sind beispielsweise die von den Banken und Versicherungsgesellschaften zu beachtenden Normen der
finanziellen Stabilität und Grundsätze der Geschäftsführung bereits umfassend koordiniert worden bzw.
werden zur Zeit koordiniert. Das Programm der
Kommission sieht die Aufstellung von Grundregeln
zum Schutz von Investoren, Einlegern, Versiche-
rungsnehmern u. a. vor, um ein garantiertes Mindestmass an Sicherheit in der gesamten Gemeinschaft zu
gewährleisten. Dieses Grundsystem steht nunmehr

weitgehend zur Verfügung; damit erhalten die in einem Mitgliedstaat niedergelassenen Anbieter von finanziellen Dienstleistungen jetzt die Möglichkeit, ihre «Finanzprodukte» in jedem anderen Mitgliedstaat anzubieten, wobei lediglich in einigen Fällen geringfügige Sonderbedingungen aufgrund der örtlichen Gegebenheiten erfüllt werden müssen.

Auf dem Gebiet der Anlagemöglichkeiten trägt das im Weissbuch dargelegte Programm der Notwendigkeit Rechnung, dass Industrie- und Handelsunternehmen, die auf dem grossen europäischen Markt tätig sind, auch in der Lage sein müssen, sich in jedem Land der Gemeinschaft Kapital zu beschaffen und die Vorteile zu nutzen, die auch den Kapitalanlegern dank des Angebots eines gesamteuropäischen Marktes offenstehen.

Weitere Massnahmen betreffen die Informationen, die jeder Börsenprospekt über die öffentliche Zeichnung oder den Verkauf von Wertpapieren enthalten muss, die Bedingungen für die Zulassung von übertragbaren Wertpapieren zu den amtlichen Börsen, die Vermarktung von Investmentzertifikaten in Form gemeinsamer Anlagen (z. B. Kapitalanlagegesellschaft) und die Bekanntgabe jeder bedeutenden Veränderung in den Beteiligungen an amtlich notierten Unternehmen. All diese Massnahmen sind darauf ausgerichtet, den Rahmen für die Vermarktung und das Angebot an den betreffenden Finanzierungsmitteln zu erweitern und gleichzeitig ein Mindestmass an Schutz für die Anleger zu gewährleisten.

Dank dieser und anderer Massnahmen wird man schon in naher Zukunft zwischen Anleihen, Anlagen und verschiedenen Arten von Versicherungsschutz – sowie allen damit zusammenhängenden finanziellen Dienstleistungen – zu den in jedem Mitgliedstaat angebotenen Konditionen und in dem Bewusstsein wählen können, dass in der gesamten Gemeinschaft bestimmte Mindestnormen zur Gewährleistung des notwendigen Schutzes erfüllt sind.»

Quelle: «Die Gemeinschaft 1992: Ein Markt mit neuen Dimensionen.» Europäische Dokumentation, 1988.

financial swaps: Vereinbarung über den Tausch von Zinskonditionen und/oder Währungen unter Ausnutzung komparativer Vorteile an unterschiedlichen nationalen und internationalen Geld- und Kapitalmärkten, zur Optimierung der jeweiligen Zinskosten bzw. Währungspositionen.

Financial Times-Index (GB): Index der 30 führenden Aktien, der bekannteste Londoner Börsenmassstab. 1935 = 100; am 18. Januar 1985 wurde erstmals die Tausendermarke überschritten (andererseits haben sich im Zeitraum von 50 Jahren in England auch die Lebenshaltungskosten um das Zwanzigfache erhöht).

financing Finanzierung: Die Geldbeschaffung bzw. das Zurverfügungstellen von Geld für bestimmte Vorhaben oder allgemein für die Investitionstätigkeit (z. B. Aufnahme einer Anleihe). Die Art der Finanzierung (Finanzierungsstruktur) ist in den Grundzügen aus der Passivseite der Bilanz der betreffenden Firma oder Körperschaft ersichtlich.

firm underwriting; direct underwriting Festübernahme: Wichtigste Plazierungsform im Emissionsgeschäft. Eine Bank oder eine Bankengruppe (Syndikat) übernimmt zu einem bestimmten Preis die ganze Anleihe oder Kapitalserhöhung und legt sie auf eigenes Risiko zur öffentlichen Zeichnung auf.

first mortgage erste Hypothek: Grundpfandforderung, bei welcher das Grundstück ohne Zusatzdeckung bis zu der von den Banken weitgehend einheitlich festgelegten Grenze von zwei Dritteln des Verkehrswertes belehnt wird.

First Vice President stellvertretender Direktor.

fixed advance fester Vorschuss; Festkredit: Darlehen. Ausleihung einer bestimmten Geldsumme, die auf einen bestimmten Zeitpunkt oder auf Kündigung hin (in der Regel 6 Wochen, 3 oder 6 Monate) zurückgezahlt werden muss.

fixed-dated bill Datowechsel, Nachsichtwechsel: Wechsel, der eine bestimmte Zeit nach dem Ausstelldatum fällig wird. Häufig im Überseeverkehr gebräuchlich.

fixed exchange rate fester Wechselkurs: Offiziell festgelegter Wechselkurs einer Währung, wobei der Kurs am Devisenmarkt soweit nötig durch Notenbankinterventionen innerhalb der zulässigen Bandbreite gehalten wird. Gegensatz: flexibler Wechselkurs.

fixed-interest securities festverzinsliche Werte: Wertpapiere, die vom Schuldner zu einem während der ganzen Laufzeit festen Satz zu verzinsen sind (z. B. Schuldverschreibungen, Obligationen, Notes).

fixed trust: Anlagefonds, dessen Anlagen schon bei der Gründung art- und mengenmässig genau festgelegt sind. Heute nicht mehr gebräuchlich. Gegensatz: flexible trust.

flat ohne Zinsverrechnung (tel quel). Bei festverzinslichen Wertpapieren versteht sich der Preis inbegriffen laufende und eventuell verfallene, aber noch nicht bezahlte Zinsen. Diese Form der Börsenkursangabe spielt nur noch bei notleidenden Obligationen eine Rolle.

flat property (GB); condominium ownership of an apartment (USA) Stockwerkeigentum: Eigentum an einem Stockwerk eines Gebäudes oder an einer einzelnen Wohnung (Eigentumswohnung).

flexible exchange rate s. floating e. r.

flexible trust: Anlagefonds, bei dem die Fondsleitung im Rahmen der gesetzlichen und reglementarischen Vorschriften frei über die Anlage der Fondsgelder entscheidet.

flight capital, hot money Fluchtgeld, Fluchtkapital: Kapitalien, die vom Besitzer unter Verletzung von Kapitalexport- oder Devisenvorschriften in ein anderes Land transferiert werden.

floater: Obligation mit variablen Zinssätzen.

floating Floating: Freie (flexible) Wechselkursgestaltung entsprechend Angebot und Nachfrage am Devisenmarkt. Teilweise wird die Kursbildung auch durch Notenbankintervention beeinflusst (sog. schmutziges F.).

floating debt schwebende Schuld: kurzfristige, nicht konsolidierte Schuld eines öffentlichen Gemeinwesens, z. B. Baukredit oder kurzfristige Reskription.

floating (flexible) exchange rate flexibler Wechselkurs: Frei schwankender, flottierender Wechselkurs. Der Kurs bildet sich am Devisenmarkt, unbeeinflusst oder nur in beschränktem Umfang beeinflusst durch Notenbankinterventionen.

floating rate notes: Wertpapiere, vorwiegend in grösseren Beträgen, deren Verzinsung periodisch den geänderten Geldmarktsätzen angepasst wird. Hauptsächlich am Eurobondmarkt verwendetes Instrument, dessen Verzinsung an die Interbanksätze (LIBOR) von London gebunden ist. Die FRN repräsentieren rund 40% des Eurokapitalmarktes.

– Undatierte floating rate notes (GB): diese tragen Charakteristika von Eigenkapital. Wegen der hohen Rückstellungen für Kredite an Länder der Dritten Welt ist die «free capital ratio» bei einzelnen Banken nahezu an den Minimalwert von 4% geraten. Durch Ausgabe von eigenkapitalähnlichen, «ewigen» Notes wird versucht, die Eigenkapital-Basis zu verbessern.

fob: s. free on board.

for deposit only nur zur Verrechnung: Vermerk auf der Vorderseite des Checks, wonach der Betrag nur gutgeschrieben werden darf (keine Barauszahlung). Damit wird der Check zum Verrechnungscheck.

forced saving Zwangssparen: Durch staatliche, dienst- oder kollektivvertragliche Vorschriften erzwungene Beschränkung der Konsumausgaben, wobei die Ersparnisse für Investitionen, Altersvorsorge usw. verwendet werden.

foreign bank notes: Ausländische Banknoten sind keine Devisen im engeren Sinn. Sie können allerdings in Devisen umgewandelt werden, sofern es möglich ist, sie ohne Einschränkungen einem gewöhnlichen kommerziellen Konto im Ausland gutschreiben zu lassen. Die Devisenvorschriften gewisser Länder lassen einen solchen Umtausch von Banknoten in Devisen nicht zu, während die umgekehrte Transaktion fast immer möglich ist.

foreign bond issue Auslandanleihe: Anleihe, die von einer öffentlich-rechtlichen oder privaten Körperschaft ausserhalb des Domizillandes ausgegeben wird. Anleihenswährung ist in der Regel die Währung des Emissionslandes.

foreign currency account Fremdwährungskonto: Konto, das nicht auf die Landeswährung, sondern auf eine ausländische Währung lautet.

foreign currency clause Valutaklausel, Währungsklausel: Vertragsbestimmung, welche das Verhältnis zwischen der eigenen und einer fremden Währung festlegt, um das Risiko der Entwertung einer Währung bei einer bestimmten Forderung auszuschliessen.

foreign exchange Devisen: Als Devisen bezeichnet man alle auf ausländische Währungen lautenden und im Ausland zahlbaren Forderungen, die sowohl aus Guthaben (in fremder Währung) bei ausländischen Banken als auch aus Wechseln oder Checks (ebenfalls in fremder Währung und im Ausland zahlbar) bestehen können.

Die Banken sind die natürlichen Vermittler zwischen Angebot und Nachfrage von Devisen. Die Hauptaufgabe der Devisenabteilung einer Bank besteht darin, ihrer kommerziellen oder privaten Kundschaft die Umwandlung von Guthaben einer Währung in eine andere Währung zu ermöglichen. Dies kann durch Kassageschäfte (Comptantgeschäfte) oder durch Termingeschäfte geschehen.

foreign exchange controls Devisenkontrolle: Staatliche Massnahmen zur Erfassung und Zuteilung vorhandener und zukünftig anfallender Devisen. Devisenschwache Länder haben in der Regel sehr weitgehende Devisenrestriktionen (Devisenbewirtschaftung).

foreign exchange dealing Devisengeschäfte, Devisenhandel: Der Devisenhandel umfasst den An- und Verkauf von Devisen gegen Inlandswährung oder gegen andere Devisen.

Die Mehrzahl der Devisengeschäfte werden gegen Dollar getätigt. Wegen des Zeitunterschiedes von fünf bis sechs Stunden zwischen Europa und New York können die Zahlungen in Dollar einige Stunden später als die Zahlungen in europäischen Währungen in Auftrag gegeben werden und kommen immer noch mit gleicher Valuta an.

Die Aussage des französischen Wirtschaftswissenschaftlers Gaétan Pirou, dass die Devisengeschäfte «aus der Koexistenz des Internationalismus des Handels und des Nationalismus der Währungen» entstehen, umschreibt auf treffende Art den ursprünglichen Beweggrund, der den Devisenhandel entstehen liess. Eine einheitliche Weltwährung würde ihn selbstverständlich zum Verschwinden bringen.

foreign exchange option Devisen-Option (s. auch option): Während ein Devisen-Termingeschäft (Futures-Kontrakt) die Parteien zum Ankauf oder Verkauf einer bestimmten Menge in einem bestimmten Monat verpflichtet, wird bei einer Devisen-Option nur eine einzige Partei, nämlich der Aussteller oder Stillhalter, zur Erfüllung verpflichtet. Der Erwerber der Option bezahlt lediglich eine Einmal-Prämie und erwirbt dafür das Recht, die Auslieferung oder Lieferung der vereinbarten Menge zum vorher bestimmten Preis zu verlangen. – Ein Unternehmen, das ein Angebot in einer fremden Währung kalkuliert, kann derweise sicher sein, dass der kalkulatorische Gewinn nicht durch unerwartete Devisenkurs-Veränderungen vermindert oder gar ausgelöscht wird. Anderseits kann ein Waren-Importeur durch den Erwerb einer Devi-

sen-Kauf-Option sich gegen unliebsame Wechsel-
kurs-Schwankungen absichern.

foreign exchange rate Devisenkurs: der Preis für aus-
ländische Zahlungsmittel. Beim Ankauf von Devisen
wird von der Bank der (niedrigere) Geldkurs zugrun-
de gelegt, beim Verkauf der (höhere) Briefkurs.
In den meisten Ländern wird die direkte Notierung
angewendet, das heisst die Kursnotierung gibt den
Gegenwert eines gewissen Betrages ausländischer
Währung an (normalerweise hundert Einheiten, beim
Dollar und beim englischen Pfund jedoch nur eine
Einheit). Ausländische Währungen werden somit in
Deutschland in DM, in Frankreich in Francs usw.
ausgedrückt. Es gibt jedoch Ausnahmen von dieser
Regel. Da man in Grossbritannien früher noch kein
Dezimalsystem hatte, war es einfacher, den Gegenwert von einem Pfund in der ausländischen Währung
zu notieren. Diese Methode der indirekten Kotierung
wird heute noch verwendet, obwohl auch Grossbritannien im Jahre 1971 das Dezimalsystem eingeführt
hat. In den Vereinigten Staaten wird, wenigstens im
Inlandgeschäft, ebenfalls die direkte Kotierung angewendet, weshalb der Preis einer ausländischen Währung in Dollars ausgedrückt wird. Bei ihren internationalen Devisengeschäften hingegen bedienen sich
die amerikanischen Banken der europäischen Termi-
nologie, was für sie eine indirekte Kotierung bedeutet.

forfeiture of shares Kaduzierung: Verlustigerklärung
der Rechte eines säumigen Aktionärs infolge Verzugs
bei der Einzahlung des Ausgabepreises neuer Aktien
bzw. bei der Nachzahlung nicht voll eingezahlter
Aktien. Die betreffenden Aktien können annulliert
und neu ausgegeben werden.

forward dollars Termindollars: Zu einem bestimmten
späteren Zeitpunkt (z. B. in drei Monaten) im Bankverkehr zahlbarer Dollarbetrag.

forward operations (foreign exchange dealing) Devi-
sen-Termingeschäfte:
«Man kann Devisen nicht nur per Kassa kaufen oder
verkaufen, sondern auch auf Termin (das heisst mit
Lieferung zu einem vereinbarten späteren Zeit-
punkt). Theoretisch kann der Terminpreis für eine
Währung identisch mit dem Kassapreis sein. In der
Praxis ist jedoch der Terminpreis fast immer höher
(Report, Aufschlag, Prämie) oder niedriger (Deport,
Abschlag, Diskont) als der Kassapreis.
Termingeschäfte können verschiedenen Zwecken
dienen. Vor allem lässt sich mit Termingeschäften ein
infolge Handels- oder Finanztransaktionen vorhan-
denes Währungsrisiko abdecken oder absichern. In
Verbindung mit Geldmarktgeschäften stossen wir auf
das Swapgeschäft, das die Kombination eines Kassa-
kaufes mit einem gleichzeitigen Terminverkauf darstellt (oder umgekehrt). Um Verwechslungen zu vermeiden, wenn man von Termingeschäften spricht,
benützen die Händler den Ausdruck «Outright»-Kauf
oder -Verkauf, wenn es sich um ein einfaches Termin-

geschäft handelt, das heisst nicht um ein Termingeschäft, das Teil einer Swapoperation darstellt. «Outright»-Geschäfte können wie erwähnt eine Absicherung darstellen; wenn sie jedoch keinen kommerziellen oder finanziellen Hintergrund haben, handelt es
sich um Spekulationsgeschäfte.»
Quelle: Broschüre «Devisenhandel und Geldmarktgeschäfte», 1984. Schweizerischer Bankverein.

forward rate Terminkurs: Der für ein Termingeschäft
bzw. am Terminmarkt massgebende Kurs.

forwarder's receipt Spediteur-Empfangsschein: Schriftliche Erklärung des Transportunternehmers (Spedi-
teur) über den Empfang der Ware (Spediteurbeschei-
nigung). Kein Wertpapier, aber oft notwendig für die
Durchführung eines Akkreditivgeschäfts.

founder's share Gründeranteilschein: Genussschein,
der an Gründer einer Gesellschaft für ihre noch nicht
honorierten Dienstleistungen abgegeben wird, um
ihnen gewisse Vorteile einzuräumen, z.B. Vorzugs-
anspruch auf einen Teil des Reingewinns oder des Li-
quidationsergebnisses.

fraction; odd lot (USA) Fraktion: Im Aktienhandel:
Stückzahl, die kleiner ist als eine marktübliche
Schlusseinheit (odd lot = ungerader Posten). Auch
Bezeichnung für Restposten im Obligationen- und
Anrechtshandel.

fractional rights Spitze. Im Emissionsgeschäft: Anzahl
der Bezugsrechte, die bei einer Kapitalerhöhung nicht
zur Zeichnung einer neuen Aktie ausreichen. Der
Aktionär hat in diesem Fall noch Bezugsrechte hinzu-
zukaufen oder durch Verkauf des Restbestandes den
Spitzenausgleich herbeizuführen.

franchising Franchising: Vertraglich festgelegtes Ko-
operationssystem auf dem Gebiete der Vertriebsorga-
nisation und -finanzierung, z.B. im Detailhandel,
Gastgewerbe und in der Industrie. Der Franchise-
geber übernimmt gewisse Leitfunktionen, Betriebs-
und Investitionskosten, während der Franchiseneh-
mer im Rahmen der eingegangenen Verpflichtungen
auf eigene Rechnung arbeitet.

free alongside ship, FAS: im Aussenhandel übliche
Vertragsklausel (frei bis zum Schiff), die besagt, dass die
Transport- und Versicherungskosten bis zum Lade-
platz im Verschiffungshafen im Warenpreis inbegriffen sind.

free capital ratio Eigenkapital-Basis der Bank in Beziehung zur Bilanzsumme.

free movement of capital freier Kapitalverkehr.
«Im innergemeinschaftlichen Kapitalverkehr konnte
bereits ein beachtliches Mass an Liberalisierung erreicht werden. Das Ziel der Kommission ist die
vollständige Liberalisierung sämtlicher Kapitaltrans-
aktionen, d. h. ein absolut freier Zahlungsverkehr in
Form von Bargeld, Banküberweisungen oder allen
sonstigen Zahlungsmitteln. Dieses Ziel hängt eng mit
der Liberalisierung der finanziellen Dienstleistungen
und der Gewährleistung fairer Wettbewerbsbedin-
gungen und eines angemessenen Schutzes für Sparer

und Geldanleger in der gesamten Gemeinschaft zusammen. Ein vollkommen freier Kapitalverkehr wirkt sich jedoch auch auf die Zahlungsbilanz eines jeden Mitgliedstaats aus und bietet mehr Möglichkeiten zur Steuerhinterziehung.
Für diesen Bereich hat die Kommission eine Richtlinie vorgeschlagen, die eine Ausweitung der Liberalisierung auf Anlagen in kurzfristigen Wertpapieren, Kontokorrent- und Einlagentransaktionen sowie auf Darlehen und Kredite vorsieht, wobei allerdings die Möglichkeit bestehen bleibt, im Falle einer Währungs- oder Wechselkurskrise wieder auf Kontrollen des kurzfristigen Kapitalverkehrs zurückzugreifen.
Die Kommission hat überdies eine Absichtserklärung und ein Verfahren für die Liberalisierung des Kapitalverkehrs mit Nicht-Mitgliedstaaten und ein einheitliches System für die Gewährung von mittelfristigen Finanzhilfen für einzelne Mitgliedstaaten vorgeschlagen.»
Quelle: «Die Gemeinschaft 1992: Ein Markt mit neuen Dimensionen.» Europäische Dokumentation, 1988.

free of charge   s. freight prepaid.

free on board (FOB)   franco à bord (= frei bis auf Schiff). Im Aussenhandel übliche Vertragsklausel, die besagt, dass die Transport-, Versicherungs- und Verladekosten bis zur Verladung der Ware auf das Schiff im Warenpreis eingeschlossen sind.

freehold, leasehold (GB):   Die Liegenschaften werden gewöhnlich nicht definitiv verkauft (freehold), sondern können nur auf maximal 99 Jahre fest erworben werden (leasehold). Auf diese Weise sicherten sich die Krone, die Kirche und adelige Grossgrundbesitzer seit Jahrhunderten bis in unsere Tage praktisch unveränderte Eigentumsverhältnisse. Das Grundbuch ist streng vertraulich und erfasst die Besitzeswechsel erst seit einigen Jahrzehnten.

freight collect: Im Handel gebräuchliche Vertragsklausel (= Fracht wird eingezogen), die besagt, dass der Käufer die Fracht beim Empfang der Ware zu bezahlen hat.

freight prepaid; postage paid; free of charge   franko: Lieferung ohne Spesen, d. h. ohne Versandspesen für den Empfänger.

FT: s. Financial Times-Index.

full legal tender coins   Kurantmünzen: Münzen, die aufgrund gesetzlicher Vorschrift unbeschränkt als Zahlungsmittel entgegengenommen werden müssen (gesetzliches Zahlungsmittel; Kurantgeld). Gegensatz: Scheidemünzen.

full-service bank   Universalbank: Finanzinstitut, das sich nicht auf einzelne Sparten des Bankgeschäfts spezialisiert, sondern sämtliche Bankgeschäfte betreibt.

full set: vollständiger Satz für ein Konnossement, das in mehreren Exemplaren ausgefertigt ist.

fully diluted earnings: Ertrag je Aktie einer Unternehmung, indem der Reingewinn durch die Zahl der ausstehenden Aktien dividiert wird, wobei zur Aktienzahl auch jene Aktien gerechnet werden, welche aus der Ausübung von Wandelrechten usw. neu hinzukommen könnten.

fully integrated processing system voll integrierts Verarbeitungssystem:
Anfangs der achtziger Jahre kam eine neue Generation von hochleistungsfähigen Computerfamilien mit Betriebs- und Datenbanksystemen auf den Markt, die das on-line und real-time banking erst in vollem Umfang und grossem Stil ermöglichte. Die bedeutenden Institute begannen, voll integrierte Verarbeitungssysteme aufzubauen. Darunter sind ineinandergreifende, voll abgestimmte Bankanwendungsprogrammpakete zu verstehen, die auf einer grossen realtime Kunden- und Referenzdatenbank in Verbindung mit einem zentralen Buchungssystem basieren. Rechenzentren, unter sich mit Hochgeschwindigkeitsübertragungskanälen in einem Grossrechnerverbund arbeitend, bedienen ein ausgedehntes Filialrechner- und Terminalnetzwerk über das öffentliche Fernmeldesystem. Diese – rund um die Uhr betriebenen – integrierten Systeme unterstützen jegliche Art der Banktätigkeit und stellen eine totale und jederzeitige Auskunftsbereitschaft sicher.

fund Fonds:
– für einen gewissen Zweck bestimmte Mittel bzw. Vermögen, z. B. Fürsorgefonds eines Unternehmens;
– Kurzbezeichnung für Anlagefonds;
– Veraltete Bezeichnung für Staatsobligationen.

futures: Verpflichtung, einen Standardbetrag eines Wertpapiers (z. B. Treasury Bill), einer Devise oder eines anderen Wertes zu einem späteren Zeitpunkt zu kaufen oder zu verkaufen. Dieses Finanzinstrument bietet eine interessante Möglichkeit, bei nur geringem Bargeldeinsatz grosse Finanzvolumina im Griff zu behalten bzw. die Risiken stark zu reduzieren.

future transactions; forward transactions Termingeschäfte, Zeitgeschäfte: Kauf- oder Verkaufsverträge, bei denen die gegenseitigen Leistungen nicht sofort, sondern zu einem späteren Zeitpunkt erfolgen.

G

general conditions of the banks allgemeine Geschäftsbedingungen der Banken: Als ergänzendes Vertragsrecht verpflichtende Grundsätze und Richtlinien, nach denen sich der Verkehr zwischen Kunde und Bank abwickelt.

Gilt: britische Staatsobligation.

Ginnie Maes (USA): festverzinsliche Wertpapiere, hypothekengesichert.

GOFFEX (German Options and Financial Futures Exchange) s. options exchange.

go-go-fund: Anlagefonds, welcher den Anlegern überdurchschnittliche Leistungen in Aussicht stellt, was eine häufige Umschichtung des Portefeuilles und spekulative Engagements bedingt.

gold clause Goldklausel:
– Vereinbarung, wonach bestimmte Zahlungen in Gold bzw. Goldmünzen erfolgen müssen (effektive G.).
– Vereinbarung, wonach die Höhe bestimmter Zahlungen an den Wert des Feingoldes oder bestimmter Goldmünzen gebunden ist (Goldwertklausel).

gold coins Goldmünzen: Aus Gold bzw. aus Goldlegierung geprägte Münzen. Manche G. gelten heute noch als gesetzliches Zahlungsmittel. In der Praxis werden jedoch alle G. zum Marktwert gehandelt, welcher ständigen Schwankungen unterworfen ist.

gold coverage Golddeckung: Deckung des Notenumlaufs eines Landes durch die offiziellen Goldreserven.

gold exchange standard Golddevisenwährung: Wenn ein Land keine eigenen Goldreserven hält, sondern die entsprechenden Reserven in der Währung eines anderen – währungsstarken – Landes hält, z. B. in US$ oder Lstg.

gold forward right agreement: Dieser Kontrakt eröffnet die Möglichkeit, sich gegen die zunehmende Volatilität der Zinsen auf Gold, die vor allem im Bereich der «gold loans» anfallen, abzusichern.

Gold Libor: durch die «London Bullion Market Association» (LIBMA) veröffentlichter Interbank-Zinssatz für Gold, als Richtgrösse für Teilnehmer des Goldmarktes, ähnlich wie der Londoner Geldmarktsatz LIBOR. Siehe auch: gold loan.

gold loan Goldkredit: Kreditfazilität in Form von physischem Gold
Das Metall wird bei einer Bank ausgeliehen und auf dem Markt verkauft; auf diese Weise können die Hersteller des Edelmetalls (in der rasch expandierenden Goldindustrie Australiens und Nordamerikas) die für Investitionen benötigte Liquidität sofort beschaffen. Der Kredit wird schrittweise aus der zukünftigen Produktion durch Goldlieferungen zurückgezahlt.

gold parity Goldparität: Gesetzlich bestimmte Goldmenge, die einer Währungseinheit entspricht. Infolge des Übergangs zu flexiblen Wechselkursen wie auch wegen der Aufhebung der Goldeinlösungspflicht hat die G. derzeit kaum noch praktische Bedeutung.

gold standard Goldwährung: Währung, die in feste Beziehung zum Goldwert gesetzt ist. Die Wechselkurse entsprechen dem gesetzlichen Goldgehalt der Währungseinheiten. Siehe auch: gold parity.

golden parachutes (USA): Vereinbarungen über hohe Abfindungssummen für die Konzernleiter für den Fall, dass die Firma übernommen wird. Solche Verpflichtungen verteuern eine Akquisition, vermögen aber vielfach Angreifer nicht abzuschrecken.

golden rule of banking goldene Bankregel: Prinzip der Übereinstimmung (Kongruenz) der Fälligkeiten der Aktivgeschäfte und der Passivgeschäfte einer Bank.

good delivery gute Lieferung: Wertschriften, Gold oder Waren, die den Lieferbedingungen der Börse oder den vertraglich vereinbarten Bedingungen entsprechen.

greenmail (USA): Rückkauf eines Aktienpaketes von einem unerwünschten Aussenseiter zu einem über dem Marktwert liegenden Preis.

gross interest Bruttoverzinsung: Verzinsung vor Abzug jeglicher Quellensteuer.

gross yield Bruttorendite: Ertrag von Anlagen, z. B. Wertpapieren, Imobilien, ohne Berücksichtigung von allfälligen Abzügen, Kosten oder Steuern.

group; concern Konzern: Zusammenfassung von rechtlich selbständigen Unternehmen durch finanzielle Verflechtung (Beteiligung) zu einer wirtschaftlichen Einheit unter gemeinsamer Leitung, in der Regel zur Festigung der Marktposition.

group balance sheet Konzernbilanz: Konsolidierte Bilanz einer Unternehmensgruppe, wobei die Abschlüsse der dem Konzern angehörenden Unternehmungen unter Ausschaltung aller konzerninternen gegenseitigen Beteiligungen, Forderungen und Schulden, Lieferungen und Leistungen (d. h. Käufe und Verkäufe) und ähnlicher Posten zusammengefasst sind. Analog wird auch eine konzernmässige Erfolgsrechnung aufgestellt.

growth stock Wuchsaktie: Aktie, deren innerer Wert aufgrund der überdurchschnittlichen Ertragskraft des Unternehmens stark im Ansteigen begriffen ist. Dementsprechend ist bei einer W. auch ein höheres Kurs/Gewinn-Verhältnis gerechtfertigt. Verschlechtern sich die Wachstumsvoraussetzungen, ändern sich auch die Kursgewinnchancen; dementsprechend ändert sich dann auch die anlagepolitische Bewertung der Titel.

guarantee
– Bürgschaft: Vertragliche Verpflichtung des Bürgen gegenüber dem Gläubiger eines Dritten (Hauptschuldner), akzessorisch für die Erfüllung der Schuld (Hauptschuld) einzustehen. Hauptformen der B.: einfache und solidarische B. (Solidar-B.).
– Kaution: Hinterlegung einer bestimmten Geldsumme als Sicherheit für eine mögliche Verpflichtung, die durch die Verletzung eines Rechts entstehen könnte, z. B. Nichteinhaltung eines Vertrags.

guarantee credit; surety credit Avalkredit, Kautionskredit: Bankkredit, bei welchem die Bank keine Geldleistung erbringt, sondern die Haftung gegenüber Dritten für Verpflichtungen ihres Kunden (z. B. Handwerkerarbeiten) bis zu einer bestimmten Höhe übernimmt.

guaranteed credit Bürgschaftskredit: Kredit ohne dingliche Sicherheiten, jedoch unter Bestellung einer oder mehrerer Bürgschaften. Die Banken verlangen in der Regel Solidarbürgschaften.

H

hard currency harte Währung: Währung eines Landes, das sich in guter politischer, wirtschaftlicher und finanzieller Verfassung befindet; dessen Währung ist Gegenstand lebhafter Nachfrage, weshalb der Wechselkurs tendenziell steigt.

hedging Hedgegeschäft, Kurssicherung: Schutz gegen Verluste, die sich aus Kurs- bzw. Preisverminderungen im Waren-, Devisen- oder Wertpapierverkehr ergeben, indem eine Gegentransaktion vorgenommen wird.

high flyers: Aktien mit extremem Kursanstieg und meist überdurchschnittlich hohem Kurs/Gewinn-Verhältnis.

hoarding Hortung: Schatzbildung durch Anhäufen von Edelmetallen, Bargeld und ähnlichen Werten.

holding company Dachgesellschaft; Holdinggesellschaft: Gesellschaft mit dauernden Beteiligungen an rechtlich selbständigen Unternehmen zum Zweck der Kontrolle und Finanzierung.

home-banking Typische Funktionen eines ATM werden dem Privathaushalt eines Kunden zur Verfügung gestellt, z.B. Kontoverfügungen, Abfragen; ein Bargeldbezug ist jedoch nicht möglich. Die technische Abwicklung erfolgt unter Einsatz bestehender Fernseh- und Telefoneinrichtungen.

home country control Heimlandkontrolle.
«Alle Aktivitäten der Banken (und sonstigen Finanzinstitute) in der gesamten Gemeinschaft, unabhängig davon, ob sie über eine Zweigniederlassung oder durch grenzüberschreitende Dienstleistungserbringung ausgeübt werden, sind von den Behörden des Mitglied-Staats, in dem sich der Verwaltungssitz befindet, zu überwachen.»
Quelle: «Schaffung eines europäischen Finanzraums». Kommission der europäischen Gemeinschaften, 1987.

hostile take-over (USA): Übernahme einer Gesellschaft via Tender-Offerte gegen den Willen des Verwaltungsrates und der Geschäftsleitung.

hot money s. flight capital.

I

IBF s. International Banking Facilities.
IBRD s. International Bank for Reconstruction and Development.
IDA s. International Development Association.
IFC s. International Finance Corporation.
IMF s. International Monetary Fund.
income debentures spezielle, vorwiegend in den USA vorkommende Form von Obligationen, deren Ertrag ganz oder teilweise vom Gewinn der Gesellschaft abhängt.
index arbitrage Index-Arbitrage. Wenn der Kurs eines Aktienindexes vom Preis des dazugehörigen Terminkontraktes dergestalt abweicht, dass die theoretische Preisbeziehung oder Parität zwischen dem Kassen- und dem Terminmarkt verletzt wird, lohnt es sich, Arbitrage zwischen den beiden Märkten zu betreiben. Abweichungen von der Parität müssen rasch ausgenutzt werden; hierzu bedient sich die Index-Arbitrage des Programmhandels (program trading).
index futures: s. stock index futures.
index-linked bond issue Indexanleihe: Obligationenanleihe mit Indexklausel, welche den Rückzahlungsbetrag für das Obligationenkapital und den Zins an die Entwicklung eines Indexes bindet. Durch die Preisindexklausel kann der Anleihensgläubiger weitgehend gegen die Folgen der Geldentwertung (Inflation) geschützt werden.
informatic network Informatik-Netzwerk: Die Informatik-Netzwerke sind über den nationalen Bereich hinaus in den internationalen hinein verlängert, sowie die Verbindungen zum Kunden und zu den Systemen anderer Banken geschaffen worden. Ausländische Geschäftsstellen werden für Devisen- und Geldmarktoperationen, Anlageberatung, Wertschriftenhandel, Kapitalmarktoperationen, das Kreditgeschäft und das Reporting datenmässig in die Stammnetze integriert. Den Kunden wird der direkte Anschluss an globale Netzwerke offeriert.
insider: Person, die innerhalb eines Unternehmens eine Vertrauensstellung einnimmt und über wichtige, nicht allgemein zugängliche Informationen verfügt. In verschiedenen Ländern bestehen gesetzliche Vorschriften zur Verhinderung und Bekämpfung missbräuchlicher I.-Transaktionen.
institutional investors institutionelle Investoren: juristische Personen mit regelmässigem Anlagebedarf, wie Versicherungs-Gesellschaften, Anlagefonds, Pensionskassen usw.
instrument to order s. order instrument.
integrated financial area integrierter Finanzraum. «Die Schaffung eines integrierten Finanzraums erfordert weitere Fortschritte in mehreren Bereichen:
– Stärkung des Europäischen Währungssystems;
– Harmonisierung der nationalen Aufsichtsstrukturen zur Erleichterung des völlig freien Verkehrs von finanziellen Dienstleistungen;

- Massnahmen zur Bekämpfung der Steuerflucht;
- vollständige Liberalisierung des Kapitalverkehrs.
  Die Liberalisierung des Kapitalverkehrs reicht zur Schaffung eines echten europaweiten Finanzraums allein nicht aus. Sie erfordert flankierende Massnahmen auf dem Gebiet der Harmonisierung des Aufsichts- und Meldewesens, der Angleichung der Steuersysteme und der währungspolitischen Zusammenarbeit. Die Regelung all dieser Fragen ist jedoch in den Augen der Kommission keine Vorbedingung. Die Kommission hat sich vielmehr für eine Strategie entschieden, die einen dynamischen Integrationsprozess auslösen soll und dabei etwaige vorübergehende Ungleichgewichte in Kauf nimmt. Alles in allem soll die Liberalisierung des Kapitalverkehrs nicht so sehr von den Fortschritten auf anderen Gebieten abhängen, sondern diese vielmehr in Gang setzen.»
  Quelle: «Stichwort Europa». Kommission der Europäischen Gemeinschaften, 12/88.

Inter-American Investment Corporation, Washington: Diese im Jahre 1985 gegründete Institution fördert, im Gegensatz zur IDB, vor allen Dingen die kleinen und mittelgrossen Betriebe, vornehmlich in Asien und Lateinamerika. Beteiligt sind 34 Länder, Aktienkapital rund 200 Mio. $.

interbank clearing: elektronisches Abrechnungssystem von Geldmarktpositionen; Optimierung des Cash-Managements im Clearingverkehr (Liquiditätssteuerung); Minimalisierung des Delkredere-Risikos; bessere Transparenz des Clearings.

interbank funds Bankengelder: Fremdgelder (Passiven), die innerhalb des Bankensystems aufgenommen werden, im Unterschied zu den Publikumsgeldern, die den Banken vom Publikum (Privatkunden und kommerzielle Kundschaft) zufliessen.

interbank rate Interbanksatz: Zinssatz für Kreditgeschäfte zwischen Banken. Am Eurogeldmarkt wird täglich die sogenannte «London interbank offered rate» (LIBOR) ermittelt, die als Richtsatz für zahlreiche internationale Kredite in Eurowährungen dient.

intercompany participation Schachtelbeteiligung: Kapitalmässige Verflechtung zwischen verschiedenen Gesellschaften, die gegenseitig Beteiligungen am Grund- oder Stammkapital halten.

inter dealer broker: tritt am Londoner Bondmarkt als Mittler zwischen Händlern auf und bedient das elektronische Netzwerk.

interest Zins: Entgelt für das zur Verfügung gestellte Kapital. Bei der Zinsberechnung sind drei Usanzen der Zählung der Tage zu unterscheiden:
Deutsche Usanz: 1 Jahr = 360 Tage, 1 Monat = 30 Tage;
Englische Usanz: 1 Jahr = 365 Tage, Monat nach Kalender;
Französische Usanz: 1 Jahr = 360 Tage, Monat nach Kalender.

interest arbitrage Zins-Arbitrage: Form der Devisen-arbitrage, die den Zinsunterschied zwischen verschiedenen Ländern ausnutzt.
Ursprünglich bedeutete «Zinsarbitrage» die Annahme von Depots und deren Ausleihung für denselben Zeitabschnitt zu einem höheren Zinssatz. Da jedoch die Zinsspanne, die bei solchen reinen Geldmarktgeschäften erzielt wird, sehr klein ist, setzen Bilanzüberlegungen dieser Geschäftssparte gewisse Grenzen; die Banken wollen ihre Bilanz nicht mit Transaktionen aufblähen, die wenig Ertrag bringen, aber kostspielige Erhöhungen des Aktienkapitals erfordern.
Man hat immer wieder versucht, mit ungleichen Laufzeiten auf Aktiv- und Passivseite höhere Zinsmargen zu erzielen, zum Beispiel durch langfristiges Ausleihen und kurzfristiges Borgen. Dies kann auch als eine Form von Zinsarbitrage betrachtet werden. Diese Art von Geschäften ist ebenso verlockend wie gefährlich.

interest deduction Zinsabzug: Beim Spargeschäft: Zinsreduktion infolge Nichteinhaltung der reglementarischen Kündigungsfrist.

interest divisor Zinsdivisor: Zur Vereinfachung der Zinsberechnung errechnete Hilfszahl. Sie ergibt sich aus der Zahl der Jahrestage geteilt durch Zinssatz.

interest earned; interest received Aktivzinsen: Zinsen, welche die Bank für ausgeliehenes Geld erhält.

interest formula Zinsformel: Sie dient der vereinfachten Zinsberechnung. Zins = Zinsnummern geteilt durch Zinsdivisor. Die zur Vereinfachung der Berechnung verwendete Zinsnummer ergibt sich aus Kapitalhundertstel mal Zahl der Zinstage.

interest margin Zinsmarge, Zinsspanne:
– Differenz zwischen den Aktivzinsen, welche eine Bank einnimmt, und den Passivzinsen, welche die Bank ausgibt. In der Z. spiegelt sich der Erfolg des Zinsdifferenzgeschäfts.
– Differenz zwischen Zinssätzen, z. B. zwischen dem Zinssatz für 1. Hypotheken und dem Zinssatz für Spareinlagen und Kassenobligationen.

interest paid Passivzinsen: Zinsen, welche die Bank für das von ihr hereingenommene Geld bezahlen muss; im Kontokorrentgeschäft meist Habenzinsen genannt.

interest rate Zinssatz, Zinsfuss: die in Prozenten ausgedrückte und auf ein Jahr berechnete Verzinsung des Kapitals.

interim account: s. suspense account.

interim credit; bridging credit Überbrückungskredit: Kurzfristiger Kredit zur vorübergehenden Verstärkung der Betriebsmittel eines Kreditnehmers, z. B. Saisonkredit und Betriebskredit.

interim dividend Interimsdividende: Abschlagsdividende. Periodische Teilauszahlung a conto dividendenmässiger Gewinnausschüttungen. Die I. wird vor Abschluss des Geschäftsjahres aufgrund der laufenden Erfolgsrechnung festgelegt. Die Anpassung an das Jahresergebnis erfolgt durch die Schlussdividende.

Internal Market Binnenmarkt.

«Der potentielle Gesamtnutzen aus der Vollendung des Binnenmarktes für die gesamte Gemeinschaft wird zu Preisen von 1988 auf mindestens 200 Milliarden ECU geschätzt. Dadurch würde sich das Bruttoinlandsprodukt der Gemeinschaft um etwa 5% erhöhen. In die Berechnungen einbezogen wurden nicht nur Einsparungen infolge der Beseitigung von Schranken, die den innergemeinschaftlichen Handel beeinträchtigen (im wesentlichen Grenzformalitäten und damit verbundene Verzögerungen), sondern auch der Nutzen aus der Beseitigung von Hindernissen für den Zugang zu den einzelnen nationalen Märkten und für die ungehinderte Entfaltung eines gemeinschaftsweiten Wettbewerbs.»

«Die Kommission glaubt, dass nur ein wachsender und zugleich flexibler einheitlicher Markt wirksam funktionieren kann, so dass die wirtschaftlichen Ressourcen – Arbeitskräfte und Materialien, Kapital und Investitionsgüter – dorthin fliessen, wo sie den grössten Nutzen erbringen. Das ist für eine integrierte Wirtschaft, die mit wechselnden Bedingungen fertig werden soll, unumgänglich.»

Quelle: «Die Gemeinschaft 1992: Ein Markt mit neuen Dimensionen.» Europäische Dokumentation, 1988.

International Bank for Reconstruction and Development (IBRD) World Bank

Weltbank: Internationale Bank für Wiederaufbau und Entwicklung (International Bank for Reconstruction and Development IBRD). Die W. wurde wie der Internationale Währungsfonds 1944 in Bretton Woods (USA) gegründet und hat ihren Sitz in Washington. 1985: 148 Mitglieder. Die W. gewährt vor allem langfristige Investitionskredite an Entwicklungsländer. Der W. angegliedert sind die Internationale Entwicklungsorganisation (International Development Association IDA) und die Internationale Finanzkorporation (International Finance Corporation IFC). Diese drei Institute bilden zusammen die sog. W.-Gruppe.

International Banking Facilities (IBF) (zum Beispiel in London, New York): Befreiung der internationalen Bankgeschäfte von Steuern und anderen Reglementierungen, um vermehrt ausländisches Kapital anzuziehen. Entgegennahme von Termingeldern aus dem Ausland; Gewährung von Krediten an Schuldner ausserhalb Grossbritanniens bzw. der USA. Anlagen in IBS's sind vergleichbar mit Euro-Treuhand-Anlagen.

International Chamber of Commerce Internationale Handelskammer: Private, politisch unabhängige Organisation zur Verbesserung internationaler Wirtschaftsbeziehungen mit Sitz in Paris.

International Development Association (IDA) Organisation der Weltbank, gewährt Darlehen an Entwicklungsländer zu weniger strengen als den banküblichen Bedingungen. Siehe auch: World Bank.

International Finance Corporation (IFC) Organisation der Weltbank, arbeitet mit privaten Investoren (ohne Staatsgarantie) zusammen. Siehe auch: World Bank.

International Monetary Fund (IMF) Internationaler Währungsfonds: Bedeutendste zwischenstaatliche Organisation für währungspolitische Zusammenarbeit. Der W. wurde wie die Weltbank 1944 in Bretton Woods (USA) gegründet, hat seinen Sitz in Washington und zählt rund 130 Mitgliedländer.

International Primary Market Association: Ende 1984 in London gegründet. Aufgabe: Ausarbeitung eines Marktkodexes mit dem Ziel, eine gewisse Selbstregulierung des Eurobondmarktes zu erreichen. Empfehlungen zum Marktverhalten der Emissionsbanken ausarbeiten, Dokumentationsstandards von Euroanleihen verfolgen, Kooperation innerhalb des Primärmarktes und mit dem Sekundärmarkt fördern und Verbindung mit Regierungen und anderen für den Eurobondmarkt bedeutsamen Institutionen unterhalten.

intervention points Interventionspunkte: die festgesetzten Kurslimiten, zwischen denen sich der Kurs einer Währung frei bewegen darf. Besteht die Gefahr, dass der Kurs über die Bandbreite hinausgeht, hat die Zentralbank regulierend einzugreifen.

intrinsic value s. material asset value.

investment Investition, Kapitalanlage: am Geld- und Kapitalmarkt angelegte Mittel. Allgemein: langfristig geplante Verwendung von Geld zur Erzielung eines Ertrages und/oder eines Wertzuwachses, oder zur Erhaltung der Substanz. Beispiele: Grund- und Liegenschaftenbesitz, Maschinen, Wertpapiere, Edelmetalle.

investment bank: im US-Trennbankensystem im wesentlichen ein auf Emissions- und Wertpapiergeschäfte spezialisiertes Finanzinstitut. Gegensatz: commercial bank.

investment banking, the marketing of new securities issues, usually through an investment banker or underwriter. Entire stock or bond issues are purchased from the issuing corporation and subsequently either sold to investors or distributed to dealers, at a profit.

investment counselling Anlageberatung.
«Erstens liegt es in der Natur der Anlageberatung selbst, dass jeder Ratschlag von der Lage der Wirtschaft, der Finanzmärkte und vielen weiteren, sich rasch ändernden Faktoren abhängt. Gewiss gibt es auch auf diesem Gebiet Grundsätze und Regeln mit allgemeiner Gültigkeit. Über das Generelle hinaus können Vermögensanlagen aber nur befriedigen, wenn sie auf die aktuelle und erwartete Situation abgestimmt sind und die Anlageziele des Kunden berücksichtigen.
Zweitens zählt es gerade zur Kunst der Anlageberatung, aus den Präferenzen des Anlegers eine massge-

schneiderte Anlagepolitik abzuleiten. Dabei ist die
Höhe des Vermögens genauso relevant wie das Anlageziel, die gewünschte Ausrichtung auf eine maxima-
le Rendite oder möglichst hohe Sicherheit. Aber auch
das Alter, steuerliche Aspekte, das Temperament,
die Familienverhältnisse und die Nationalität spielen
hierbei eine grosse Rolle. Anlageberatung ist eben,
wenn man so will, keine abstrakte, sondern eine
höchst konkrete Kunst, in deren Zentrum der Kunde
steht."
Quelle: Broschüre «Möglichkeiten der Geldanlage
für Ausländer in der Schweiz», 1986. Schweizerische
Kreditanstalt.

investment plan Anlageplan; Investmentplan: Anla-
geprogramm, das dem Sparer erlaubt, durch regelmässige (meist monatliche) Einzahlungen systema-
tisch ein in Anlagefondsanteilscheinen angelegtes
Vermögen aufzubauen. Bei tiefen Kursen der Fonds-
anteile werden automatisch mehr Anteile, bei hohen
Kursen weniger Anteile für den im I. vorgesehenen
Betrag erworben (Averaging). Der Abschluss eines I.
erfolgt in der Regel für die Dauer von mindestens 5
oder 10 Jahren, z.T. kombiniert mit Versicherungsschutz.

investment policy Anlagepolitik: Gesamtheit der Dis-
positionen bei der Vermögensanlage, um ein bestimmtes Anlageziel möglichst optimal zu erreichen. Je
nach den besonderen Verhältnissen des Anlegers
wird der Sicherheit, der Rendite, den Kurs- und
Wachstumsaussichten oder der Liquidität der Anlagen besonderes Gewicht beigemessen. Ebenso spielt
die Wahl des richtigen Zeitpunktes für den Kauf und
Verkauf (Timing) eine wichtige Rolle.

investment trust s. mutual fund.

irrevocable documentary credit unwiderrufliches Akkreditiv: Die eröffnende Bank (Bank des Käufers)
verpflichtet sich unwiderruflich, die im Akkreditiv
versprochene Leistung zu erbringen, unter der Voraussetzung, dass der Begünstigte alle Bedingungen
erfüllt.
Der Begünstigte erhält somit ein festes Zahlungsversprechen der eröffnenden Bank, welches die von ihm
gewünschte Sicherheit bietet.
– Unwiderrufliches, von der avisierenden Bank be-
stätigtes Akkreditiv: Zusätzlich zur Verpflichtung
der eröffnenden Bank übernimmt die avisierende
Bank durch die Bestätigung eine eigene unabhängige Zahlungsverpflichtung, der sie nachzukommen
hat, ungeachtet, ob die eröffnende Bank in der
Lage sein wird, der bestätigenden Bank die gelei-
stete Zahlung zu ersetzen.
Bei Akkreditiven in fremder Währung kann das
Kursrisiko durch einen Devisen-Termin-Verkauf
ausgeschlossen werden.

issue price Ausgabekurs, Emissionskurs: Preis zu welchem neu zur Emission gelangende Wertpapiere abgegeben werden.

issue prospectus Emissionsprospekt: Gesetzlich vorgeschriebene Veröffentlichung, welche nähere Angaben über die Emissionsbedingungen und über den Emittenten der neu zu emittierenden Wertpapiere enthält.

issuer, borrower Emittent: öffentlich-rechtliche Körperschaft oder Privatunternehmung, die sich durch Ausgabe von Wertpapieren (Obligationen, Aktien usw.) Geld beschafft.

item carried forward Vortragsposten: Posten des Kontokorrentverkehrs, der in die neue Periode vorzutragen ist und dann verzinst wird (nachfälliger Posten).

J

joint account Gemeinschaftskonto, Kollektivkonto: Gemeinschaftliches Bankkonto von zwei oder mehreren Kunden. Bei einem G. mit Einzelverfügungsrecht ist jeder einzelne ohne Mitwirkung des oder der anderen allein verfügungsberechtigt. Im Gegensatz dazu ist bei einem G. mit Kollektivverfügungsrecht (Kollektivkonto) die Mitwirkung aller erforderlich.

joint and several guarantee Solidarbürgschaft: Bürgschaft, bei der sich der Bürge bzw. die Bürgen solidarisch mit dem Hauptschuldner verpflichten. Bei S. kann der Bürge prinzipiell schon vor dem Hauptschuldner belangt werden, wenn sich der Hauptschuldner mit seiner Leistung im Rückstand befindet und vom Gläubiger erfolglos gemahnt worden ist. Die S. ist die von den Banken regelmässig verlangte Bürgschaft.

joint custody Dépôt joint: Gemeinschaftliches Depot (Gemeinschaftsdepot) zweier oder mehrerer Inhaber bei einer Bank, wobei jeder einzelne ohne Mitwirkung des oder der andern allein verfügungsberechtigt ist (Gemeinschaftsdepot mit Einzelverfügungsrecht).

joint financing Ko-Finanzierung: Bei der Krediterteilung (z. B. für Entwicklungsprojekte) durch Weltbank und Eurobanken werden zwei Arten unterschieden: Parallel-Finanzierung und Gemeinsame Finanzierung.

Bei Parallel-Finanzierung schliesst der Schuldner zwei Kreditabkommen ab: eines mit der Weltbank, eines mit dem Eurobanken-Syndikat. Die beiden Gläubiger vereinbaren unter sich eine fakultative «cross-default clause». Dieser Vertragszusatz besagt, dass ein Verzug bei den Zins- oder Kapitalzahlungen gegenüber dem einen Gläubiger sich nicht automatisch auf das zweite Darlehen auswirkt. Im Falle von

Zahlungsschwierigkeiten setzen die Entwicklungsländer in der Regel alles daran, den Kreditvertrag mit der Weltbank genau zu erfüllen und eher gegenüber den Privatbanken in Verzug zu geraten.

Aus diesem Grunde ziehen die Eurobanken die gemeinsame Finanzierung vor. Hier besteht nur ein einziger Kreditvertrag, und zwar zwischen Schuldner und Weltbank. Diese gibt den Eurobanken eine Beteiligung am Kredit ab. Bei gemeinsamen Finanzierungen wird die «cross-default clause» automatisch in Kraft treten, so dass die Gläubigerbanken enger verbunden sein werden als im Falle von Parallelfinanzierungen.

joint liability Solidarschuld: Schuldverhältnis von mehreren Schuldnern, die erklären, dass jeder einzelne dem Gläubiger gegenüber für die Erfüllung der ganzen Schuld hafte. Der Gläubiger kann nach eigener Wahl von den Solidarschuldnern je nur einen Teil oder von einem einzelnen Solidarschuldner das Ganze fordern.

joint property Gesamteigentum: Das ungeteilte Eigentum an einer Sache, das mehreren gesetzlich oder vertraglich zu einer «Gemeinschaft zur gesamten Hand» verbundenen Personen zusteht. Diese Personen können nur durch einstimmigen Beschluss darüber verfügen, da alle nur auf das Ganze und nicht auf Quoten berechtigt sind.

joint stock company (GB): corporation (USA) Aktiengesellschaft: Körperschaft deren zahlenmässig fixiertes Grundkapital (Aktienkapital) in Teilsummen (Aktien) zerlegt ist.

joint venture Joint-Venture: Gemeinsames Vorhaben einer Mehrzahl von Personen oder Gesellschaften zur Erreichung bestimmter unternehmerischer Ziele, wie z. B. Bau einer Fabrik oder eines Kraftwerks, Durchführung einer Forschungsarbeit usw. Eine J. kann je nach den Umständen in vertragsmässiger Form oder durch Gründung einer gemeinsamen Tochter- oder Beteiligungsgesellschaft durchgeführt werden.

junior bonds: Obligationen, die durch eine im Range nachstehende Hypothek oder ein anderes im Range nachstehendes Pfandrecht sichergestellt sind.

junior mortgage Nachgangshypothek: Hypothek, die nicht mehr in die für erste Hypotheken reservierte Beleihungshöhe fällt und demzufolge höher verzinst werden muss. Bei einer Pfändung folgt die N. hinter den im ersten Rang stehenden Hypotheken.

junk bonds risikobehaftete, eher minderwertige und deshalb hochrentierende Obligationen.

K

Kaffirs: an der Londoner Börse kotierte südafrikanische Bergbauaktien.

Krugerrand Krügerrand: südafrikanische Goldmünze, welche genau 1 Unze Feingold enthält.

L

L/C s. letter of credit.

lead manager federführende Bank: Bank, die bei einer Emission oder bei einem syndizierten Kredit als Vertreterin der Syndikatsmitglieder mit der kapitalsuchenden Gesellschaft oder öffentlich-rechtlichen Körperschaft verhandelt und die Durchführung der Emission leitet (Federführung, Syndikatsführung).

leasehold: s. freehold.

leasing Leasing: Vermietung von Industrieanlagen und Investitionsgütern (z. B. Maschinen, technische Anlagen, Fahrzeuge), wobei als Vermieter in der Regel besondere Leasinggesellschaften auftreten. Das L. ermöglicht eine die Liquidität schonende mittel- bis langfristige Finanzierung der Investitionstätigkeit.

lender of last resort: Funktion der Zentralbanken, den Geschäftsbanken im Falle einer Liquiditätskrise – nicht aber bei Insolvenz – vorübergehend unter die Arme zu greifen.

lending business Aktivgeschäfte: Ausleihungen einer Bank (Kredite, Hypothekaranlagen usw.). Ferner gehört die Diskontierung von Wechseln zu den A. einer Bank.

lending limit Belehnungsgrenze: Werthöhe, bis zu welcher ein als Sicherheit dienendes Objekt belehnt wird.

letter of credit Kreditbrief: Von einer Bank zugunsten eines Kunden ausgestelltes Dokument, aufgrund dessen er Bezüge bis zum erwähnten Höchstbetrag bei den auf separatem Verzeichnis aufgeführten Korrespondenzbanken tätigen kann. Im Unterschied zum K. wird der Kunde bei einem Reiseakkreditiv bei einer oder mehreren Banken unter Avisierung für einen bestimmten Höchstbetrag akkreditiert.

letter of credit opening Akkreditiveröffnung: Schreiben der Bank des Auftraggebers, in welchem dem Begünstigten die Eröffnung eines Akkreditivs angezeigt wird. Siehe auch: documentary credit.

letter of intent Als zusätzliche Kreditsicherung verlangt die Bank, welche einer Tochtergesellschaft Kre-

69

dite gewährt, zuweilen eine garantieähnliche Zusicherung der Muttergesellschaft, dass diese das Ausmass ihrer aktienmässigen Beteiligung bei der Tochter nur mit Zustimmung der kreditgebenden Bank verändere. Es wird auch etwa zugesichert, dass die Mutter dafür sorge, dass die Tochter jederzeit in der Lage sei, ihre Verpflichtungen gegenüber der kreditgebenden Bank zu erfüllen.

leverage: Bei kreditmässig finanzierten Investitionen entstehende Hebelwirkung (leverage = Hebelkraft) auf die Ertragskraft des Eigenkapitals. Während der aufgenommene Kredit fest verzinslich ist, kommt ein darüber hinausgehender Ertrag ganz dem gewinnberechtigten Eigenkapital zugute. Anderseits steigert ein hoher Fremdkapitalanteil die Verluste bei schlechtem Geschäftsgang.

leveraged buyout (USA) Eine private Gruppe bietet den Publikumsaktionären eines Unternehmens einen attraktiven Preis für die Aktien an. Die erforderlichen Gelder beschafft sich die Gruppe durch Kreditaufnahme bei Banken, Versicherungen oder Pensionsfonds, wodurch sich das Unternehmen stark verschuldet und mithin weniger Steuern zu zahlen hat.

„Der weltweite Deregulierungsprozess, die Einführung zahlreicher neuer Finanzprodukte sowie die damit geschaffenen veränderten Marktverhältnisse werden das Bankensystem auch in Zukunft zu erheblichen Anstrengungen zwingen. So müssen beispielsweise im Bereich von Firmenübernahmen neue Wege gefunden werden, um die Interessen aller Beteiligten ausreichend zu schützen. Noch ist ungewiss, ob die ausserordentlich hohe Zunahme von ganz oder grösstenteils fremdfinanzierten Übernahmen, die vor allem in den Vereinigten Staaten, aber auch schon hierzulande zu beobachten ist, langfristig ein zweites Schuldenproblem schafft. Was heute zum Beispiel unter dem Stichwort „Leveraged Buy-out" geschieht, harrt auf den internationalen Finanzmärkten noch der längerfristigen Bewährung."
Quelle: Geschäftsbericht 1988, Schweizerische Bankgesellschaft.

LIBOR: Abkürzung für «London Inter-Bank Offered Rate» = Londoner Zinssatz für Kredite in Eurowährungen, der unter Banken gültige und weltweit anerkannte Satz für kurzfristige Geldaufnahmen über drei oder sechs Monate. Der LIBOR-Satz wird jeden Werktag um 11 Uhr in London, dem Weltzentrum des Euromarktes, festgelegt.

LIFFE s. London International Financial Futures Exchange.

limited limitiert: Auftragsart beim Kauf bzw. Verkauf eines Wertpapiers. Der Auftraggeber schreibt einen Grenzkurs (höchst/tiefst) vor. Gegensatz: at best, at market.

liquidation Liquidation:
– Auflösung eines Vermögens bzw. eines Unterneh-

mens durch Realisierung der Aktiven und Schuldenregelung.

– Usanzgemässe Abwicklung von Börsentermingeschäften, wobei für die einzelnen Operationen (Prämienerklärung, Bezahlung und Lieferung der Titel usw.) im voraus besondere Kalendertage festgelegt sind.

liquidity Liquidität: Fähigkeit eines Unternehmens zur fristgerechten Erfüllung der Zahlungsverpflichtungen. Im weiteren Sinn: Verfügbarkeit liquider (flüssiger) Mittel eines Unternehmens, des Geld- und Kapitalmarktes, einer Volkswirtschaft oder der Weltwirtschaft.

An der Börse: Fähigkeit des Marktes, grössere Börsenaufträge ohne wesentliche Kursausschläge zu absorbieren. Als Indikatoren werden unter anderem der «spread» zwischen Geld- und Briefkurs sowie das Umsatzvolumen herangezogen.

liquidity statement Liquiditätsausweis: Durch die Bank periodisch zu erstellende Übersicht, die das Verhältnis zwischen den greifbaren Mitteln und den leicht verwertbaren Aktiven auf der einen und den kurzfristigen Verbindlichkeiten auf der anderen Seite wiedergibt.

list of drawings Verlosungsliste: Veröffentlichte Liste mit den Nummern der zur Rückzahlung ausgelosten Wertpapiere (z. B. Titel einer Obligationenanleihe).

loan Darlehen: Ausleihung einer bestimmten Geldsumme durch einen Gläubiger (z. B. Bank) an einen Dritten (Darlehensnehmer). Die Rückzahlung erfolgt auf einen bestimmten Verfalltag oder auf Kündigung hin. Im Bankverkehr übliche Bezeichnungen: fester Vorschuss, Festkredit. Bei sog. Amortisationsdarlehen erfolgt die Rückzahlung schrittweise.

loan against pledged bill; «en pension» bill transaction Wechselpension: Belehnung von Wechseln durch die Bank, wobei sie die vom Kunden blanko indossierten Wechsel als Pfand (in Pension) erhält.

loan agreement; loan contract
– Darlehensvertrag;
– Im Emissionsgeschäft: zwischen dem Titelschuldner (Emittenten) und dem Emissionssyndikat abgeschlossener Vertrag über die feste Übernahme der Emission, z. B. einer Obligationenanleihe.

local bill (GB); town bill (USA) Platzwechsel: Von der Bank zum Inkasso oder Diskont hereingenommener Wechsel, der am Ort der hereinnehmenden Bank zahlbar ist.

lock up agreement (USA): Massnahmen zur Absicherung eines freundschaftlich ausgehandelten Fusionsvertrages wie die Einräumung von Aktienoptionen oder die Gewährung sogenannter Crown jewel options.

lombard loan (GB); collateral loan (USA) Lombardkredit: Kredit gegen Verpfändung von Wertpapieren (auch Börsenkredit genannt; Effektenlombard) oder von Waren (Warenlombard).

London International Financial Futures Exchange (LIFFE): London International Financial Futures Exchange, gegründet 1982. Handel in Zins- und Währungs-Terminkontrakten.

London Stock Exchange, seit 1571 «The Royal Exchange». Gemessen an der Zahl der kotierten Papiere und ihrer geographischen Streuung ist die Londoner Börse eine der grössten Börsen der Welt. Von besonderer Bedeutung ist die «Royal Exchange» für den Handel mit australischen und südafrikanischen Minenwerten: für Aktien von Gold- und Diamantenminen wird London als der wichtigste Börsenplatz der Welt angesehen. Zentrum des weltweiten Eurodollar-Marktes. Die bisherigen, relativ rudimentären elektronischen Informationssysteme EPIC und TOPIC werden von hochentwickelten Systemen ersetzt, s. SEAQ, MANTIS.

long position: wenn im Wertpapier-, Devisen- oder Waren-Terminhandel grössere Bestände als vertraglich vereinbart gehalten werden – in der Erwartung, dass bis zum Lieferungstermin die Kurse bzw. Preise steigen werden und man somit einen Gewinn erzielt.

Loonie: elfkantige kanadische Eindollar-Münze, nach dem Eistaucher (loon) auf der Münzoberseite benannt.

M

magnetic tape clearing procedure: s. II. Teil, Magnetband-Clearing-Verfahren.

management Unternehmungsführung: zielorientierte personelle Einwirkung auf das Verhalten von Menschen; Gesamtheit der Personen und Prozesse, welche Führungsaufgaben erfüllen und die Unternehmungspolitik gestalten und durchsetzen helfen. Instrumente: Planung, Organisation und Kontrolle.

«Es hat sich bestätigt, dass die Qualität des Managements sich nicht an der Bewältigung des «business as usual» misst, sondern an der sehr viel anspruchsvolleren Aufgabe des Krisenmanagements. Führung ist die dauernde Optimierung im Anschluss an Schieflagen und Fehlleistungen. Dennoch dürfen die Massnahmen in keinem Moment intern zu einem Übergewicht von Polizeifunktionen gegenüber einer allseits auf Vertrauen abgestützten Zusammenarbeit führen.»
Quelle: Geschäftsbericht 1987, Schweizerische Bankgesellschaft.

management authorization; management mandate Verwaltungsvollmacht: Auf reine Verwaltungshandlungen beschränkte Vollmacht unter Ausschluss von Verfügungen.

management buyout: Eine bestimmte Kaderperson einer Firma wird durch ausreichende Versorgung mit Risikokapital in die Lage versetzt, eine einzelne Abteilung oder Tochtergesellschaft als selbständiges Unternehmen weiterzuführen.

management securities safe custody account Vermögensverwaltungsdepot: Wertpapierdepot, das normalerweise aufgrund eines Verwaltungsauftrages eines Kunden von der Bank verwaltet wird (z.T. einschliesslich weiterer Aufgaben der Vermögensverwaltung). Bei einem V. übernimmt die Bank neben den technischen Vorkehren des Depotgeschäftes auch die wirtschaftliche Überwachung der Anlagen, wie z.B. Änderungen im Wertpapierbestand.

MANTIS, Market and Trading Information System: Elektronisches Informationssystem an der Londoner Börse, das auch die automatische Ausführung von Börsentransaktionen zulassen wird. Über MANTIS sollen vor allem die zahllosen kleineren Aufträge abgewickelt werden. 1985, beispielsweise, hatten Beträge bis zu einem Wert von weniger als 10 000 Lstg einen Anteil am Marktvolumen von nur 13%, stellten aber 83% aller Aufträge dar. Für Grossaufträge hingegen wird weiterhin der Telefonverkehr oder der Handel am Ring die Regel sein.

Maple Leaf: kanadische Goldmünze mit einem Nominalwert von 50 Dollar und einem Feingoldgehalt von 1 Unze.

margin Marge:
- Differenz zwischen Aktiv- und Passivzinssätzen einer Bank (Zinsmarge).
- Im Börsen-, Devisen- und Edelmetallhandel: Differenz zwischen Ankaufs- und Verkaufspreis (Kursmarge).
- Im Kreditgeschäft, z.B. bei Lombardkrediten: Da die meisten Arten von Kapitalanlagen den Kursschwankungen und gegebenenfalls auch den Wechselkursverschiebungen ausgesetzt sind, bringt die Bank bei der Festsetzung der Kredithöhe eine Sicherheitsmarge vom Wert der Hinterlage in Abzug; sie beleiht also die Depotwerte nur bis zu einem bestimmtem Prozentsatz des jeweiligen Marktwertes.

margin call: Nachschusspflicht bei Termingeschäften und Wertschriftenkäufen auf Kredit als Sicherheit des Brokers bzw. Kreditgebers.

market capitalization Börsenkapitalisierung: Der Wert eines Unternehmens, berechnet aufgrund der Kurse der Beteiligungspapiere dieses Unternehmens. Dabei wird der Kurswert, den ein solches Wertpapier (Aktie, Partizipationsschein usw.) an einem bestimmten Stichtag hat, mit der Gesamtzahl der Titel der entsprechenden Wertpapierkategorie multipliziert.

market discount rate; prime rate (USA) Privatdiskontsatz, Privatsatz: Diskontsatz, zu welchem die Banken Bankakzepte und erstklassige Handelswechsel diskontieren. Dieser liegt in der Regel über dem offiziellen Diskontsatz der Zentralbank.

Market Maker, Primary Dealer (GB) ehemals Jobber: macht in den von ihm festgelegten Aktien kontinuierlich einen Markt, das heisst: er speist laufend Geld- und Briefkurse in das Börsen-Computersystem SEAQ ein.

market price s. market value.

market share Marktanteil. Die Verschärfung des Wettbewerbs zwingt die Banken, ihre Dienstleistungen laufend zu überprüfen und zu verbessern. Nur ein Institut, das alle Rationalisierungsmöglichkeiten ausschöpft und dem Kunden technologisch ebenbürtig gegenübertritt, hat Chancen, Marktanteile zu gewinnen, und höhere Marktanteile entscheiden im gegenwärtigen Käufermarkt über Rentabilität und damit über die Zukunft.

market theories Börsentheorien: Grundsätze oder Modelle zur Voraussage der künftigen Entwicklung bzw. zur Erklärung des bisherigen Verlaufs der Börsenkurse. Am bekanntesten ist die in den USA begründete Dow-Theorie.

market value (market price)
– Kurswert: An der Effektenbörse der Preis, zu dem ein Wertpapier gehandelt wird; er verändert sich unabhängig vom Nennwert je nach Angebot und Nachfrage.
– Verkehrswert: Der Preis, der unter normalen Verhältnissen bei einem Verkauf, z.B. einer Liegenschaft, erzielt werden kann. Er deckt sich nicht mit dem Ertragswert, dessen Höhe aufgrund der Erträgnisse berechnet wird.

marketable collateral kurante Hinterlage: Verkehrsfähige, leicht und umgehend verwertbare Hinterlagen zur Sicherung eines Kreditgeschäftes (z.B. börsennotierte Wertpapiere).

marrying price Applikationskurs: An der Börse notierter Kurs, zu dem ein Börsenhändler Käufe und Verkäufe bankintern ausgleicht.

material asset value; intrinsic value Substanzwert: Bei der Unternehmensbewertung: Sachwert (Verkehrswert) des Umlaufs- und Anlagevermögens des Unternehmens. Im Gegensatz dazu ergibt sich der Ertragswert aus der Kapitalisierung des Brutto- oder Nettoertrages der Kapitalanlage.

material value clause Sachwertklausel: Bindung der Höhe nomineller Forderungen an einen Sachwert oder an Preisveränderungen von Sachwerten. Sachwertanleihen sind Obligationenanleihen mit einer S.

maturity date s. due date.

medaillon Medaille: Prägung aus Metall in Münzform, aber ohne Nennwert und ohne gesetzlichen Kurswert. Eine M. kann nicht als Zahlungsmittel, sondern lediglich als Sammelobjekt verwendet werden.

medium term financing s. financial loan.

medium term notes: langfristige Fazilitäten, die durch Emission von Wertpapieren zu unterschiedlichen Zeitpunkten mit verschiedenen Laufzeiten (in der Regel 1 bis 5 Jahre) ausgenutzt werden können.

memorycard Kreditkarte mit integriertem Speicher und Prozessor. Elektronisches Portemonnaie, in das der Geldwert eingegeben und wieder abgebucht werden kann.

merchant bank Handelsbank, die Gelder vor allem in grösseren Beträgen entgegennimmt, hauptsächlich von anderen Banken oder von internationalen Gesellschaften. Finanzielle Beratung, Kauf und Verkauf von Beteiligungen, Vermittlung und Verwaltung von Immobilien, Eurogeld- und Kapitalmarkt.

merger: s. amalgamation.

microprocessor Mikroprozessor: durch Mikrominiaturisierung extrem verkleinertes Rechen- und Steuerwerk einer Rechenanlage.
Obwohl die international tätigen bedeutenden Bankinstitute bereits heute sehr grosse und hochkomplexe Informatik- und Kommunikationssysteme betreiben, zwingen neue Technologien sie dazu, das Erneuerungs- und Erweiterungskarussell munter weiterzudrehen. 1958 wurde der erste integrierte Schaltkreis entwickelt, 1969 der erste Mikroprozessor auf einem einzigen Chip hergestellt. Es brauchte weitere fünfzehn Jahre, um den Chip so zu zähmen, dass er als Herzstück für hochleistungsfähige intelligente Arbeitsplatzrechner überall dort eingesetzt werden konnte, wo es gilt, komplexe Rechen-, Steuer-, Kontroll- und Kommunikationsprozesse zu beherrschen.

middle rate: middle price Mittelkurs: Arithmetisches Mittel zwischen verschiedenen Kursen, beispielsweise zwischen Geld- und Briefkurs.

mid-month Medio: Monatsmitte (der 15. des Monats); Zeitpunkt, an welchem speziell an den belgischen und englischen Börsen Termingeschäfte liquidiert werden.

mini-maxi notes: Variante der Floating rate notes; variable Verzinsung innerhalb durch Mindest- und Höchstzinssätze gesetzter Grenzen.

minimum lending rate: Minimalsatz, zu welchem die Bank von England den Banken Gelder zur Verfügung stellt.

minimum reserves Mindestguthaben, Mindestreserven: Gelder, die von den Banken bei der Zentralbank in vorgeschriebenem Umfang und in der Regel zinslos deponiert werden müssen. Die Berechnung erfolgt in der Regel in % bestimmter Passivposten. Die M. beschränken den Kreditspielraum der Banken und beeinflussen die Geldmenge.

minimum unit of trading: s. round lot.

Mismatch FRN: Floating Rate Notes mit fehlender Deckungsgleichheit in der Zinsfeststellung und der Zinszahlung. Beispiel: FRN, bei denen der Zins monatlich auf der Basis 6-Monats-Libor festgestellt wird. Der errechnete 6-Monats-Durchschnitt ist alle sechs Monate zahlbar.

mixed investment trust gemischter Anlagefonds: Anlagefonds mit Anlagen in Immobilien und Wertpapieren.

MOFF, s. multiple option financing facility.

monetary base monetäre Basis: Noten- und Münzenumlauf sowie Giroguthaben von Handel, Industrie und Banken bei der Zentralbank.

monetary cooperation währungspolitische Zusammenarbeit.

«Das Europäische Währungssystem hat seine erste Bewährungsprobe bestanden, indem es zwischen den Ländern der Gemeinschaft, die seinen Wechselkursmechanismus anwenden, eine gewisse Stabilität sowohl im Innern als auch nach aussen verwirklicht hat. Diese Errungenschaft ist von grossem Wert und muss erhalten bleiben. Man kann aber nicht die Augen vor der Tatsache verschliessen, dass der Abbau der Kontrollen im Kapitalverkehr neben zahlreichen Vorteilen auch die Gefahr in sich birgt, dass auf den Devisenmärkten die Wechselkurse auf Störungen von aussen (insbesondere durch die Entwicklung des Dollarkurses) oder auf vorübergehende Unterschiede in der Wirtschaftspolitik der Mitgliedstaaten noch empfindlicher reagieren. Die Liberalisierung des Kapitalverkehrs macht also eine stärkere Koordinierung der Wirtschaftspolitik und eine Intensivierung der europäischen Zusammenarbeit auf währungspolitischem Gebiet erforderlich.

Die Präsidenten der Zentralbanken der Mitgliedstaaten haben bereits im November 1987 eine Reihe von Massnahmen zur Stärkung des Europäischen Währungssystems beschlossen. Es geht hauptsächlich darum, die Entwicklung auf dem Devisenmarkt genauer zu überwachen, alle vorhandenen Interventionsinstrumente wirksamer und flexibler einzusetzen und die europäische Zusammenarbeit bei der Finanzierung der Interventionen auf den Devisenmärkten zu verstärken.»

Quelle: «Stichwort Europa». Kommission der Europäischen Gemeinschaften, 12/88.

monetary policy Währungspolitik.

«Freier Kapitalverkehr und unbeschränkte Konvertibilität der europäischen Währungen untereinander sind nicht nur wesentliche Bestandteile eines einheitlichen Binnenmarktes, sondern auch Grundelemente einer zukünftigen Währungsunion. Die europäische Währungspolitik heute schon mit Plänen für eine gemeinsame Zentralbank zu befrachten, hiesse jedoch, die politische Konsensfähigkeit der EG-Partner zu überfordern. Die ECU als gewogener Durchschnitt der nationalen Währungen wird wegen ihrer Konstruktion nicht imstande sein, die nationalen Valuten zu verdrängen. Eine eigenständige europäische Parallelwährung müsste einen gleich hohen Stabilitäts-Standard einhalten wie die beste der nationalen Währungen. Gleichwohl erleichtert die in den letzten Jahren immer deutlicher werdende Konvergenz von Wirtschaftspolitik und Wirtschaftsentwick-

lung die weitere Integration Europas. Sichtbares Zeichen dieses Erfolgs ist die relative Stabilität der Leitkurse im Europäischen Währungssystem, selbst wenn gerade im Übergang zum einheitlichen Binnenmarkt in Zukunft noch Kursanpassungen notwendig sein werden.»
Quelle: Geschäftsbericht 1988. Dresdner Bank, Frankfurt am Main.

money broker: unterstützt die Primärhändler am Londoner Bondmarkt, indem er Wertpapiere und Kapital ausleiht.

money-laundering Geldwäscherei: hierbei wird versucht, kriminelle Gelder in den internationalen Notenkreislauf einzuschleusen. Unrechtmässig erworbenes Geld wird auf ein Bankkonto eingezahlt oder in eine andere Währung gewechselt, um damit die Spuren der kriminellen Herkunft zu verwischen.

money loan Geldkredit: Aktivgeschäft, bei welchem die Bank unmittelbar Geldleistungen erbringt, z. B. Kontokorrentkredit oder Diskontkredit. Gegensatz: Verpflichtungskredit.

money market Geldmarkt: Markt der kurzfristigen Finanzierungsmittel. Auf internationale Operationen spezialisiert ist der Euro-G.

money market paper Geldmarktpapiere: Wertpapiere mit kurzer Laufzeit, zum Beispiel Schatzanweisungen, Schatzwechsel. Besonders wichtig für kurzfristige Anlagen im Ausland sind die in der Regel 3–6 Monate laufenden amerikanischen G. (Treasury Bills, Bankers' Acceptances, Commercial Paper, Finance Paper und Certificates of Deposit New York) sowie die Certificates of Deposit London.

money supply (stock) Geldmenge: Bestand an Bar- und Buchgeld in einer Volkswirtschaft. Die Begrenzung der Geldmengenexpansion bildet in manchen Ländern ein wichtiges Ziel der Wirtschaftspolitik. Geldmenge im engeren Sinne (M 1) = Noten- und Münzumlauf im Nichtbankensektor und die inländischen Sichteinlagen des Nichtbankensektors bei den Banken und bei der Postverwaltung.

money transfers Zahlungsverkehr: Durchführung der Zahlung von Geldschulden. Beim bargeldlosen Z. erfolgen die Zahlungen ausschliesslich über Buchungen, d. h. ohne Benützung von Metallgeld oder Banknoten.

month-end settlement Ultimo-Finanzierung: Bereitstellung von zusätzlichen liquiden Mitteln durch die Zentralbank, zur Deckung des an Monatsenden (Ultimos) erhöhten Geldbedarfs der Geschäftsbanken.

mortgage Hypothek: Forderung, die durch ein im Grundbuch eingetragenes Pfandrecht an einem Grundstück sichergestellt ist.

mortgage bond Pfandbrief: Obligationenähnliches Wertpapier zur langfristigen Finanzierung der von Banken gewährten erstrangigen Hypothekarkredite. Im Unterschied zu gewöhnlichen Anleihensobligationen bietet der P. besonders weitgehende, gesetzlich geregelte Sicherheiten.

mortgage loan Hypothekarkredit, Hypothekendarlehen: Kredit gegen grundpfandrechtliche Sicherheit.
- direct mortgage loan – direkter Hypothekarkredit: Der Gläubiger erhält das Grundpfandrecht als Sicherstellung. Die Bank, die einen d.H. gewährt, lässt die Hypothek im Grundbuch eintragen. Bei Zahlungsunfähigkeit des Schuldners kann die Bank (= Gläubiger) das Grundstück direkt verwerten.
- indirect mortgage loan – indirekter H. = durch einen Grundpfandtitel als Faustpfand gesicherter H. Bei Zahlungsunfähigkeit des Schuldners kann die Bank erst nach Erwerb des Grundpfandtitels zu Eigentum auf das Grundstück selbst greifen.

mortgage note hypothekarisch gesicherter Schuldschein.

movement of capital s. free movement of capital.

multicurrency credit line: Kreditlimite, die wahlweise in einer oder mehreren der im Vertrag vereinbarten Währungen beansprucht werden kann.

multinational bank multinationale Bank: International tätige Bank, an deren Kapital und Geschäftsführung Angehörige verschiedener Länder beteiligt sind.

multiple lien (on property) Gesamtpfandrecht: Verpfändung mehrerer Grundstücke für die gleiche Forderung, wobei jedes Grundstück mit der vollen Pfandsumme belastet wird. G. ist nur möglich, wenn die Grundstücke dem gleichen Eigentümer gehören oder im Eigentum solidarisch verpflichteter Schuldner stehen.

multiple option financing facility, MOFF: Geldmarktfazilität, welche das Recht gibt, für die Finanzierung aus mehreren Währungen auszuwählen.

multi-source export finance: Finanzierung von Lieferungen aus verschiedenen Ländern mit unterschiedlichen Finanzierungs-Möglichkeiten und -Voraussetzungen in einem Gesamtpaket, wobei die Lieferungen und Leistungen sämtlicher Anbieter, Unter-Lieferanten, Engineers, Joint Venture Partners und dergleichen in ein einziges Finanzierungspaket zusammengefasst werden. In der „Schnürung" dieses Pakets geht es dann vor allen Dingen darum, die gebotenen Garantien und Stützungsmechanismen der staatlichen und privaten Exportförderungs-Anstalten bestmöglich auszunutzen.

mutual fund (USA) – unit trust (GB) – Anlagefonds, Investmentfonds, Investment Trust:
Vermögen, das von Anlegern zum Zwecke gemeinschaftlicher Kapitalanlage aufgebracht und von der Fondsleitung nach dem Grundsatz der Risikoverteilung für Rechnung der Anleger verwaltet wird. Die Anlage des Fondsvermögens erfolgt je nach der Art des Fonds in Wertpapieren (Aktien, Obligationen usw.) oder in Immobilien.

Mutual-Savings-Bank (USA): Bankinstitut, welches sich hauptsächlich mit der Hereinnahme von Spargeldern und der Gewährung von Hypothekarkrediten zur Finanzierung des Wohnungsbaus befasst.

N

Napoleon coin Napoleon: Französisches 20-Franken-Goldstück mit dem Bild Napoleons I. oder III.

narrow market enger Markt: Es besteht ein enger Markt (Marktenge), wenn ein Wertpapier nur unregelmässig gehandelt wird oder wenn nur wenige Stücke eines Titels im Umlauf sind; grössere Kauf- oder Verkaufsaufträge führen zu starken Kursausschlägen.

NASD, National Association of Securities Dealers: Dachorganisation der amerikanischen Aktienmakler.

NASDAQ, National Association of Securities Dealers Automated Quotations (USA): Aktienindex. Der Aktienhandel im NASDAQ-System folgt dem Trend zum globalen Wertpapiergeschäft rund um die Uhr.

negative mortgage clause negative Hypothekenklausel: Versprechen eines Hypothekarschuldners gegenüber dem Gläubiger, ohne Zustimmung des letzteren keine Grundpfandrechte zugunsten eines Dritten zu errichten und bestehende Grundpfandrechte auf seinen Immobilienbesitz nicht zu erhöhen.

negative pledging clause negative Verpfändungsklausel: Schriftliches Versprechen eines Kreditnehmers gegenüber dem Gläubiger, keine Aktiven (wie Wertpapiere, Waren, Forderungen usw.) ohne Zustimmung des letzteren mit Pfandrechten zu belasten.

new accounting period neue Rechnung: Bezeichnung für laufende Kontokorrentperiode, im Unterschied zur bereits abgeschlossenen sogenannten alten Rechnung.

new shares junge Aktien: Anlässlich einer Kapitalerhöhung ausgegebene neue Aktien, die in der Regel noch nicht zu einer vollen Jahresdividende berechtigen und deshalb bis zur Dividendenausschüttung separat gehandelt werden.

New York Stock Exchange s. Wall Street.

NIF s. Euronotes.

night safe Nachttresor: Tresoranlage, die von Bankkunden auch ausserhalb der Schalterstunden benützt werden kann. Die Benützung ist durch schriftlichen Vertrag geregelt.

90-day-deposits Dreimonatsgelder, Festgelder, Termingelder: Geldeinlagen, die auf drei Monate fest von Kunden (Kreditoren auf Zeit) oder von anderen Banken (Bankenkreditoren) bei einer Bank getätigt werden.

nominal value s. par value.

nominee Nominee: In verschiedenen Ländern zwecks leichterer Handelbarkeit von Namenaktien durch eine Bank gebildete Gesellschaft, auf deren Namen die Titel ausgestellt werden (Nominee-Gesellschaft). Durch Blankozession können die auf einen N. registrierten Titel zur Schaffung leicht handelbarer Zertifikate benützt werden.

Nonbank-Bank bankähnliche Finanzgesellschaft: Parabank, d. h. Bank mit beschränkter Aktivität, die nicht unter die USA-Bankengesetzgebung fällt. Das Motiv, nicht den prestigeträchtigen Status einer «Bank» zu wählen, liegt in den relativ strengen Anforderungen der Bankengesetzgebung; dieser sind wohl die eigentlichen Banken, nicht aber die «bankähnlichen Finanzgesellschaften» unterstellt. (In der Schweiz sind mit Wirkung ab 1. Januar 1990 die b. F. ebenfalls dem Bankengesetz unterstellt.)

non-recourse financing Forfaitierung: Ankauf von mittel- und langfristigen Auslandforderungen eines Exporteurs durch eine Bank oder Finanzgesellschaft, unter Verzicht auf das Regressrecht gegenüber dem Verkäufer.

non-residents Devisenausländer: Natürliche und juristische Personen, die devisenrechtlich als Ausländer behandelt werden.

no-par-value shares s. II. Teil, nennwertlose Aktien.

Nostro account Nostro-Konto: Konto einer inländischen Bank bei einer ausländischen Bank in ausländischer Währung. Das Konto wird von der ausländischen Bank geführt, die auch den Auszug erstellt. Gegensatz: Vostro- oder Loro-Konto.

«not to order» clause Rektaklausel: Vermerk «nicht an Order» auf einem Wechsel oder Check. Eine Übertragung mittels Indossament ist damit ausgeschlossen. Sie kann nur noch durch Zession erfolgen, da die Rektaklausel das Orderpapier in ein Namenpapier (Rektapapier) verwandelt.

Note Issuance Facilities (NIFs) s. Euronotes.

note-issuing bank; bank of issue Notenbank: Bank, die mit dem Recht zur Banknotenemission ausgestattet ist.

note-issuing privilege Notenmonopol: Staatliches Hoheitsrecht zur Ausgabe von Banknoten.

notes: Schuldscheine, Schuldverschreibungen, Privatplazierungen: eine Art mittelfristige Obligationen, Laufzeit meist 5–7 Jahre. Finanzierungspapiere, die von den Banken nicht öffentlich aufgelegt, sondern privat und ohne jegliche Werbung plaziert werden. Die «Notes» bilden eine wichtige Form des Kapitalexports; Anteil rund 55%, neben Anleihens-Emissionen 22% sowie Finanz- und Exportkrediten an ausländische Schuldner. Siehe auch: Euronotes.

notification Notifikation: gesetzlich vorgeschriebene Mitteilung des Scheck- oder Wechselinhabers an den Vormann und Aussteller sowie des Indossanten an den Vormann über die Zahlungsverweigerung des Bezogenen.

notify address Notadresse: Vom Aussteller, Indossanten oder Wechselbürgen auf dem Wechsel genannte Person, die im Notfall akzeptieren oder zahlen soll. Im Aussenhandelsgeschäft wird die «notify»-Adresse von der bevorstehenden Ankunft des Schiffes im Bestimmungshafen oder von der Ankunft der Ware auf dem Flugplatz benachrichtigt, gegebenenfalls auch von Schadenfällen während des Transportes.

numbered account Nummernkonto: Konto, bei dem
der Name des Kontoinhabers nur wenigen Personen
innerhalb der Bank bekannt ist, da alle Transaktionen
unter der Nummer (ohne Erwähung des Namens)
abgewickelt werden. In analoger Weise können auch
Wertpapierdepots als Nummerndepots geführt werden.
«Weitherum herrscht die Ansicht vor, das Nummernkonto verstärke das Bankgeheimnis. Diese Ansicht
ist falsch. Das Nummernkonto begründet kein qualifiziertes Bankgeheimnis. Es stellt lediglich sicher,
dass die Identität des Kontoinhabers nur einem beschränkten Kreis ausgesuchter Bankmitarbeiter bekannt ist. Der Kontoinhaber muss also bei Nummern-
konti genau wie bei Namenkonti der Bank gegenüber
seine Identität nachweisen. Es gibt in der Schweiz
schon aus rechtlichen Gründen *keine anonymen Konti.* Grundsätzlich ist das Nummernkonto daher vor
allem für im Rampenlicht des öffentlichen Interesses
stehende Persönlichkeiten, wie Politiker, Filmstars,
Künstler oder Schriftsteller, geeignet. In rechtlicher
Hinsicht ist es dem gewöhnlichen Namenkonto völlig
gleichgestellt. Dort, wo das Bankgeheimnis bei jenem
aufhört, ist es auch bei diesem zu Ende.»
Quelle: Broschüre «Möglichkeiten der Geldanlage
für Ausländer in der Schweiz», 1986. Schweizerische
Kreditanstalt.
NYSE s. Wall Street.

O

obligee s. creditor.
odd lot, fraction: im Wertpapierhandel an der New
Yorker Börse: Aktienposten, der 1–99 Aktien umfasst
und daher keine handelsübliche Schlusseinheit
(round lot = 100 Aktien) bildet. Die Broker, die sich
auf den Handel mit solchen Fraktionen spezialisieren,
sammeln kleine Aufträge, bis sie eine Schlusseinheit
zusammenstellen können.
OECD: Organization for Economic Cooperation and
Development – Organisation für wirtschaftliche Zusammenarbeit und Entwicklung. Sitz in Paris.
off-balance-sheet business neutrale (oder indifferente,
ausserbilanzielle) Bankgeschäfte. Diese widerspiegeln
sich – im Gegensatz zu den bilanzwirksamen Geschäften (Zinsen) nicht in der Bilanz, wohl aber in der
Erfolgsrechnung (Dienstleistungs-Erträge), beispielsweise das Börsen- und Emissionsgeschäft, die
Wertschriftenverwaltung oder der Devisen- und

Edelmetallhandel. Das Verhältnis der Zinsen zu den Dienstleistungs-Erträgen wird zum Beispiel bei deutschen, niederländischen und britischen Grossbanken mit 3 : 1 angegeben; als erstrebenswert erscheint eine Relation von 2 : 1.

offset transactions; compensation transactions Kompensationsgeschäfte. Im Wertpapierhandel: bankinterner Ausgleich von Kauf- und Verkaufsaufträgen der Kundschaft unter Abrechnung zu einem an der Börse ausgerufenen Kurs (Applikationskurs).

Im Aussenhandel: Verrechnung des Gegenwerts einer Warenlieferung ins Ausland durch einen Warenbezug aus dem betreffenden Land. Vielfach erfolgt die warenmässige Kompensation nur für einen Teil der Warenlieferung, während der Rest in Devisen abgerechnet wird.

offshore financial centers; offshore markets Offshore-Finanzplätze: International ausgerichtete Finanzplätze, die für Fonds usw. wegen der liberalen Wirtschafts- und Steuergesetzgebung besondere Vorteile bieten, wie z.B. Bahamainseln, Kaimaninseln, Barbados, Bermuda, Niederländische Antillen, Panama, Hongkong, Singapur, Neue Hebriden, Libanon und Liberia.

offshore funds: Exotenfonds, Anlagefonds, deren Domizil sich in einem der Offshore-Finanzplätze befindet und die für ausländische Kapitalanleger steuerliche Vorteile bieten.

on board bill of lading Bordkonnossement: Konnossement, auf welchem bescheinigt wird, dass die zur Beförderung übernommenen Güter tatsächlich an Bord des Schiffes sind (shipped on board).

on demand; on sight auf Sicht: Bei einer Forderung bedeutet der Vermerk «bei Sicht», dass der betreffende Betrag sofort fällig wird, sobald der Gläubiger dem Schuldner das entsprechende Schuldverpflichtungs-Dokument bzw. den Zahlungsauftrag vorlegt.

on-line Direktzugriff: Das on-line Betriebssystem ermöglicht den Anschluss von Geldausgabeautomatennetzen, Selbstbedienungsbankstellen, Interbankzahlungsverkehrsnetzen und Kundencomputern. Das Endgerät des Benutzers (Terminal) ist mit dem Zentralcomputer verbunden, auf dessen Daten der Benutzer direkten Zugriff hat.

on margin: bevorschusste Wertpapier-Position; mit Kredit finanzierte Börsengeschäfte.

open-end investments trust; mutual fund offener Anlagefonds: Anlagefonds, der einerseits laufend neue Anteile ausgeben kann, andererseits die Verpflichtung hat, ausgegebene Anteilscheine auf Verlangen des Anteilscheininhabers zum Inventarwert zurückzunehmen. Gegensatz: closed-end fund.

open market policy Offenmarktpolitik: Beeinflussung der Geldmenge und des Zinsniveaus, indem die Notenbank kurz-, mittel- und langfristig Schuldverschreibungen (z.B. Schatzwechsel und Obligationen) am Geld- oder Kapitalmarkt für eigene Rechnung an- und verkauft.

«Open Outcry» (à la criée): jene Form des Börsenhandels, bei welcher die Kaufs- und Verkaufsangebote durch die Händler am Börsenring ausgerufen werden. Dieses System wird beispielsweise an den Börsen von Chicago, London und Zürich angewendet.

open safekeeping account Verwaltungsdepot: Depot, in welches Wertgegenstände, insbesondere Wertpapiere, der Bank zur Aufbewahrung und Verwaltung anvertraut werden.

operating assets, current assets Betriebsvermögen, Umlaufsvermögen: Diejenigen Vermögensteile einer Unternehmung, welche die betriebliche Leistungserstellung ermöglichen und an den Unternehmungszweck gebunden sind, zum Beispiel flüssige Mittel; darunter fallen auch Waren und Forderungen, die sich normalerweise rasch in flüssige Mittel umwandeln lassen.

option Option:
– Durch Vertrag eingeräumtes Recht, innerhalb einer bestimmten Frist eine bestimmte Anzahl Aktien zu einem bestimmten Preis zu kaufen bzw. zu verkaufen (Aktienoption).
– Bei einer Wandel- oder Optionsanleihe: Recht des Titelinhabers, während der Optionsfrist Beteiligungspapiere (z. B. Aktien, Partizipationsscheine) zu festgelegten Bedingungen zu beziehen.
– Bei der Wertschriftenemission: Recht der an der Emission beteiligten Banken, die vorerst nur einen Teilbetrag der auszugebenden Obligationen oder Aktien übernommen haben, bis zu einem bestimmten Zeitpunkt einen weiteren Posten (Quote) zu übernehmen.

options exchange Optionenbörse: Auf den Handel mit Optionen und Finanzfutures spezialisierte Börse. Wichtigste Optionenbörse in den USA: Chicago Board Options Exchange, wo Kaufsoptionen (calls) und Verkaufsoptionen (puts) amerikanischer Aktien gehandelt werden.
SOFFEX, Swiss Options and Financial Futures Exchange AG, Zürich: Träger-Organisation der vollautomatischen schweizerischen Börse für handelbare Optionen und für Index-Futures.
GOFFEX, German Options and Financial Futures Exchange: Deutsche Terminbörse GmbH.

OMF, Options-market de France: elektronische Optionenbörse in Paris.

option trading Optionsgeschäft, Optionenhandel.
«Der Ursprung des Optionshandels liegt im Bereich der Rohstoffe. Produzenten, die sich gegen eine Überproduktion und damit gegen einen möglichen Preiszerfall absichern wollten, kauften sich das Recht, ihre Ware zu einem bestimmten Preis und zu einem bestimmten Termin an Warenhändler verkaufen zu können. Für dieses Recht, etwas verkaufen zu können (Verkaufsoption), mussten sie den Händlern eine Prämie entrichten. – Andererseits kauften Händler, die sich gegen einen Preisanstieg absichern wollten, von den Produzenten das Recht, eine bestimmte Ware zu einem bestimmten Preis und zu einem be-

stimmten Termin kaufen zu können. Für dieses Recht, etwas kaufen zu können (Kaufsoption), mussten sie den Produzenten eine Prämie bezahlen.

Die Grundidee des Optionsgeschäfts ist also, dass sich eine Partei von einem gewissen Risiko befreien möchte und eine andere gewillt ist, dieses Risiko einzugehen. Daran hat sich bei den Finanzoptionen nichts geändert: an Stelle von Getreide oder Metallen bilden neue Aktien, Obligationen, Devisen oder sogar Börsenindices die Grundlage von Optionsverträgen. Der gezielte Einsatz von Optionen kann aber nicht nur das Risiko begrenzen, sondern auch den Ertrag einer Anlage steigern.»

Quelle: Broschüre «SKA-Anlage-Service plus, Optionen auf Schweizer Aktien», 1988. Schweizerische Kreditanstalt.

order instrument Orderpapier: Wertpapier, das durch Indossament übertragen werden kann. Gesetzliche Orderpapiere (z.B. Scheck, Wechsel, Namenaktie) sind immer Orderpapiere, auch wenn die Orderklausel fehlt. Gekorene Orderpapiere, d.h. durch den Willen der Beteiligten als Orderpapiere bestimmte Wertpapiere (z.B. Konnossement, wechselähnliche Anweisung) werden erst durch die Orderklausel zu Orderpapieren und übertragbar.

ordinary guarantee s. simple guarantee.

ordinary safekeeping account s. open safekeeping a/c.

ordinary share (GB); common stock (USA) Stammaktie: Gewöhnliche Aktie, im Unterschied zur Vorzugsaktie.

OTC s. over the counter.

outright operation «Outright»-Geschäft:
einfaches Devisen-Termingeschäft (Kauf oder Verkauf), zur Absicherung gegen Kursrisiken; ohne Swap. Falls ein kommerzieller oder finanzieller Hintergrund fehlt, liegt ein Spekulationsgeschäft vor.

overdraft s. current account credit.

overdrawing Kontoüberziehung: Ein Konto wird überzogen, wenn ein Kunde Verfügungen trifft, die sein Guthaben übersteigen.

over-due bill; dishonored bill notleidender Wechsel: Wechsel, der am Verfalltag nicht bezahlt wurde.

oversubscription Überzeichnung: Eine über den angekündigten Anleihensbetrag hinausgehende Zeichnung einer Emission.

over-the-counter (otc) ausserbörslicher Handel mit Wertpapieren; Handel nicht-börsennotierter Aktien in den USA. Banken und Versicherungen wickelten früher das Geschäft mit Wertpapieren, die nicht im offiziellen Börsenhandel vertreten waren, «über den Schalter» ab; heute läuft der ausserbörsliche Handel über das Telephon, unterstützt durch das elektronische Kurserfassungs- und Informations-System NASDAQ. Der otc-Markt vereinigt tendenziell die Wertpapiere kleinerer und junger Unternehmen; an die betreffenden Firmen werden Anforderungen gestellt, die im Vergleich zu den Voraussetzungen für die Notierung an den Börsen NYSE und AMEX weniger streng sind.

P

par-bond Zinserlass-Obligation; Finanzinstrument zum Abbau der Auslandschulden von Entwicklungsländern. Die Umwandlung der Altschuld erfolgt – ohne Abschlag – in eine Obligation mit einem reduzierten festen Zinssatz; der Zinserlass ist für den Schuldner vorteilhaft, weil dadurch sein Cash flow deutlich verbessert wird. Im Mexiko-Abkommen von 1989 wurde dieses Verfahren im Rahmen der Brady-Initiative erstmals realisiert; für die US$-Ausstände wurde, bei einem zugrundegelegten Markt-Zinssatz von 10 %, ein Zinssatz von 6,25 % jährlich vereinbart. (Brady: Leiter des USA-Finanzdepartements. Sein Plan: die Gläubigerbanken dazu bringen, auf Teile der an die Dritte Welt gewährten Kredite zu verzichten.)

par value, face amount Nennwert, Nominalwert: der auf Wertpapieren (auch auf Noten, Münzen) angegebene Forderungsbetrag, im Unterschied zum Markt- oder Kurswert.

participating bonds: Obligationen, die ausser dem Recht auf einen festen Zins noch einen Anspruch auf einen Anteil am Reingewinn verbriefen.

participation certificate Partizipationsschein (PS), Beteiligungs-Genussschein: Wertpapier, das die Beteiligung (Partizipation) an einer Aktiengesellschaft, jedoch ohne Mitgliedschaftsrechte (z. B. Stimmrecht), verbrieft.

patronage letter Als zusätzliche Kreditsicherung verlangt die Bank, welche einer Tochtergesellschaft Kredite gewährt, zuweilen eine garantieähnliche Bestätigung der Muttergesellschaft, dass diese den Mehrheitsbesitz von Aktien der Tochter nicht ohne Zustimmung der kreditgebenden Bank verändern wird. Mitunter bestätigt die Mutter auch, dafür Sorge zu tragen, dass die Tochter stets mit ausreichenden Mitteln und einem kompetenten Management ausgerüstet sei, um ihre Verpflichtungen gegenüber der kreditgebenden Bank erfüllen zu können.

payee Wechselnehmer; Remittent: Person oder Firma, an die oder deren Order nach Angabe des Ausstellers gezahlt werden soll (Zahlungsempfänger, Remittent). Bei Wechseln, die an «eigene Order» ausgestellt sind, ist der Aussteller zugleich Wechselnehmer.

pay-out ratio Ausschüttungsquote: Prozentsatz des Unternehmungsgewinnes, der als Dividende ausgeschüttet wird. Laut einer Faustregel kann der gewählte Dividendensatz auch für die Zukunft als gesichert betrachtet werden, wenn weniger als 35 % des Gewinnes als Dividende ausgeschüttet werden.

P/E ratio s. price-earnings ratio.

penny stocks (USA): spekulative Aktien (= Pfennig-Aktien), die zu einem Kurs unter 1 Dollar gehandelt werden (z. B. von neuen Minengesellschaften).

performance zum Beispiel: anlagepolitische Leistung einer Anlagefondsleitung. Eine gute P. bedeutet, dass der Anlagefonds den Wert der Anteilscheine bzw. die Ausschüttungen im Sinne des Anlageziels erhöhen konnte. Unter P. versteht man auch den Kursverlauf einer Aktie.

performance bond: Erfüllungsgarantie. Die Bank garantiert im Auftrage des Lieferanten, dass sie einen bestimmten Betrag bezahlen wird, falls der Lieferant die vertraglichen Leistungen nicht erbringt.
In den USA versteht man unter P. B. die Verpflichtung, für das Erbringen einer Leistung selbst zu sorgen.

permanent holdings dauernde Beteiligungen: Langfristige kapitalmässige Interessenahme an anderen Unternehmungen, z. B. durch Erwerb von Aktienpaketen.

personal computer (PC): Firmen und Private, die einen PC besitzen, können ihren Zahlungsverkehr über entsprechend programmierte Disketten abwickeln. Die beim Bankkunden anfallenden Daten über fällige Salär- und kommerzielle Zahlungen lassen sich, ohne Umweg über Formulare oder Briefe, auf eine Diskette übertragen; diese Diskette wird an das gemeinsame Rechenzentrum der Banken gesandt.

personal identification number, PIN Durch Eintippen dieser persönlichen Nummer und durch Einführen einer Plastikkarte in ein Lesegerät erhält der Bankkunde die Berechtigung, an einem automatischen Schalter Verfügungen über sein Konto vorzunehmen.

personal loan, consumer loan Kleinkredit, Privatkredit: Verhältnismässig kleiner Kredit, der in Raten (meist Monatsraten) rückzahlbar ist; wird in der Regel unselbständig Erwerbenden zur Befriedigung persönlicher Bedürfnisse und zur Anschaffung dauerhafter Konsumgüter, sowie auch zur Finanzierung von Ferien und Reisen, gewährt.

petrodollars: Einnahmen der Erdöl-Export-Länder, welche nicht für Importe verwendet, sondern in anderen Ländern lukrativ (zu einem guten Teil kurzfristig) angelegt werden. Da das Erdöl gewöhnlich in US$ fakturiert wird, entstand in diesem Zusammenhang die Bezeichnung «Petrodollars».

petrodollar recycling: Investitions-Methoden für die riesigen Gewinne, welche die Erdöl-Export-Länder durch ihre Verkäufe erzielen.

PIN s. personal identification number.

place of jurisdiction Gerichtsstand: Ort, dessen Gerichte zur Erledigung eines Rechtsstreites zuständig sind. In ihren formularmässigen Verträgen sehen die Banken immer ihr Domizil als Gerichtsstand vor.

placement on commission kommissionsweise Plazierung: Emission von Wertpapieren durch den Kapitalsuchenden (Emittenten) selber und auf sein eigenes Risiko. Die Banken wirken als Zeichnungsstelle mit und erhalten für die von ihnen vermittelten Zeichnungen eine Plazierungskommission.

pledge Verpfändung: Einräumung eines beschränkt dinglichen Rechtes an einer Sache oder einer Forderung. Die V. erfolgt aufgrund eines Pfandvertrages.
Bei Verzug des Kreditnehmers kann der Gläubiger das Pfand verwerten und sich durch Pfandverwertung (Exekution) am Erlös schadlos halten. Im Bankverkehr bildet die Wertpapier-V. das häufigste Kreditsicherungsgeschäft, vor allem beim Kontokorrentkredit und beim Darlehen.

point of sale, POS Terminal, welches am Ort aufgestellt ist, an dem früher Kassen standen, und welches neben der Kassenfunktion zusätzliche Aufgaben erfüllt, wie: Erfassen der verkauften Warenmengen für die Disposition des Einzelhändlers; Zulassung bargeldloser Zahlungsmethoden wie Scheck, Kreditkarte usw. mit sofortiger oder periodischer automatischer Verbuchung auf dem Bankkonto des Kunden.

poison pills (USA): Einführung eines speziellen Wertpapiers in Form einer Stock-Dividende, das im Falle einer Einflussnahme von aussen aktiviert wird und den bisherigen Aktionären den Eintausch ihrer Anteile in wertvollere Papiere erlaubt. Dadurch soll eine Übernahme prohibitiv verteuert werden.

pool: Interessengemeinschaft zur Durchführung von gemeinsamen Massnahmen oder zur direkten geschäftlichen Zusammenarbeit (z. B. Atom-P. der Versicherungsgesellschaften). Ein Aktionärspool ist eine Zusammenfassung des Aktienbesitzes verschiedener Aktionäre, um bei Abstimmungen an Generalversammlungen geschlossen auftreten und die gemeinsamen Interessen besser wahren zu können. Die Rechte und Pflichten der Partner eines P. wurden meist durch einen Vertrag geregelt.

portfolio Portefeuille:
- Bestand von Wechseln und wechselähnlichen Papieren, die von einer Bank verwaltet werden;
- Bestand von Wertpapieren, die von einer Bank depotmässig für Kunden oder auf eigene Rechnung verwaltet werden;
- Gesamtheit der Wertpapieranlagen einer einzelnen Person oder Gesellschaft.

portofolio analysis Depotbewertung: Analyse eines Wertpapierdepots hinsichtlich Kurswert, Ertrag; geographischer, branchenmässiger und valutarischer Risikoverteilung.

portfolio insurance: Der Anleger will zweierlei erreichen: sein Vermögen soll einen zu definierenden Wert nicht unterschreiten, gleichzeitig aber von steigenden Aktienkursen profitieren können. Zu diesem Zwecke werden verschiedene Absicherungstechniken entwickelt, die von einfachen Regeln bis hin zu komplizierten, der Optionspreistheorie entlehnten Computerprogrammen reichen. Die Marktbewegungen werden nicht antizipiert, sondern es wird auf solche reagiert. Da der Versicherungsschutz nicht total ist und nicht sein will, vermag ein Marktabsturz Vermögensverluste nicht zu verhindern.

portfolio management berufsmässige Vermögensverwaltung.

POS s. point of sale.

position Stand:
- Saldo, den ein Konto aufweist; auch Gesamtheit der Ansprüche und Verpflichtungen eines Kunden gegenüber der Bank;
- die durch einen Kunden eingegangenen Verpflichtungen, z. B. aus Wertpapier- und Devisengeschäften, insbesondere bei Terminoperationen.

postage paid s. freight prepaid.

Pound Sterling Währungseinheit Grossbritanniens (United Kingdom); Pound Sterling/New Pence 1/100. Grossbritannien ist formal Mitglied des Europäischen Währungssystems, nimmt jedoch nicht am Wechselkurs- und Interventionsmechanismus des Systems teil. Unabhängiges Floating des Pfund-Sterling; Voll-Konvertibilität. Zahlungen jeglicher Art von und nach dem Ausland sind frei.

power of attorney Vollmacht: Ermächtigung an den Bevollmächtigten, den Vollmachtgeber zu vertreten. Die Generalvollmacht (Prokura) ermächtigt zur Vornahme aller Rechtsgeschäfte für eine Person, die Spezialvollmacht (Handlungsvollmacht) nur zur Vornahme bestimmter Rechtsgeschäfte.

powers of the central bank Notenbankinstrumentarium: Die Gesamtheit der kredit-, geld- und währungspolitischen Kompetenzen der Notenbank. Zum klassischen N. gehören vor allem die Diskont- und Lombardpolitik, die Offenmarktpolitik und die Mindestreserven.

preference shares (GB); preferred stock (USA) Vorzugsaktien, Prioritätsaktien: Aktien, die dem Aktionär im Vergleich zu anderen Aktienkategorien gewisse Vorteile gewähren, hauptsächlich bei der Gewinnverteilung (Vorzugsdividende), bei Auflösung der Gesellschaft und bei Ausübung der Bezugsrechte.

premium:
- Prämie, dont: Reuegeld für den Rücktritt von einem Börsenprämiengeschäft.
- Agio, Aufgeld, Aufpreis, Aufschlag, Prämie, Report:
Unterschied zwischen dem Nennwert und dem höheren Kurswert eines Wertpapiers, ausgedrückt in % des Nennwerts (z. B. bei einer Obligation). Im Münzenhandel: Mehrpreis einer Münze (oder Medaille) gegenüber dem Metallwert. Im Devisenhandel: Differenz zwischen dem Kassakurs und dem höheren Terminkurs.

premium deal Prämiengeschäft: Besondere Art des Termingeschäfts, bei dem der Käufer oder der Verkäufer durch Bezahlung einer im voraus festgesetzten Prämie vom Geschäft zurücktreten (abandonnieren) kann.

PRESTEL: s. Videotex.

price drawn by lot Loskurs: Börsenkurs, zu dem

gleichzeitig verschiedene Nachfrager von einem Anbieter kaufen oder mehrere Anbieter einem Nachfrager verkaufen wollen, wobei mangels ausreichender Zahl verfügbarer Titel durch Los entschieden wird, wer den Abschluss an der Börse effektiv machen kann.

price-earnings ratio Kurs-Gewinn-Verhältnis: Verhältnis des Aktienkurses zum Reingewinn der betreffenden Gesellschaft. Man dividiert den Kurs durch den Gewinn pro Aktie. Eine der gebräuchlichsten Kennziffern zur Beurteilung von Aktien.

price nursing Kurspflege, an der Effektenbörse: Verhinderung von grösseren Zufallsschwankungen in der Kursbildung, indem bei übermässigem Kursauftrieb Titel verkauft bzw. bei übermässigem Kursdruck Titel gekauft werden.

primary dealer s. market maker.

primary market Primärmarkt: Plazierung NEU emittierter Wertpapiere. S. auch: secondary market.

prime rate (USA); market discount rate Diskontsatz, zu dem die Banken in den USA erstklassige Bankakzepte und Handelswechsel diskontieren. Die Prime Rate stellt eine Art Leitzins dar, auf welchem das gesamte Gefüge der Debitzinsen aufgebaut ist.

private account Privatkonto: Für Privatpersonen geführtes Bankkonto. Im Unterschied zum Sparbuch oder Sparheft als Kontokorrent geführt.

private banker Privatbankier: Der persönlich mit seinem Vermögen haftende Bankier.

private discount rate s. market discount rate.

private placement Privatplacement: Verkauf neu ausgegebener Wertpapiere an einen beschränkten Kreis von Anlegern, ohne Durchführung eines öffentlichen Angebots.

procuration endorsement Vollmachtsindossament: Indossament, das dem Indossatar lediglich die Vollmacht zum Inkasso erteilt (ohne Übertragung des Eigentumsrechts). Der Indossatar seinerseits kann das Wertpapier zwar weitergeben, jedoch nur durch ein weiteres Vollmachtsindossament.

professional traders Berufshandel: die direkt an den Effektenbörsen vertretenen Bank- und Brokerfirmen.

profit center Teilbereich einer Unternehmung, der wie ein selbständiger Betrieb innerhalb der Firma geführt und kalkuliert wird.

profit taking Gewinnmitnahme: Sicherstellung eines Börsengewinns, entweder durch Verkauf des Wertpapiers zu einem über dem Einstandspreis liegenden Kurs oder – bei einem Leerverkauf – durch Rückkauf des Wertpapiers zu einem unter dem Verkaufspreis liegenden Kurs.

program trading Programmhandel: das Ausnutzen von Preisabweichungen zwischen Aktien und Index-Futures-Kontrakten mit Hilfe von Computermodellen.

promissory note Eigenwechsel, Solawechsel: Wechsel, der vom Schuldner selbst ausgestellt ist und ein dem Wechselrecht unterstelltes Zahlungsversprechen gegenüber dem Wechselnehmer beinhaltet.

prospectus Prospekt: Im Wertpapiergeschäft die Veröffentlichung der wichtigsten Angaben über den
Emittenten und über die beabsichtigte Wertpapier-
Emission (Obligationenanleihe, Aktien usw.). Bei
einer öffentlich aufgelegten Anleihe wie auch bei der
Neu-Notierung einer Aktie besteht die gesetzliche
Pflicht, einen entsprechenden P. zu veröffentlichen
(Prospektzwang). Sind bei der Gründung einer Aktiengesellschaft oder bei der Ausgabe von Aktien
oder Obligationen in Prospekten oder Zirkularen
oder ähnlichen Kundgebungen unrichtige oder den
gesetzlichen Erfordernissen nicht entsprechende Angaben gemacht oder verbreitet worden, so haftet
jeder, der absichtlich oder fahrlässig dabei mitgewirkt
hat, den einzelnen Aktionären oder Obligationären
für den dadurch verursachten Schaden.

protection of savers and depositors Sparer- und Anle-
gerschutz.
«Verstärkter Wettbewerb zwischen den Finanzinsti-
tuten darf nicht zu einer Verringerung des Schutzes
der Benutzer von finanziellen Dienstleistungen führen. Deshalb müssen die Regeln und Standards des
Aufsichts- und Meldewesens auf europäischer Ebene
harmonisiert werden. Eine solche Harmonisierung,
die den freien Verkehr für finanzielle Dienstleistungen in der gesamten Gemeinschaft erleichtert, soll die
Solvenz und Stabilität der Kreditinstitute sowie die
Information und den Schutz der Sparer gewährleisten. In diesem Zusammenhang ist folgende Regelung vorgeschlagen:
Harmonisierung lediglich der wichtigsten Elemente
der Regeln und Standards des Aufsichts- und Meldewesens: Definition und Mindestbetrag der Eigenmittel, Solvenzkoeffizienten, Überwachung und Kontrolle von Transaktionen mit grossem Risiko, Bedingungen für den beruflichen Zugang, Garantie für die
Anleger;
gegenseitige Anerkennung – durch die Mitgliedstaaten – der von ihnen angewandten Kontrollregeln und
-techniken, sobald diese den gemeinsam festgelegten
Mindestanforderungen entsprechen;
Kontrolle sämtlicher Tätigkeiten eines Finanzinsti-
tuts durch dessen Ursprungsland, unabhängig davon,
wo diese Tätigkeiten in der Gemeinschaft ausgeübt
werden; dabei kann es sich um grenzüberschreitende
Dienstleistungen oder um die Tätigkeit einer Zweigniederlassung in einem anderen Mitgliedstaat han-
deln.»
Quelle: «Stichwort Europa». Kommission der Europäischen Gemeinschaften, 12/88.

protest Protest: Öffentlich beurkundete Feststellung,
dass der Bezogene die Annahme oder die Bezahlung
des Wechsels verweigert. Der fristgerechte Protest ist
Voraussetzung für das Recht auf Regress (Ausnahmen: Wechsel mit Vermerk «ohne Kosten» oder
«ohne Protest»). Auch Schecks können mangels Zahlung protestiert werden; in diesem Falle genügt die
schriftliche, datierte Erklärung des Bezogenen auf

dem Scheck oder eine datierte Erklärung einer Abrechnungsstelle.

provisions, contingency reserves Rückstellungen: zu Lasten der Erfolgsrechnung in der Bilanz gebildete Passivposten zur Deckung künftiger Verpflichtungen oder voraussichtlicher Verluste. Die R. werden in der Bilanz oft unter «Sonstige Passiven» verbucht. Bei Banken sind vor allen Dingen die R. für Risiken im Kredit- und Devisengeschäft von Bedeutung. Besonders hoch ist das (Delkredere-)Risiko im Aussenhandel wegen der unterschiedlichen Rechtsverhältnisse in den einzelnen Ländern. Für konkrete Risiken bestimmter Forderungen werden entsprechende Einzelrückstellungen gemacht, während latente Gefahren, die sich nicht schon näher umschreiben lassen, durch allgemeine Delkredere-Rückstellungen berücksichtigt werden.

proxy (to vote shares at the general meeting of a company) Generalversammlungs-Vollmacht: Vollmacht des Kunden an die Bank, an der Generalversammlung einer Gesellschaft die vom Kunden deponierten oder speziell für die Ausübung des Stimmrechts hinterlegten Titel zu vertreten. Im Falle wichtiger Traktanden (Kapitalerhöhungen, Titelumwandlungen usw.) besteht die Usanz, dass die Bank den Aktionär vorgängig orientiert und die Stimmrechte nur ausübt, wenn der Aktionär keine gegenteiligen Weisungen erteilt hat.

proxy fight (USA): Versuch zur Übernahme der Kontrolle durch das Einholen von Aktionärsstimmen; nach einem erfolgreichen Abstimmungskampf wird der Verwaltungsrat ganz oder teilweise ausgewechselt.

public utilities Versorgungswerte:
– In den USA: Private Versorgungsbetriebe für Elektrizität, Gas, Wasser und Fernmeldeverkehr.
– In der Börsensprache: Aktien und Obligationen solcher Gesellschaften.

put option: Optionsrecht zum Verkauf von Aktien, Devisen oder anderen Werten innerhalb einer bestimmten Zeit zu einem bestimmten Preis; entspricht der Rückprämie im Prämiengeschäft.

Q

qualifying shares Pflichtaktien: Aktien, die von den Verwaltungsräten einer Aktiengesellschaft während der Dauer ihres Amtes als Sicherheit für ihre Organhaftung statutengemäss zu hinterlegen sind (Kaution). Sie unterscheiden sich nicht von den andern Aktien der Gesellschaft.

R

rate for advances against collateral; rate for advances on securities Lombardsatz:
– Zinssatz für Lombardkredite, welche die Zentralbanken den Geschäftsbanken für lombardfähige Werte gewähren (offizieller L.).
– Zinssatz, den die Geschäftsbanken gegenüber ihren Kunden für Lombardkredite anwenden (höher als der offizielle L.).

rate of exchange Wechselkurs: Kurs, zu welchem die Währung eines Landes in die Währung eines anderen Landes umgewechselt werden kann.

rating Festlegung der Bonität eines Unternehmens. Aufgrund einer Vielzahl von Informationen und Daten werden folgende Abstufungen hinsichtlich der Finanzkraft einer Gesellschaft vorgenommen: zum Beispiel AAA- = Finanzkraft aussergewöhnlich gross; AA- = Finanzkraft gross; BBB- = Finanzkraft ausreichend; C- = um die Zahlungsunfähigkeit abzuwenden, werden keine Zinsen mehr bezahlt. D- = die Gesellschaft ist zahlungsunfähig geworden.

ratio Cooke: vom Cooke-Komitee erarbeitete Verhältniszahl zwischen den eigenen Mitteln und den risikogewichteten Aktiven (Risikokredite, insbesondere gegenüber den hochverschuldeten Entwicklungsländern). Für 1992 wurde die Marke auf 8% festgesetzt.

real estate investment trust Immobilienfonds: Anlagefonds, dessen Vermögen in bebauten und unbebauten Grundstücken nach dem Prinzip der geographischen und objektmässigen Risikostreuung investiert wird.

real-time Echtzeit: Jede Transaktion wird unmittelbar nach der Eingabe in die Datenverarbeitung vollständig verarbeitet – das heisst, alle von der Transaktion beeinflussten Daten sind unmittelbar nach der Eingabe jeder einzelnen Transaktion aktualisiert.

Real Time Index, z. B. der seit 3. Januar 1984 bestehende Aktienindex der Londoner Börse. Er deckt 100 der am höchsten kapitalisierten britischen Unternehmen ab und stellt ein exaktes Börsenbarometer dar. Im Gegensatz zu den Indizes der «Financial Times», die stündlich oder nur täglich errechnet werden, wird dieser Index laufend entsprechend den Kursänderungen aktualisiert (real time index). Die Notwendigkeit eines solchen Indexes entstand mit der Einführung des Handels mit Finanzkontrakten auf einen Aktienindex.

real value Sachwert: Wertbeständiger Vermögensteil (z. B. Immobilien, Edelmetalle, Rohstoff- oder Warenlager-Aktie). Eine Kapitalanlage in Sachwerten bietet in der Regel im Vergleich zu nominellen Forderungen (z. B. Obligation) besseren Schutz vor Inflation und grössere Sicherheit gegen Kursverluste einer Währung.

receipt for shipment bill of lading Empfangskonnossement, Übernahmekonnossement: Konnossement, durch das der Reeder bestätigt, dass er die Ware zur

Verschiffung erhalten hat, nicht aber, dass sie bereits verschifft ist.

reconciliation statement Richtigbefundsanzeige: Vom Kunden unterzeichnete und zurückgesandte Anzeige, in welcher er die Richtigkeit des Konto- oder Depotauszugs bestätigt.

recourse Regress: Rückgriff eines ersatzweise haftenden Schuldners, der bezahlt hat, auf den Hauptschuldner. Bei Wechsel und Scheck: Rückgriff des Inhabers auf seine Vormänner (Indossanten, Aussteller usw.), falls der Bezogene seine Verpflichtungen nicht erfüllt.

red chip: Der internationale Börsenjargon kennt den Begriff «blue chip», = Standardwert. «Red Chips» sind Aktien, die aus den politischen und wirtschaftlichen Veränderungen in Osteuropa besonderen Nutzen ziehen könnten.

red clause: Besondere Art der Vorauszahlung unter einem Dokumentar-Akkreditiv, vor allem im Wollhandel mit Australien. Diese Klausel wurde früher mit roter Tinte geschrieben und kann zum Beispiel lauten: «red clause $A 50 000.– permitted». Die das Akkreditiv avisierende Bank kann dem Verkäufer bzw. Begünstigten somit einen Betrag bis zu 50 000 australischen Dollar als Vorschuss für die Durchführung des Warenversandes auszahlen.

rediscount Rediskont, Rückdiskont: Die Geschäftsbanken können zur Beschaffung liquider Mittel von ihnen bereits diskontierte (= von den Kunden angekaufte) Wechsel unter Abzug des Rediskontsatzes der Zentralbank weiterverkaufen. Die Zentralbank rediskontiert nur gute Handelswechsel mit zwei bis drei als zahlungsfähig bekannten Verpflichteten und einer Laufzeit von höchstens 90 Tagen.

redundancy Redundanz: Doppel- oder Mehrfachausführung bzw. -bereitstellung wichtiger Computer- und Übertragungsfunktionen zur Erhöhung der Sicherheit und Verfügbarkeit.
«Der Informationstechnologie kommt bereits ein derartiger Stellenwert zu, dass die Banken ohne ihre elektronische Infrastruktur nicht mehr existieren könnten. Schutzmassnahmen und Redundanz sind deshalb Gebote der Stunde.»
Quelle: «Automation und Telekommunikation revolutionieren das Bankgeschäft.» Wirtschaftsnotizen, Juni 1986. Schweizerische Bankgesellschaft.

registered lien charge Registerpfandrecht: Pfandrecht an einer beweglichen Sache, z.B. an Vieh, Schiffen und Luftfahrzeugen, ohne Übertragung des Besitzes an den Pfandgläubiger. Die Besitzesübergabe wird ersetzt durch Eintragung des Pfandrechts in ein Register; das Pfand selbst bleibt im Besitz des Verpfänders.

registered security Namenpapier, Rektapapier: Wertpapier, das auf den Namen lautet und nur durch Zession übertragen werden kann.

registered share Namenaktie: Aktie, die auf den Namen lautet und deren Eigentümer im Aktienregister der betreffenden Gesellschaft eingetragen ist. Namenaktien können aber dessenungeachtet an den Börsen notiert und gehandelt werden.

registered share with restricted transferability: vinkulierte Namenaktie: Namenaktie mit beschränkter oder aufgehobener Übertragungsmöglichkeit. Zweck der v. N.: verstärkter Schutz gegen eine unerwünschte Veränderung in der Verteilung des Aktienbesitzes.

reimbursement credit s. usance credit.

relational data bank relationale Datenbank: diese kann die Daten tabellenartig abspeichern; der Rückgriff erfolgt ebenfalls über tabellenartige Operationen. Die Banken sehen sich in diesem Zusammenhang vor verschiedene Fragen gestellt, zum Beispiel:
– Welchen Stellenwert haben die neuen digitalen Fernmelde-Übertragungs- und Vermittlungstechniken?
– Welches relationale Datenbanksystem ist zukunftweisend?
– Welche neuen Hochsprachen sind fortan zu verwenden?
– Welcher Stellenwert kommt dem Bildschirmtext zu?
– Welche Rolle werden Anwendungen der Künstlichen Intelligenz und Expertensysteme im Bankwesen spielen?

renewal coupon; talon Talon. Bei Aktien und Obligationen: dem Couponbogen beigefügter Bezugs- oder Erneuerungsschein, der zum Bezug eines neuen Couponbogens berechtigt, sobald alle Coupons eingelöst sind.

repurchase price Rücknahmepreis: Preis, zu dem ein Anlagefonds verpflichtet ist, Anteilscheine zu Lasten des Fondsvermögens zurückzunehmen. Der R. entspricht dem Inventarwert abzüglich einer allfälligen Rücknahmekommission.

resident Deviseninländer, Gebietsansässiger: natürliche oder juristische Person, die devisenrechtlich als Inländer behandelt wird.
Durch die Liberalisierung des Kapitalverkehrs im Rahmen der Schaffung eines europäischen Finanzraums erhält ein Gebietsansässiger eines Mitgliedstaats das Recht auf Zugang zum Finanzsystem eines andern Mitgliedstaates, um hier Investitions-, Plazierungs- und Darlehenstransaktionen oder Anleihenstransaktionen zu tätigen. Er unterwirft sich damit den Regelungen des Marktes, an den er herantritt und kann somit die Regelung seines Wohnsitzlandes nicht zu seinem Schutz heranziehen.

restricted securities (USA): Wertpapiere, die nicht bei der Aufsichtsbehörde über das Wertschriftengeschäft, der Securities and Exchange Commission (SEC), registriert und daher nur beschränkt handelbar sind.

restrictive endorsement Rektaindossament: Indossament mit der Klausel «nicht an Order» (sog. Rektaklausel). Dadurch haftet der Indossant nur gegenüber seinem unmittelbaren Nachmann (dem Rektaindossatar), nicht aber gegenüber Personen, die das Rektapapier trotz der Klausel durch weitere Indossamente erhalten.

retail banking: Teil des Bankgeschäfts, der als «Kleingeschäft» mit Privatkunden abgewickelt wird, vor allem das Spargeschäft, der Konsumkredit und die Führung von Lohn- und Gehaltskonten. Gegensatz: wholesale banking.

retained correspondence banklagernd: Der Kunde kann seine Bank beauftragen, die Korrespondenz banklagernd aufzubewahren, das heisst nur auf dessen Verlangen auszuhändigen oder zuzustellen.

retrocession Retrozession: Weitergabe eines Anteils der von einer Bank eingenommenen Kommissionen an eine andere Bank oder an einen Vermittler, z.B. bei Emissions- oder Konsortialgeschäften.

return s. yield.

revaluation Aufwertung: Erhöhung des Aussenwertes einer Währung. Bei einem System fester oder blockmässig gebundener Wechselkurse erfolgt die A. durch gesetzliche oder behördliche Heraufsetzung der Parität der betreffenden Währung gegenüber den andern Währungen bzw. der Leitwährung (früher gegenüber dem Gold). Bei flexiblen Wechselkursen vollzieht sich die A. durch Ansteigen des Wechselkurses am Devisenmarkt entsprechend den Veränderungen von Angebot und Nachfrage.

reverse split Aktienzusammenlegung: Umstrukturierung des Aktienkapitals einer Gesellschaft durch Zusammenlegung mehrerer bisheriger Aktien zu einer neuen Aktie oder durch Vereinheitlichung von Vorzugs- und Stammaktien zu einer einzigen Aktienkategorie.

reverse yield curve inverse Zinsstruktur: Marktsituation, bei welcher die kurzfristigen Zinsen höher liegen als die langfristigen; Auslöser ist in der Regel eine spürbare Verschärfung der Geldpolitik.

revocable documentary credit widerrufliches Akkreditiv: Das widerrufliche Akkreditiv kann jederzeit abgeändert oder widerrufen werden. Wegen der geringen Sicherheit ist es in der Praxis sehr selten.

revocable stock exchange orders widerrufgültige Börsenaufträge: Börsenaufträge, die bis Ende des laufenden Monats oder bis Ende des nächsten Monats gültig sind, wobei der Auftraggeber die Aufträge verlängern oder jederzeit widerrufen kann.

revolving credit revolvierender Kredit: Kredit, der während des vereinbarten Zeitraumes zurückgezahlt und wieder beansprucht werden kann, z.B. revolvierender Diskont- bzw. Lombardkredit.

revolving documentary credit revolvierendes Akkreditiv: Beim revolvierenden Akkreditiv handelt es sich um eine Verpflichtung der eröffnenden Bank, das Akkreditiv nach Benützung wieder auf den ursprünglichen Betrag aufzustocken. Die Anzahl der Benutzungen und der Zeitraum, innerhalb welchem diese zu erfolgen haben, sind im Akkreditiv festgelegt. Es ist entweder kumulativ oder nicht kumulativ. Kumulativ heisst, dass nicht benutzte Beträge der nächsten Tranche hinzugefügt werden können. Bei nicht kumulativen Akkreditiven verfallen die nicht rechtzeitig benutzten Teilbeträge endgültig.

Das revolvierende Akkreditiv wird verwendet, wenn sich ein Käufer in bestimmten Zeitabschnitten bestimmte Teilmengen der bestellten Ware liefern lässt (Sukzessivlieferungsvertrag).

revolving underwriting-facilities, RUF: s. Euronotes.

right Bezugsrecht, Anrecht: Recht des Aktionärs auf Bezug von neuen Aktien oder von Wandelobligationen, meist in Form eines bestimmten Kupons der alten Aktie.

ring Börsenring: Kreisförmige Abschrankung (Ring), an welcher die Börsenagenten während der Börsensitzung ihre Geschäfte durch Zuruf (open outcry, à la criée) abschliessen. Je nach der Art der gehandelten Titel unterscheidet man zwischen Aktienring und Obligationenring.

risk position s. dealer position.

risk spread Risikoverteilung: Streuung der Kapitalanlagen oder Kreditgewährung zum Zweck grösstmöglicher Sicherheit gegen Verlustrisiken und der Gefahr von Ertragseinbussen. Durch eine breite geographische, währungsmässige, branchenmässige und betriebliche Verteilung der Anlagen (oder der zu gewährenden Kredite) wird eine Verminderung der Risiken angestrebt.

ROA (return on assets): auf die Bilanzaktiva bezogener Reingewinn.

ROE (return on equity): auf die eigenen Mittel bezogener Reingewinn.

rollover credits mittel- bis langfristige Kredite am Euromarkt, wobei die Zinssätze alle 3, 6 oder 12 Monate den kurzfristigen Geldmarktsätzen angepasst werden. Der variable Zinssatz erlaubt es den Banken, ihre kurzfristigen Eurodepositen für die Finanzierung von mittel- und langfristigen Eurokrediten zu verwenden. Der für die Rollover-Kredite gültige Zinssatz liegt um eine gewisse Marge über dem LIBOR-Satz; die Höhe der Marge hängt von der Kreditwürdigkeit des Schuldners ab, sowie von der allgemeinen Marktlage und der Kreditdauer.

round lot; minimum unit of trading, trading unit Schlusseinheit; handelbare Minima, bei Obligationen Mindestbeträge, bei Aktien Mindeststückzahlen, die zur Notierung im offiziellen Kursblatt zugelassen werden; an der New Yorker Börse, beispielsweise, in der Regel 100 Aktien.

RUF, s. Euronotes.

S

safe custody account s. securities safekeeping account.

safe deposit box Tresorfach, Schrankfach, Schliessfach: Verschliessbares Fach im Kundentresor einer Bank. Die Benutzung erfolgt aufgrund eines entsprechenden Mietvertrages.

safeguarding interests interessenwahrend: Im Effektenhandel verwendeter Zusatz bei grossen Bestens-Aufträgen. Die Bank wird dadurch ermächtigt, je nach Kursentwicklung von einem Kauf bzw. Verkauf vorübergehend abzusehen, wenn durch die sofortige und vollständige Ausführung des Auftrages der Kurs des betreffenden Wertpapiers in einer für den Kunden ungünstigen Weise beeinflusst würde.

safekeeping accoount s. securities safekeeping account.

salary account Gehaltskonto, Salärkonto: Kontokorrent für regelmässige Empfänger von Lohnvergütungen und Renten. Verzinsung zu höherem Satz als bei übrigen Kontokorrent-Rechnungen.

samurai bonds: in Japan begebene, auf Yen lautende Anleihen ausländischer Schuldner.

savings account Sparkonto: Spareinlage in der Form eines Bankkontos ohne Ausgabe eines Sparheftes; in der Regel zu den gleichen Bedingungen und mit dem gleichen Gläubigerschutz wie ein Sparheft.

savings bank Sparkasse: Bank, die sich im Passivgeschäft hauptsächlich mit der Entgegennahme und Verwaltung von Spareinlagen befasst.

savings bonds (USA): für amerikanische Staatsbürger reservierte Geldmarkttitel in wechselähnlicher Form mit einer Laufzeit von 3–5 Jahren.

savings passbook: Sparheft, Sparbuch: Auf den Namen lautendes, von einer Bank ausgegebenes Heft, in das die laufenden Veränderungen des betreffenden Sparguthabens eingetragen werden.

scrip (USA): Interimsschein: Vorläufige Empfangsbestätigung für Anzahlungen, die von Aktionären auf noch nicht voll liberierte Aktien gemacht wurden.

scrip certificate Lieferschein: schriftliche Verpflichtung der bei einer Emission als Zeichnungsstelle tätigen Bank, dem Zeichner die definitiven Titel nach Erscheinen auszuhändigen.

SDR s. special drawing rights.

S. E. & O.: Abk. für den lateinischen Fachausdruck salvo errore et omissione (= Irrtum vorbehalten). Aufforderung an den Kunden, den Bankauszug sorgfältig zu prüfen, wobei die Bank sich vorbehält, einen allfälligen Irrtum nachträglich zu berichtigen.

sealed safekeeping account Verwahrungsdepot: geschlossenes Depot, bei welchem der Bank Wertgegenstände oder Akten in der Regel verpackt und versiegelt ausschliesslich zur sicheren Verwahrung übergeben werden.

SEAQ s. Stock Exchange Automated Quotation System.

seasonal loan   Saisonkredit: Kredit zur Überbrückung saisonal anfallender Finanzbedürfnisse eines Unternehmens (z. B. in der Modebranche).

SEC: s. Securities and Exchange Commission.

secondary market   Sekundärmarkt: Wertpapierhandel nach Abschluss der Neu-Emission. Unter Sek. wird auch der Wertpapierhandel ausserhalb der erstrangigen Effektenbörsen verstanden, so in den USA der «over-the-counter-market» in unkotierten Aktien.

securities   Wertpapiere, Wertschriften, Valoren, Effekten, Titel: Im Rechtssinn eine Urkunde, die ein Vermögensrecht derart verbrieft, dass seine Ausübung vom Besitz der Urkunde abhängig ist. Im Wirtschaftsverkehr ein handelbares Papier des Geld- oder Kapitalmarktes.

securities analysis   Wertschriftenanalyse: Systematische Beurteilung von Wertschriften als Grundlage für die Anlage- oder Depotstrategie. Die fundamentale Analyse befasst sich vor allem mit der Beurteilung der allgemeinen Finanz- und Ertragslage der Gesellschaft, im Unterschied zur technischen Analyse der Marktbewegungen, Umsätze, des Kursverlaufs usw. einzelner Wertschriften.

Securities and Exchange Commission, SEC: Börsenaufsichtsbehörde in den USA.

securities clearing   Wertschriftenclearing: Gegenseitige titel- und geldmässige Verrechnung der an der Börse getätigten Wertschriftentransaktionen der Banken bzw. Ringfirmen über gemeinsame Abrechnungsstellen. Dadurch wird nicht nur die technische Abwicklung der Wertschriftengeschäfte erleichtert, sondern es werden auch die Buchungen auf ein Minimum reduziert. Terminclearing umfasst die auf Termin gekauften und verkauften Wertschriften, Comptantclearing dagegen die Comptantgeschäfte.

securities deposit account   s. securities safekeeping account.

securities investment trust   Wertschriftenfonds: Anlagefonds, dessen Vermögen in Aktien, Obligationen und anderen Wertschriften investiert wird.

securities lending   Das Ausleihen von Wertpapieren auf bestimmte oder unbestimmte Dauer gegen Entgelt. Beteiligte Parteien: Der Leiher, der die Titel zur Ausleihung zur Verfügung stellt (rekrutiert sich vornehmlich aus dem Kreise der längerfristig disponierenden institutionellen Anleger) – und der Borger, welcher die Wertpapiere benötigt (betreibt den Wertpapierhandel, z. B. Broker, Bank).

securities number: Sortennummer, Valorennummer: Ordnungsnummer der einzelnen Wertpapiersorten im Bankverkehr zur Erleichterung der Identifizierung und Verbuchung.

securities portfolio: Wertschriftenportefeuille: Gesamtheit der von einer Bank verwalteten Wertschriften bzw. Wertschriftenanlagen eines einzelnen Kunden.

securities safekeeping account   (custody a/c, custodianship a/c, safe custody a/c, safekeeping a/c, securities deposit a/c)

Depot: die bei einer Bank verwahrten Wertgegenstände. Bei einem geschlossenen D. (Verwahrungsdepot) werden die Wertgegenstände verpackt und
gegebenenfalls versiegelt zur Verwahrung übergeben; diese Art von D. eignet sich für Gegenstände,
die keiner Verwaltung bedürfen, wie z. B. Schmuck
oder Dokumente. Bei einem offenen D. (Verwaltungsdepot) ist die Verwahrung (speziell von Wertpapieren) mit einem Verwaltungsauftrag verbunden.

securities safekeeping account analysis Depotanalyse,
Portefeuilleanalyse, Depotbewertung: Analyse eines
Wertschriftendepots nach Kurswert, Ertrag und Risikoverteilung der Anlagen nach Branchen, Ländern
und Währungen. Die Depotanalyse ist Teil der Anlageberatung und Wertschriftenverwaltung.

securities safekeeping account bookkeeping Depot-
buchhaltung: buchhalterische Erfassung aller bei einer
Bank deponierten Wertpapiere nach Depotnummern
und innerhalb der Depots nach Sortennummern.

securities safekeeping account charges Depotgebühr:
für die Verwahrung und Verwaltung von Wertpapieren
erhobene jährliche Gebühr im Depotgeschäft der
Bank.

securitization Securitization: Substitution von tradi-
tionellen Bankkrediten und -depositen durch in der
Regel handelbare Wertpapiere, wie etwa Anleihen,
Notes, Depositenzertifikate und Commercial Paper.

self-financing Eigenfinanzierung, Selbstfinanzierung:
Bereitstellung von Eigenkapital eines Unternehmens,
z. B. bei einer Aktiengesellschaft durch Ausgabe von
Aktien und Partizipationsscheinen oder bei einer
Genossenschaft durch Ausgabe von Anteilscheinen
(eingezahltes Eigenkapital). Ferner: Finanzierung
von Investitionen, Warenkäufen usw. aus den selbst
erarbeiteten Mitteln des Unternehmens.

self-service bank Selbstbedienungsbank. Die Grossbanken betreiben das gesamte Spektrum aller Bankgeschäfte. Technologische Basis ist ein hochintegriertes
real-time Informatiksystem, das sich über das gesamte Filialnetz erstreckt und alle Geschäftssparten unterstützt. Das System ist für Telebanking ausgerüstet,
d. h. Bildschirmtextdienste, Taschenterminals und
Kundencomputer, aber auch autonome Selbstbedie-
nungsbanken sind anschlussfähig.

self tender (USA): Tender-Offerte einer Gesellschaft
für ihre eigenen Aktien, in der Regel ein substantielles
Paket, mit dem Ziel, ein unwillkommenes Kaufange-
bot von aussen abzuwehren.

sell short (to sell short) fixen, Leerverkauf: Baissespe-
kulation im Terminhandel mit Wertpapieren; Verkauf
von Wertpapieren, die man nicht besitzt und daher bis
zum festgesetzten Termin noch beschaffen muss.

selling group members: Banken, die vom Syndikatsführer eingeladen werden, bei der Plazierung der Anleihe gegen Entschädigung mitzuwirken, ohne selbst
Syndikatsmitglieder zu sein.

Senior Vice President Direktor.

SEP s. Stock Exchange Portfiolios.

Services Dienstleistungen.

«Grosse Bedeutung kommt auch der Freizügigkeit im Dienstleistungsbereich zu: 1982 entfielen fast 57% der gesamten Wertschöpfung in der Europäischen Gemeinschaft auf Dienstleistungen. Dieser Bereich umfasst eine Vielzahl wirtschaftlicher Aktivitäten: von Unternehmensberatung über Banken, Versicherungen und Verkehrsbetriebe oder Software-Häuser bis hin zu Spiel- oder Waschsalons. Die Dienstleistungen spielen eine zunehmend wichtige Rolle in der Gesamtwirtschaft. Ihr Anteil an der Bereitstellung von Arbeitsplätzen ist bereits ebenso bedeutend wie der der Industrie. Nach Ansicht der Kommission ist es gewiss keine Übertreibung, die Schaffung eines gemeinsamen Markts für Dienstleistungen als eine der wesentlichen Vorbedingungen für die Rückkehr zu wirtschaftlicher Blüte anzusehen. Im Weissbuch sind Waren und Dienstleistungen gleich behandelt: Es geht darum, für beide die bestehenden Hindernisse zu beseitigen. Bei der Liberalisierung des Dienstleistungsbereichs sind bisher jedoch wesentlich weniger Fortschritte gemacht worden. Der Vertrag bestimmte ausdrücklich, dass Dienstleistungen ohne Einschränkungen überall in der Gemeinschaft erbracht werden können. Damit dieses Recht auch in der Realität gewährleistet wird, werden nun neue Impulse benötigt. Auch dies muss auf der Grundlage der gegenseitigen Anerkennung geschehen, nötigenfalls untermauert durch gemeinsame Regeln. Soweit die Dienstleistungen allgemein staatlich reglementiert sind, wie z. B. im Fall der Banken und Versicherungen, soll die Aufsicht in erster Linie durch die Behörden des Landes erfolgen, in dem das betreffende Dienstleistungsunternehmen seinen Sitz hat, während die Rolle der Aufsichtsbehörden des Landes, in dem die Dienstleistungen erbracht werden, darauf beschränkt wäre sicherzustellen, dass bestimmte Grundregeln des kommerziellen Verhaltens eingehalten werden. Dieses System soll für die neuen Dienstleistungsbereiche, wie z. B. in der Informatik, bei den Marketing- oder den audio-visuellen Diensten, ebenso gelten wie für die eher traditionellen Dienstleistungen, wie etwa im Verkehrs-, Bank- und Versicherungswesen.» Quelle: «Die Gemeinschaft 1992: Ein Markt mit neuen Dimensionen.» Europäische Dokumentation, 1988.

share (GB); stock (USA) Wertpapier, das einen Anteil am Kapital einer Aktiengesellschaft verkörpert (Beteiligungspapier). Es gewährt dem Eigentümer Mitgliedschaftsrechte (Stimm- und Wahlrecht an der Generalversammlung) und Vermögensrechte (Recht auf Anteil am Gewinn sowie auf eine entsprechende Beteiligungsquote bei Kapitalerhöhungen oder am Liquidationsergebnis). «Die Erschliessung neuer Märkte im EG-Binnenmarkt durch Unternehmens-Akquisitionen im Ausland, die – wegen des scharfen internationalen Wettbewerbs – erforderliche Dynamik im Aus- und Aufbau zukunftsträchtiger Geschäftsbereiche und die unabdingbare Erhaltung der Wettbewerbsfähigkeit lassen künftig wieder eine stärkere Inanspruchnahme des Aktienmarktes erwarten.« Quelle: Geschäftsbericht 1988. Deutsche Bank AG, Frankfurt am Main/Düsseldorf.

share index Aktienindex: Kennzahl der Entwicklung der Börsenkurse von Aktien oder einzelner Aktiengruppen an der Börse, z. B. für die New Yorker Effektenbörse der Dow-Jones-Index.

share register Aktienbuch, Aktienregister: Verzeichnis der Eigentümer von Namenaktien. Im Verhältnis zur Gesellschaft gilt nur jener Aktienbesitzer als Aktionär, der in dem von der Gesellschaft geführten A. eingetragen ist.

shareholder's equity eigene Mittel: bei einer Aktiengesellschaft bestehend aus dem Aktienkapital (und eventuell dem Partizipationsschein-Kapital), den Reserven und dem Gewinnvortrag.

shark repellent (USA): Abwehrmassnahmen gegen eine unwillkommene Übernahme wie statutarische Vorschriften (qualifizierte Mehrheit zur Gutheissung einer Fusion, gestaffelte Wahl des Verwaltungsrates, um eine Gesamterneuerung zu verunmöglichen usw.) oder die Einführung von Golden parachutes, Poison pills und ähnlichem.

ship mortgage Schiffshypothek: Forderung, die durch ein im Schiffsregister eingetragenes Pfandrecht an einem Schiff sichergestellt ist.

short position: Baissier-Engagement im Wertschriften- oder Devisenhandel. Ein Anleger befindet sich in einer s. p., wenn er im Anschluss an einen Leerverkauf (short sale) sich zur Einhaltung seiner Verpflichtungen noch eindecken muss.

short sale Leerverkauf: Verkauf von Wertpapieren auf Termin, die der Verkäufer noch nicht besitzt, wobei es sein Ziel ist, sich bis zur Lieferung billiger eindecken zu können.

short-term liabilities: s. liabilities.

sight bill s. sight draft.

sight deposits: s. demand deposits.

sight documentary credit Sicht-Akkreditiv: Der Betrag ist zahlbar, sobald der Bank die vorgeschriebenen Dokumente eingereicht und diese geprüft worden sind. Der Begünstigte kann somit normalerweise sofort über den Erlös verfügen.
Unter Umständen können zwischen der Übergabe der Dokumente und dem tatsächlichen Zeitpunkt der Auszahlung (z. B. bei fremden Währungen) einige Tage verstreichen. In der Regel ist es die Zeit, welche die Banken benötigen, um die Akkreditivsummen zu überweisen.
Bei unbestätigten Akkreditiven kann es je nach Situation vorkommen, dass die avisierende Bank die Zahlung an den Begünstigten erst vornimmt, nachdem sie den Gegenwert der Dokumente von der eröffnenden Bank erhalten hat.

sight draft; sight bill Sichtwechsel: Ein Wechsel, der durch den Vermerk «bei Sicht» gekennzeichnet ist und keinen bestimmten Tag als Fälligkeitsdatum vorsieht. Der S. ist bei Vorlegung vom Schuldner sofort zu bezahlen, muss aber spätestens innert Jahresfrist nach der Ausstellung zur Zahlung vorgelegt werden, sofern auf dem Wechsel keine andere Frist vorgemerkt ist.

signature card Unterschriftenkarte: Ein bei der Konto- oder Depoteröffnung auszufüllendes Dokument, das die Unterschrift des Konto- bzw. Depotinhabers und diejenigen allfälliger Bevollmächtigter enthalten muss. Die Unterschriftenkarte, die über die Regelung der Verfügungsberechtigung Aufschluss gibt, wird bei der kontoführenden Bank hinterlegt.

simple guarantee; ordinary guarantee einfache Bürgschaft: Bürgschaft, bei welcher der Gläubiger den Bürgen erst dann zur Zahlung anhalten kann, wenn der Hauptschuldner in Konkurs geraten ist oder Nachlassstundung erhalten hat oder wenn gewisse andere Voraussetzungen erfüllt sind. Bestehen für die verbürgte Forderung Pfandrechte, kann der Bürge verlangen, dass sich der Gläubiger an diese halte, solange der Hauptschuldner nicht in Konkurs geraten ist oder Nachlassstundung erhalten hat.
Gegensatz: Solidarbürgschaft; s. joint and several guarantee.

Single European Act Einheitliche Europäische Akte. «Die Einheitliche Europäische Akte umfasst erstmals wesentliche Änderungen bzw. Ergänzungen des Römischen Vertrags, seit dieser im Jahre 1957 verabschiedet wurde: das in den ursprünglichen Verträgen vorgesehene Gebot der Einstimmigkeit für bestimmte Massnahmen, deren Zweck die Errichtung und das Funktionieren des Binnenmarkts ist, wurde hier durch die Vorschrift einer qualifizierten Mehrheit ersetzt. Das Gebot der Einstimmigkeit hat in der Vergangenheit jeden Entscheidungsprozess zu einem umständlichen und langwierigen Verfahren gemacht und dazu geführt, dass das Tempo des Fortschritts sich oftmals an dem Mitgliedstaat orientierte, dessen Position am zurückhaltendsten war.
Die Bedeutung der Akte für die Vollendung des Binnenmarkts liegt in der Tatsache, dass sie den politischen Impuls und den gesetzlichen Rahmen schafft, um bis 1992 einen wirklich einheitlichen Markt zu erreichen. Vor allem aber ist die Verabschiedung der Einheitlichen Europäischen Akte ein Ausdruck des wiedererwachten politischen Willens der Gemeinschaft, der wirtschaftlichen Zersplitterung Einhalt zu gebieten und die Ziele der ursprünglichen Verträge innerhalb eines vorgegebenen zeitlichen Rahmens zu vollenden. Die Einheitliche Europäische Akte trat am 1. Juli 1987 in Kraft.»
Quelle: «Die Gemeinschaft 1992: Ein Markt mit neuen Dimensionen.» Europäische Dokumentation, 1988.

sinking fund bonds (USA): Anleihensobligationen,

die nach einem bestimmten Tilgungsplan und aus einem eigens dafür geschaffenen Tilgungsfonds (sinking fund) zurückgezahlt werden.

slip im Effektenhandel: Einem Wertpapier angeheftete Bestätigung einer zusätzlichen Eigenschaft des betreffenden Titels, z. B. Angabe über Nichtfeindbesitz, behördliche Ausfuhrerlaubnis, rückständige Zinsen usw.

small and medium-sized enterprises, SMEs kleine und mittlere Unternehmen, KMU.

«Der grösste Teil der Globaldarlehen der Europäischen Investitionsbank (EIB), die über zwischengeschaltete Banken verteilt werden, ist den KMU vorbehalten: Zwischen 1982 uind 1984 hat sich das Gesamtvolumen der Gemeinschaftsdarlehen am KMU verdoppelt und macht damit rund ein Viertel der gesamten Gemeinschaftsdarlehen aus. Dieser beeindruckende Anstieg zeigt, dass die Beteiligung der Gemeinschaft an der Finanzierung der KMU zu den Eckpfeilern der gemeinschaftlichen KMU-Politik gehört.»

Quelle: STICHWORT EUROPA, Die Gemeinschaft und die Unternehmen: das Aktionsprogramm für die KMU. Kommission der Europäischen Gemeinschaften, 3/88.

smart card elektronische Zahlkarte (in Frankreich: Carte à mémoire): Instrument des bargeldlosen Zahlungsverkehrs, zur Ablösung der herkömmlichen Schecks und Kreditkarten bestimmt. In die Karte ist ein Mikroprozessor von rund 18 mm^2 Grösse eingelassen, der eine beachtliche Speicher- und Rechenkapazität besitzt. Die Smart Card erlaubt eine genaue Identifizierung des Eigentümers und ermöglicht die direkte Zahlung und Abbuchung vom Bankkonto des Karteninhabers.

SMEs s. small and medium-sized enterprises.

sneak attack (USA): Heimlicher Erwerb eines substantiellen Aktienpakets, das die Ausgangsbasis für einen Überraschungsangriff abgibt. Positionen von 5% und mehr sind zwar bei der Börsenaufsichtsbehörde (SEC) meldepflichtig, aber in der Zwischenzeit kann die Beteiligung erhöht werden.

Society for Worldwide Interbank Financial Telecommunication (SWIFT) Diese von westeuropäischen und amerikanischen Banken im Jahre 1973 gegründete Gesellschaft mit Sitz in Brüssel betreibt ein computergesteuertes Kommunikationssystem zur Rationalisierung des internationalen Zahlungsverkehrs.

SOFFEX, Swiss Options and Financial Futures Exchange: s. options exchange.

solvency factor Solvabilitäts-Koeffizient. Der S. setzt die eigenen Mittel einer Bank zu deren risikotragenden Aktiven in Beziehung; er soll ab dem 1. Januar 1993 allgemein 8% nicht unterschreiten. Siehe auch: capital resources.

Sovereign: Englische Goldmünze mit Nennwert 1 £. Als «neue Sovereigns» gelten die Münzen mit dem Bild der Königin Elisabeth II. (Prägungsjahre 1974 ff.).

special drawing rights (SDR) Sondererziehungsrechte. Das Aussenhandelsvolumen der Welt verzeichnete in den sechziger Jahren eine rasche Expansion, während die Neuproduktion von Gold stagnierte. Aus diesem Grunde setzte die Zunahme der Währungsreserven bei den Notenbanken ein entsprechendes Zahlungsbilanzdefizit der USA voraus. Im Falle einer ausgeglichenen US-Zahlungsbilanz hingegen befürchtete man eine folgenschwere Verknappung der internationalen Liquidität. Nach jahrelangen Vorarbeiten entschlossen sich 1969 die Mitglieder des IWF deshalb, Sondererziehungsrechte (SZR) zu schaffen. Im Gegensatz zu den ordentlichen Ziehungsrechten handelt es sich bei den SZR nicht um Kredite, sondern um Währungsreserven, die dem Gold und den Dollarreserven zugeschlagen werden.

Somit sind die SZR internationale Zahlungsmittel, die allerdings nur zwischen den Zentralbanken oder zwischen einer Zentralbank und dem Internationalen Währungsfonds verwendet werden können. Nichtbanken können hingegen die SZR als Zahlungsmittel im Aussenwirtschaftsverkehr nicht verwenden, weshalb sie auch an den Devisenmärkten nicht gehandelt und als Instrumente für Devisenmarktinterventionen nicht gebraucht werden.

Der SZR-Währungskorb besteht aus dem gewichteten Durchschnitt der Währungen der fünf grössten Exportnationen, nämlich:

	Anteil in %
US-Dollar	42
D-Mark	19
Yen	15
Franc	12
englisches Pfund	12

Aufgrund der Marktwerte dieser fünf Korbwährungen wird der Wert eines SZR täglich bestimmt; er wird vom Internationalen Währungsfonds für eine grosse Anzahl von Währungen ermittelt und veröffentlicht.

Sondererziehungsrechte sind nicht nur bedeutsam, weil sie die überwiegend in Form von Devisen gehaltenen Währungsreserven ergänzen, sondern auch weil sie eine Vorstufe für internationales Geld sein können.

split Aktienaufteilung: Teilung einer Aktie in mehrere Aktien mit kleinerem Nennwert ohne Änderung der Summe des gesamten Aktienkapitals.

spot transaction Kassageschäft, Komptantgeschäft: Lieferung und Zahlung der gehandelten Güter (Wertpapiere, Devisen, Waren) erfolgen sofort.

spread; margin Ecart: Kursunterschied zwischen Kauf- und Verkaufskurs bzw. Geld- und Briefkurs von Wertpapieren, Banknoten usw. (Marge). Ebenso wird der Kursunterschied zwischen Inhaber- und Namenaktien einer Gesellschaft oder die unterschiedliche Verzinsung von Obligationen als E. bezeichnet. Für die permanent gehandelten Titel beträgt der «spread» nach groben Berechnungen in London rund

0,8%, für die 100 grössten Titel der New Yorker Börse rund 0,5%.

stagging Konzertzeichnung, Majorisierung: Im Wertschriften-Emissionsgeschäft: vorsorglich erhöhte oder bei verschiedenen Banken eingereichte Zeichnung von Wertpapieren (den eigenen Bedarf übersteigend) einer stark gefragten Emission – mit der Absicht, trotz der zu gewärtigenden reduzierten Zuteilung eine möglichst grosse Anzahl von Titeln zu erhalten.

stand-by credit Stand-by-Kredit:
– Einräumung einer Kreditlimite, welche gegen Entrichtung einer Entschädigung (Bereitstellungskommission) für einen bestimmten Zeitraum zugesichert wird.
– Überbrückungs- oder Bereitschaftskredit an ein Land oder eine Zentralbank bei Zahlungsbilanz-Schwierigkeiten (z. B. im Rahmen eines Stand-by-Abkommens des Internationalen Währungsfonds).

stand-by letter of credit: Beim «stand-by»-Akkreditiv handelt es sich um eine Garantieerklärung im weitesten Sinne. Es findet vor allem in den USA Verwendung, da die amerikanischen Banken gemäss den dort geltenden Vorschriften keine Garantien abgeben dürfen.
Mit «stand-by»-Akkreditiven können beispielsweise folgende Zahlungen und Leistungen gesichert werden:
– Rückzahlung von Krediten
– Erfüllung von Werkverträgen
– Sicherstellung der Zahlung von Warenlieferungen durch vom Warenempfänger unabhängige Dritte.

standing order Dauerauftrag: Auftrag des Kunden für regelmässig durch die Bank auszuführende Zahlungen, wie z. B. Zahlung von Mieten oder Versicherungsprämien.

stock s. share.

stock certificate Aktienzertifikat:
– Bescheinigung über hinterlegte Aktien, um den Börsenhandel zu ermöglichen oder zu erleichtern.
– Teilzertifikat, das auf einen Bruchteil der Vermögensrechte an einer Aktie lautet.
– Ausweis über eine bestimmte Anzahl von Aktien, wenn eine Aktiengesellschaft nur wenige Aktionäre zählt und sich zahlreiche Aktien in einer Hand befinden. In einem solchen Fall werden keine Einzeltitel ausgegeben.

stock dividend Stockdividende: Ausschüttung einer Dividende in der Form von Aktien.

stock exchange Effektenbörse: Börse, an welcher regelmässig Wertpapiere (Effekten) gehandelt werden.

Stock Exchange Automated Quotation System (SEAQ) Elektronisches Informations-System an der Londoner Börse; zufolge des Anschlusses der miteinander in Wettbewerb stehenden «market makers» werden auch die im Telephonverkehr zustandegekommenen Kurse aufgezeigt. Das System, das stark auf Nasdac, den Telephonverkehr in den USA, ausgerichtet ist, umfasst rund 1000 Wertpapiere einschliesslich aller wichtiger britischer Aktien.

Stock Exchange Portfolios, SEP: Handel an der «New

York Stock Exchange» und der «Chicago Board Options Exchange» in Korbgeschäften, wobei mit einer einzigen Transaktion der Kauf oder Verkauf sämtlicher im Standard-&-Poor's-500-Index repräsentierter Aktien in Blocks im Wert von je 5 Mio. $ möglich ist.

stock index futures: Zahlungsverpflichtungen für den Gegenwert eines bestimmten «Aktienkorbes» auf einen bestimmten Termin. Die Zusammensetzung dieses Aktienkorbes entspricht in der Regel derjenigen des an der betreffenden Börse massgebenden Indexes. Solche Index-Terminkontrakte dienen der zeitweiligen Abdeckung bestehender Long- oder Short-Positionen; daneben können sie auch als Spekulation auf den künftigen Trend des Aktienmarktes getätigt werden.

stock market capitalization Börsenkapitalisierung: Börsenbewertung einer Gesellschaft, errechnet durch Multiplikation des betreffenden Aktienkurses mit der Anzahl der ausstehenden Aktien.

stock option: s. option.

stockmaster Stockmaster: Elektronisch gesteuertes Gerät, bei welchem Wertpapierinformationen (z. B. Kurse, Dividenden, Reingewinn) erfragt werden können.

stop-loss order: Verlustbegrenzungs-Auftrag. Durch den V. wird die Bank bzw. der Broker beauftragt, Wertpapiere bestmöglich zu verkaufen, falls der Börsenkurs unter eine bestimmte Limite sinkt. Ein V. kann auch bei Leerverkäufen erteilt werden für den Fall, dass der Kurs eine bestimmte Höhe übersteigt.

straddle: kombiniertes Optionsgeschäft, bei dem der Käufer gegen eine Prämie das Recht erwirbt, innerhalb einer bestimmten Frist Aktien zu einem bestimmten Preis zu kaufen (Put-Geschäft) oder ganz auf eine Transaktion zu verzichten. Eine Form des Prämiengeschäfts analog dem Stellagegeschäft.

straight bonds: Anleihensobligationen mit festem Zinssatz und fester Laufzeit, ohne Wandel- oder Optionsklauseln. Gegensatz: floating rate notes.

stripping s. early bird receipts.

stub s. counterfoil.

subject to collection Eingang vorbehalten, E. V.: durch diese Klausel behält sich die Bank das Recht vor, bei Nichteingang des Gegenwertes hereingenommener Zahlungsversprechen und anderer Schulddurkunden (z. B. Wechsel, Scheck) die Gutschrift rückgängig zu machen.

subordinated issue nachrangige Anleihe: Anleihe, bei welcher die Ansprüche der Gläubiger im Falle der Liquidation oder des Konkurses des Emittenten hinter die Ansprüche der Gläubiger von nicht-nachrangigen Forderungen zurücktreten müssen. Solche Anleihen werden wegen ihres Eigenkapitalcharakters insbesondere von den Grossbanken ausgegeben; die emittierenden Banken können nämlich darauf verzichten, die so gewonnenen Gelder durch Eigenmittel zu unterlegen. Für die Emittenten sind solche Anleihen billiger als Aktienkapital, jedoch teurer als gewöhnliche Anleihen, da als Ausgleich für das «höhere Risiko» des Gläubigers ein höherer Zins bezahlt werden muss; das Risiko ist allerdings gewöhnlich nur theoretisch.

sub-participation Unterbeteiligung.
- Im Emissionsgeschäft: Beteiligung einer nicht am Emissionssyndikat vertretenen Bank an einer Anleihe, wobei ein Syndikatsmitglied einen Teil seiner Quote der betreffenden Bank abtritt.
- Bei Emissionen am Eurokapitalmarkt werden die im Rahmen einer U. mitwirkenden Banken und Broker als Selling Group Members bezeichnet; sie werden im Emissionsprospekt nicht genannt.
- Im Kreditgeschäft, speziell bei einem Finanzkredit, erfolgen Unterbeteiligungen durch Zession von Kredittranchen.

subscribed allotment Repartierung: Zuteilung der Wertpapiere bei einer überzeichneten Emission. Die bei den Banken eingegangenen Zeichnungen müssen bei einer allfälligen Überzeichnung durch Kürzungen auf die Zahl der zur Verfügung stehenden Titel abgestimmt werden.

subscription Zeichnung (= Bestellung), Subskription: Im Falle einer Emission verpflichtet sich der Zeichner (oder Besteller), bei definitiver Zuteilung der Titel seitens der Bank die bestellten Titel gemäss den Bedingungen des Emissionsprospektes zu übernehmen (= zu kaufen, zu liberieren).

subscription period Zeichnungsfrist: Die bei einer Wertschriftenemission gesetzte Frist, während welcher die Zeichnungsstellen (meist Banken) Zeichnungen entgegennehmen.

sundries account Konto pro Diverse, provisorisches Konto: Konto für einzelne, voraussichtlich nur vorübergehende Buchungen. Wird in der Regel verwendet für sich ausgleichende Transaktionen von Personen, die kein Konto bei der Bank unterhalten.

surety credit s. guarantee credit.

surrender value Rückkaufswert: Betrag, den der Versicherer dem Versicherungsnehmer bei einem Rücktritt vom Vertrag als Abfindung zahlt, wenn die Prämien für mindestens drei Jahre bezahlt worden sind. Der R. dient als Richtlinie für die Bestimmung der Kreditlimite bei der Verpfändung von Lebensversicherungsansprüchen.

suspense account; interim account Interimskonto; Zwischenkonto: für die Zusammenfassung und Abrechnung bestimmter Transaktionen eingesetztes Bankkonto ohne Dauercharakter.

swap operation Swapgeschäft
- Kassaverkauf von Devisen gegen gleichzeitigen Rückkauf auf Termin. Unter Banken dient das Geschäft der kursgesicherten Anlage liquider Mittel, im Verkehr zwischen Zentralbanken vor allem der Finanzierung von Interventionskäufen am Devisenmarkt.

- Emission von zwei oder mehreren Anleihen durch verschiedene Schuldner zu unterschiedlichen Zinskonditionen (Zinssatz-Swap) oder in verschiedenen Währungen (Währungs-Swap) und anschliessender Austausch der Mittel bis zur Fälligkeit der Basisgeschäfte.

SWIFT s. Society for worldwide Interbank Financial Telecommunication.

swingline facility: Kreditlinie, um dem Kreditnehmer die Überbrückung von Zeitdifferenzen zu ermöglichen, die bei einem Wechsel der Mittelaufnahme vom nationalen auf den internationalen Markt (und umgekehrt) oder der Kreditart entstehen.

syndicate; consortium Syndikat: Zusammenschluss von Unternehmen zur Erreichung eines gemeinsamen Zwecks (z. B. Emissionssyndikat).

syndicate operation Konsortialgeschäft: Gemeinschaftliche, meist umfangreiche Finanzoperation (Anleihensemission, Darlehen usw.) mehrerer Banken, die zu diesem Zweck ein Konsortium gebildet haben, wobei eine der beteiligten Banken die Federführung übernimmt.

T

take over Firmenübernahme, s. leveraged buyout.

Taurus, Transfer and Automated Registration of Uncertified Stock: Elektronisches System zur Registrierung von Aktien und zur Abwicklung von Börsengeschäften an der Londoner Börse, mit Abschaffung der traditionellen Aktienzertifikate; es wird voraussichtlich im Jahre 1993 betriebsbereit sein.

tax at source s. withholding tax.

telebanking: die elektronische Abwicklung von Bankgeschäften durch den Bankkunden von dessen Domizil aus. Zu den Kunden-Dienstleistungen im Rahmen des Telebanking gehören auch Auskünfte via Computer über Konten, Depots, pendente Aufträge usw.

Telidon s. Videotex.

tender procedure Tenderverfahren: Emissionsverfahren, bei welchem der Kurs zum Zeitpunkt der Begebung noch nicht festliegt; die Effekten werden auf schriftlich abzugebende Angebote hin dem Meistbietenden bei festgelegtem Mindestkurs zugeteilt.

Mengentender: Ausschreibungsverfahren, bei welchem der Zinssatz festgelegt ist und der Emittent den Zeichnern soviel zuteilt, bis insgesamt das von ihm gewünschte Volumen erreicht ist.

Zinstender: Ausschreibungsverfahren, bei welchem ein Mindest-Zinssatz genannt wird und es den Zeichnern überlassen bleibt, bei Abgabe ihrer Angebote den Zins zu steigern. Zugeteilt wird dann einheitlich zu demjenigen Zinssatz, bei welchem das vom Emittenten gewünschte Volumen realisiert wird. Beim Zinstender nach amerikanischem Verfahren bezahlt jeder Zeichner den von ihm genannten Zins.

«Das Tender- oder Ausschreibungsverfahren ist ein Verfahren der Offenmarktpolitik. Die Bundesbank legt dabei die Menge an kurz- bis mittelfristigen Schuldtiteln von Bund, Ländern, Bahn und Post fest, die sie abzugeben bereit ist. Die Marktpartner, meist Banken, geben dabei Gebote ab, welche Menge an Papieren sie zu welchem Preis aufnehmen wollen. Bedient werden jene Bieter, die die – für den Emittenten – günstigsten Preise genannt haben, und zwar so lange, bis das angestrebte Verkaufsvolumen erreicht ist. Es ist auch möglich, dass die Bundesbank einen Mindestpreis festlegt, den die Gebote nicht unterschreiten dürfen.»

Quelle: Broschüre «Rund um das Geld», 1987. Commerzbank, Frankfurt a. M.

term s. duration.

The Royal Exchange s. London Stock Exchange.

TIGRS s. treasury investment growth receipts.

time deposits Termingelder, Festgelder, Zeitgelder: Bankeinlagen, die nicht jederzeit, sondern an einem bestimmten Zeitpunkt fällig sind und dementsprechend eine höhere Verzinsung abwerfen.

tippee: Drittperson, die ein Börsengeschäft nur deswegen tätigt, weil sie entsprechende vertrauliche Hinweise von einer Person erhalten hat, von welcher sie weiss, dass sie ein Insider ist. Insider-Geschäfte sind in einzelnen Ländern strafbar.

to the order of Orderklausel, ermöglicht die Übertragung eines Wertpapiers durch Indossament. Durch die Klausel: «an Herrn X oder dessen Order» wird das Wertpapier, zum Beispiel das Konnossement, zum gekorenen Orderpapier. Bei geborenen (gesetzlichen) Orderpapieren wie Scheck, Wechsel, Namenaktie, ist die Orderklausel unwesentlich, da diese Wertpapiere ohnehin indossiert werden können.

tombstone: Die in der internationalen Finanzpresse nach Plazierung einer Emission veröffentlichte Anzeige, «tombstone» genannt, informiert über die wesentlichen Ausstattungsmerkmale der Emission wie Verzinsung und Laufzeit sowie die Zusammensetzung des Konsortiums.

TOPIC: s. London Stock Exchange.

town bill s. local bill.

trade bill Warenwechsel, Handelswechsel: Wechsel, dem eine Warentransaktion zugrunde liegt, im Gegensatz zum Finanzwechsel.

traded options: handelbare Optionen, die einen standardisierten Vertragsinhalt aufweisen. Sie beinhalten den Kauf oder Verkauf des Rechtes, eine bestimmte Anzahl Produkte bzw. Instrumente (z. B. Aktien) während einer im voraus fixierten Laufzeit zu einem vereinbarten Preis zu fordern (Call-Option) oder zu liefern (Put-Option).

trading price Abschlusskurs: Kurs, zu welchem ein Börsenumsatz getätigt wird. Jeder A. wird registriert und veröffentlicht, sofern eine Schlusseinheit erreicht wird. Im Gegensatz hierzu handelt es sich bei einem «Briefkurs» um einen Angebotskurs, bei einem «Geldkurs» um einen Nachfragekurs.

trading unit s. round lot.

transfer:
- Überweisung, Zahlung von einem Land bzw. Währungsgebiet in ein anderes.
- Giro: Überweisung im bargeldlosen Zahlungsverkehr, z. B. Bankgiro, Postgiro.
- Indossament: Übertragung eines Orderpapiers, z. B. eines Wechsels.

transfer risk Transferrisiko: Risiko, dass die vertraglich vorgesehenen Überweisungen von einem Währungsgebiet in ein anderes nicht oder nur beschränkt erfolgen können.

transferable letter of credit übertragbares Akkreditiv: Es erlaubt dem Zwischenhändler, das zu seinen Gunsten eröffnete Akkreditiv an seinen eigenen Lieferanten übertragen zu lassen, wobei er selbst seine eigenen Mittel nur in begrenztem Mass einsetzen muss.

travellers' cheque (GB) – travelers' check (USA) Reisescheck: für den internationalen Reiseverkehr geschaffenes Zahlungsmittel. Im Gegensatz zum gewöhnlichen Scheck ist der R. vom Bezüger im voraus zu bezahlen und unter Beachtung besonderer Kontrollvorschriften bei den meisten Banken und bei vielen Unternehmen des Nichtbankensektors (z. B. in Ladengeschäften, Hotels) einlösbar. Reisechecks werden von Banken, Bankengruppen oder Reiseorganisationen ausgestellt. Sie lauten auf runde Beträge.

TRAX: elektronisches Berichts-, Vergleichs- und Bestätigungssystem am Londoner Eurobondmarkt; Instrument der Risikokontrolle. Die von den Beteiligten gemeldeten Handelstransaktionen werden automatisch und unmittelbar miteinander verglichen; Unstimmigkeiten werden sofort gemeldet.

Treasury bills, TRB (USA): Wechsel des amerikanischen Schatzamtes. Laufzeit 3–12 Monate. Sie werden wie die Zero-Bonds abgezinst verkauft und zum Nennwert eingelöst.

Treasury-Bills-Futures: Schatzwechsel mit Laufzeiten von 91 Tagen; die Kontrakte lauten auf 1 Mio. $ zum Tilgungstermin.

Treasury bonds (USA): Schuldverpflichtungen des amerikanischen Schatzamtes, in Obligationenform. Laufzeit zwischen 5 und 30 Jahre, Zinsen in der Regel halbjährlich zahlbar.

Treasury-Bonds-Futures: Schatzanleihen mit mindestens 15jährigen Laufzeiten und Standard-Nominalverzinsung von 8%. Die Kontrakte lauten auf jeweils 100 000 $.

Treasury investment growth receipts, TIGRS (USA): durch private Emissionshäuser emittierte Inhaber-Obligationen, die nur ausserhalb der Vereinigten

Staaten an Nicht-Amerikaner verkauft werden dürfen und die durch Namen-Obligationen des US-Schatzamtes gedeckt sind.

Treasury notes (USA): mittelfristige Papiere des amerikanischen Schatzamtes. Laufzeit in der Regel: 1–7 Jahre.

Treaty of Rome s. European Community.

trust:
- Verwaltung von Vermögensrechten zugunsten von Dritten, wobei nach angloamerikanischem Recht sowohl der Treuhänder (trustee) als auch die Begünstigten (beneficiaries) Eigentümer sind.
- Zusammenfassung von mehreren Unternehmen zu einer wirtschaftlichen Einheit; Konzern.
- Anlagefonds, Investment Trust.

trust bank Trustbank: auf Anlageberatung und Vermögensverwaltung spezialisierte Bank.

trust receipt: Im angelsächsischen Recht eine Erklärung des Kunden gegenüber der Bank, dass diese auch nach Übergabe der Warendokumente an den Kunden Eigentümerin der Ware geblieben ist, dass der Kunde die Ware also nur treuhänderisch von der Bank erhalten hat.

trustee investment status Mündelsicherheit: Gesetzlich geforderte Sicherheit für Anlagen aus Mündelgeldern (Gelder bevormundeter Personen). Zu den mündelsicheren Anlagen zählen insbesondere inländische Staatspapiere, Pfandbriefe.

turnaround: Wendepunkt im Börsentrend. Kaufgelegenheit, die daraus entsteht, dass in einer Gesellschaft oder in einem Wirtschaftszweig eine Besserung des Geschäftsganges sichtbar wird, die erst später zu höheren Erträgen und zum Steigen der Börsenkurse führen wird.

two-tier tender (USA): Zweiteilige Tender-Offerte; in einem ersten Schritt wird eine kontrollierende Mehrheit zu einem höheren Preis erworben als der Rest der Aktien im zweiten Schritt.

U

UCP: s. Uniform Customs and Practice for Documentary Credits.

underwriter: Underwriter: Gemäss angloamerikanischer Praxis der Emissionsgeschäfte (underwriting business) sind die U. (= Unterzeichner) verpflichtet, bei der Durchführung von inländischen oder internationalen Anleihens- oder Aktienemissionen allfällig nicht gezeichnete Titel selbst zu übernehmen. Die Konsorten eines solchen Emissonssyndikats (issue syndicate) garantieren zusammen mit dem Syndikatsführer (Lead Manager) und den Mitgliedern der Führungsgruppe (Co-Manager) die Plazierung des gesamten Betrages der geplanten Emission. Im Unterschied zu den Mitgliedern eines solchen Syndikats werden die in der Selling Group mitwirkenden Banken und Broker vom Syndikatsführer eingeladen, gegen Entschädigung, aber ohne Garantie, bei der Plazierung der Emission mitzuwirken.

underwriting syndicate (consortium) Emissionssyndikat: Zusammenschluss mehrerer Banken (Konsortium, Syndikat) zwecks gemeinsamer Durchführung von Wertschriftenemissionen.

undisclosed assignment: stille Zession; der neue Gläubiger (gewöhnlich eine Bank) verzichtet im Falle eines Zessionskredits darauf, den Schuldner von der erfolgten Abtretung zu benachrichtigen; dies vor allem dann, wenn die Bonität des Schuldners positiv beurteilt wird.

Uniform Customs and Practice for Documentary Credits Einheitliche Richtlinien und Gebräuche für Dokumenten-Akkreditive (ERA) der Internationalen Handelskammer in Paris, revidiert im Jahre 1983.

unit of account Rechnungseinheit: Kein eigentliches Zahlungsmittel, sondern eine speziell definierte Einheit, in welcher internationale Zahlungen abgewickelt werden. Auch verwendet für internationale Anleihen und als Buchgeld internationaler Institutionen. Auf einer Kombination verschiedener Währungen beruhend, wie z. B. das Sonderziehungsrecht (Special Drawing Right SDR) des Internationalen Währungsfonds.

unit of currency Währungseinheit: Geldeinheit eines Landes (z. B. US-Dollar, Deutsche Mark) oder eines internationalen Währungssystems.

unit trust: s. mutual fund.

unsecured credit Blankokredit: Kredit, für welchen der Kreditnehmer keine besonderen Sicherheiten zu leisten hat. Die Höhe eines B. orientiert sich an den haftbaren Eigenmitteln. Eine Faustregel besagt, dass das Kreditvolumen auf ungedeckter Basis 25 bis 35 % des Eigenkapitals der kreditnehmenden Firma nicht übersteigen sollte. Gewährt die Bank einen B., so stellt sie damit der Vertrauenswürdigkeit des Kreditnehmers ein besonders gutes Zeugnis aus.

US Treasury bills, US Treasury bonds, US Treasury notes s. Treasury . . .

usance credit Rembours-Akkreditiv: Zusätzlich zu den einzureichenden Dokumenten hat der Begünstigte eine Zeittratte auf eine bestimmte Bank (eröffnende, avisierende oder eine dritte Bank) zu ziehen. Nach Richtigbefund der Dokumente erhält der Exporteur den von der bezogenen Bank akzeptierten Wechsel zurück, sofern er dies wünscht.

Es besteht die Möglichkeit, dieses Bankakzept diskontieren zu lassen. Die Wechselforderung ist so für den Verkäufer sofort realisierbar, während der Käufer erst bei Verfall für den Wechselbetrag belastet wird.

V

value date Wert; Valuta: Wertstellung von Buchungen, d.h. Festlegung des Datums, ab welchem die Zinsberechnung beginnt.

variable interest rate variabler Zinsfuss: Ein während der Laufzeit eines Kredites oder einer Anleihe veränderlicher Zinssatz. Bei internationalen Krediten ist besonders die periodische Anpassung an das Zinsniveau des Londoner Eurogeldmarktes (LIBOR) von grosser Bedeutung.

venture capital Risikokapital, Wagniskapital: Unternehmensfinanzierung kleiner und mittlerer Unternehmen mit hohem technologischem Niveau und dementsprechend hohem Bedarf an Investitions- und Betriebskapital. Zur Beschaffung des Kapitals für solche Unternehmen offerieren viele Banken und spezialisierte Finanzgesellschaften Risikokapital zu speziellen Bedingungen.

«Vor dem Hintergrund des integrierten europäischen Marktes nach 1992 kommt der supranationalen Orientierung der Unternehmen eine hohe Bedeutung zu. Wir haben daher unsere Beteiligung am europäischen Venture-Capital-Verbund Euroventures E. V., s'Hertogenbosch, verstärkt, den weitere namhafte europäische Unternehmen mittragen. Über elf Länderfonds hat der Verbund zwischenzeitlich rund 150 Mill. ECU in 132 Unternehmen investiert.»
Quelle: Geschäftsbericht 1988. Dresdner Bank, Frankfurt am Main.

Venture Consort „The action programme envisages promoting risk capital and secondary markets for SMEs. With this in mind, the Commission participated, with the European Venture Capital Association (EVCA), in launching a pilot project known as ‹Venture consort›. The aim is to increase finance for SMEs involved in new technologies at the first stage of capital formation. The Commission allocates funds (in general, to a maximum of 200 000 ECU) on a case-by-case basis, having regard to the innovatory character and the supra-national dimension of the particular investment project. The Commission also participates in the distribution of profits.»
Das Aktionsprogramm will den Zugang zu Risikokapital und die Entwicklung eines Börsen-Zweitmarktes für KMU fördern. In diesem Sinne hat die Kommission zusammen mit der European Venture Capital Association (EVCA) das Pilotvorhaben «Venture Consort» in Angriff genommen, um die Finanzierung von auf neue Technologien ausgerichteten KMU bereits bei der Bildung ihres Grundkapitals zu erleichtern. Die Kommission entscheidet von Fall zu Fall über eine Kapitalgewährung (bis zu einem Höchstbetrag von normalerweise 200 000 ECU) unter Berücksichtigung des innovatorischen Charakters und der supranationalen Bedeutung des Innovationsvorhabens; sie ist am Gewinn beteiligt.»
Source: EUROPEAN FILE: The Community and

business: the action programme for small and medium-sized enterprises. Commission of the European Communities, 3/88.
Quelle: «Stichwort Europa: Die Gemeinschaft und die Unternehmen; das Aktionsprogramm für die KMU. Kommission der Europäischen Gemeinschaften, 3/88.

Vice President Vizedirektor, Chefprokurist.

Videotex: Dienstleistung, welche die Kommunikation in beiden Richtungen zwischen dem Privatfernseher und einem Computer von angeschlossenen Firmen erlaubt, z. B. beim Home-Banking. In Deutschland Bildschirmtext (Btx) genannt, in England Prestel oder Viewdata, in Frankreich Télétel, in Italien Videotel, in Spanien Videotexto, in Kanada Telidon.
Viedeotext macht das Telebanking möglich: Telefongespräch zwischen einem TV-Bildschirm und einem Computer. Der Bankkunde kann zu Hause mit allen angeschlossenen Datenbanken in Dialog-Kommunikation treten. Erhältliche Informationen, zum Beispiel: Börsen- und Devisenkurse, Wirtschaftsinformationen, Abfragen über Kontostand und bewertete Depots, Bestellung von Kontoauszügen, Erteilung von Zahlungs- und Börsenaufträgen.

Viewdata: s. Videotex.

Vostro account: Vostro-Konto, auch etwa mit Loro-Konto bezeichnet: Konto einer ausländischen Bank bei einer inländischen Bank in inländischer Währung oder in Drittwährung, wobei die inländische Bank das Konto führt und den Auszug erstellt.

voting right share Stimmrechtsaktie: Aktie, die im Verhältnis zu andern Aktien derselben Gesellschaft trotz gleichem Nennwert mit einem höheren Stimmrecht oder trotz kleinerem Nennwert mit gleichem Stimmrecht ausgestaltet ist. Die S. räumt dem Aktionär in bezug auf das Stimmrecht somit eine Vorzugsstellung ein (qualifiziertes Stimmrecht).

W

Wall Street: Strasse, die durch das Finanzzentrum von New York führt. Im übertragenen Sinn Bezeichnung für die an dieser Strasse gelegene New York Stock Exchange (Börse), aber auch allgemein für New York als Finanzplatz.
Die New Yorker Börse: New York Stock Exchange, NYSE, ist mit Abstand die grösste Börse der USA (und die Hauptbörse der Welt); an der NYSE werden rund 80% der USA-Aktien-Umsätze ausgeführt.

114

warrant Warrant:
- Warenverpfändungs- oder Lagerschein; in etlichen Ländern mit Wertpapiercharakter, lässt sich somit zur Kreditsicherung verwenden.
- Optionsschein: Bei einer Optionsanleihe zusammen mit der Anleihensobligation abgegebener, separater Bezugsschein, der dem Titelinhaber das Recht einräumt, innerhalb einer bestimmten Zeit Aktien oder Partizipationsscheine zu einem im voraus festgelegten Preis zu beziehen.

«Der Optionsschein kann natürlich auch allein, d. h. ohne die Anleihe, über die Börse erworben werden – ein Vorteil, den gerade bewegliche Anleger in Haussephasen schätzen. Steigt der Kurs der Aktie, erhöht sich auch der Wert des Optionsscheins – und umgekehrt. Doch nach oben und unten gibt es in der Regel überproportionale Bewegungen; man spricht hier von einer Hebelwirkung (Leverage-Effekt). Aber Vorsicht: Im Extremfall kann der Optionsschein sogar wertlos werden.»
Quelle: Broschüre «Rund um das Geld», 1987.
Commerzbank, Frankfurt a. M.

warrant issue Optionsanleihe: Anleihensobligation mit dem Recht zum Bezug von Aktien oder Partizipationsscheinen innerhalb einer bestimmten Zeit und zu einem im voraus festgelegten Preis. Im Unterschied zur Wandelanleihe ist das Aktienbezugsrecht nicht untrennbar mit der Obligation verbunden, sondern in einem separaten Bezugsschein (Optionsschein oder Warrant) verbrieft. Nach Ausübung des Bezugsrechts bleibt der Anleihenstitel weiter bestehen.

weak currency weiche Währung: Währung, die durch Devisenbewirtschaftung geschützt ist, deren freier Wechselkurs ein Disagio gegenüber den offiziellen Paritäten aufweist, oder die an den Devisenmärkten über einen längeren Zeitraum nach unten tendiert.

«when issued» (WI) Handel per Erscheinen («grauer Markt»), Primärmarkt-Handel:
Handel von Obligationen und Beteiligungspapieren während der Zeichnungsfrist, insbesondere zwischen den Emissionshäusern.

white knight (USA): Partner, mit dem eine Fusion vereinbart wird, um einer feindseligen Übernahme zu entgehen.

White paper Weissbuch.
Die EG-Kommission veröffentlichte im Juni 1985 ein Weissbuch, in dem ein Programm zur Schaffung des Binnenmarktes zusammen mit einem Zeitplan für die erforderlichen Massnahmen im einzelnen dargelegt ist.
«Anders als bei früheren Initiativen bemüht sich das Weissbuch um eine umfassende Gesamtdarstellung. Es will schrittweise einen integrierten, zusammenhängenden wirtschaftlichen Rahmen schaffen. Es befasst sich nicht nur mit einem einzigen Wirtschaftszweig oder einem Bereich, der für einen bestimmten Mitgliedstaat besonders interessant ist. Es begnügt sich auch nicht mit Minimalvorschlägen, die von den Mitgliedstaaten leicht angenommen werden könnten.

Das Weissbuch bemüht sich darum, *alle* bestehenden physischen, technischen und fiskalischen Schranken aufzuzeigen, die zur Rechtfertigung der weiteren Existenz der Grenzkontrollen dienen und das freie Wirken des Markts verhindern; es enthält mehr als 300 Entwürfe für die zur Beseitigung dieser Hindernisse erforderliche Gesetzgebung.

Die Sicherung der Dienstleistungsfreiheit sollte in ihrer Bedeutung nicht unterschätzt werden, zumal es sich hier um eines der zentralen Themen der neuen internationalen Verhandlungsrunde, der sog. «Uruguay-Runde», handelt. Bisher wurden die Dienstleistungen als ein von der Industrie getrennter Bereich betrachtet, und die Bemühungen um eine Liberalisierung des Handels sind bei den Dienstleistungen weniger weit fortgeschritten als im Warenverkehr. Das hat sich als ein grosser Fehler erwiesen, da die Dienstleistungen einen immer bedeutenderen Teil der Gesamtwirtschaft ausmachen und sie zugleich eine wesentliche Stütze bei der Erhaltung einer starken Industriebasis sind. Das Weissbuch behandelt Waren und Dienstleistungen gleich und bemüht sich für beide um die Abschaffung der Handelsschranken.»

Quelle: «Die Gemeinschaft 1992: Ein Markt mit neuen Dimensionen.» Europäische Dokumentation, 1988.

wholesale banking: Teil des Bankgeschäfts, der als «Grossgeschäft» mit grossen Firmenkunden, dem Staat oder anderen Kreditinstituten getätigt wird. Gegensatz: retail banking.

window dressing: Massnahmen mit erlaubten Mitteln zur Verbesserung des Bilanzbildes, zum Beispiel durch kurzfristige Beschaffung zusätzlicher flüssiger Mittel auf den Bilanzstichtag.

withholding tax; tax at source Quellensteuer.

«Sie wird als Abzugsteuer bei der Auszahlung (an der «Quelle») bestimmter inländischer oder ausländischer Einkünfte einbehalten und im Rahmen der Veranlagung zur Einkommens- oder Körperschaftssteuer bei Vorlage einer entsprechenden Steuerbescheinigung beispielsweise durch Anrechnung auf die endgültige Einkommenssteuer berücksichtigt. Beispiele: Lohnsteuer, Kapitalertragssteuer.»

Quelle: Das neue Bank- und Börsen-Abc, 1987, herausgegeben vom Bundesverband deutscher Banken e. V., Köln.

«Um die Risiken erhöhter Steuerhinterziehung zu verringern, die damit verbunden sind, dass die Anleger ihre Einkünfte aus Kapitalanlagen leichter als früher ausserhalb ihres Wohnsitzlandes werden einziehen können, nimmt die EG-Kommission zwei verschiedene Massnahmen in Aussicht: eine allgemeine Quellensteuer, die auf alle Gebietsansässige der Gemeinschaft Anwendung fände, und die Verpflichtung der Banken, ihren Steuerbehörden die von Gebietsansässigen der Gemeinschaft bezogenen Zinseinkünfte zu melden. Auf jeden Fall ist eine engere Zusammenarbeit zwischen den Steuerbehörden der Mitgliedstaaten unerlässlich.»

Quelle: «Stichwort Europa». Kommission der Europäischen Gemeinschaften, 12/88.
Siehe auch: II. Teil, Verrechnungssteuer.

without our liability; without our guarantee ohne Obligo, ohne Verbindlichkeit, ohne Verpflichtung, ohne Gewähr, ohne Regress: Durch einen solchen Vermerk wird bei der Erteilung von Informationen jegliche Haftung abgelehnt. Ebenso kann der Wechselindossant mit einer solchen Klausel für sich die Regresshaftung ablehnen.

without protest ohne Protest: Durch diesen Vermerk oder eine gleichbedeutende Klausel (z. B. ohne Kosten) kann der Aussteller, jeder Indossant oder der Wechselbürge den Wechselinhaber von der Protestaufnahme mangels Annahme oder Zahlung befreien (Protesterlassklausel).

working capital credit Betriebskredit, Saisonkredit, Überbrückungskredit: Kredit zur vorübergehenden Verstärkung der Betriebsmittel eines Kreditnehmers.

World Bank s. International Bank for Reconstruction and Development.

Y

Yankee-Bonds: In den USA plazierte, langfristige Dollar-Obligationen ausländischer staatlicher und supranationaler Schuldner, zu welchen auch die Weltbank zählt. Sie besitzen in der Regel eine hervorragende Bonität, welche weder von Börsenschwankungen, vorübergehenden Schrumpfungen der Liquidität noch von Konjunkturabschwächungen und Ertragserwägungen beeinträchtigt wird. Überdies sind viele «Yankees» während ihrer Laufzeit nicht kündbar, was den Obligationen eine zusätzliche Stabilität verleiht. Eine Reihe solcher Yankee Bonds besitzen ein AAA-Rating von Standard & Poor's.

yield Rendite: In Prozenten des investierten Kapitals ausgedrückter Ertrag einer Aktie. Die Aktienrendite wird nach der folgenden Formel berechnet:

$$\frac{\text{Dividende} \times 100}{\text{Kaufpreis (oder Börsenkurs) der Aktie}}$$

Diese Formel gilt indessen nicht für den Tag nach der Dividendenzahlung, da an diesem Tage der Kurs in der Regel ungefähr um den Betrag der Dividenden-Ausschüttung sinkt (Notierung «ex Dividende»).
Auch bei den Schuldverschreibungen oder Obligationen wird unter der Rendite der Ertrag in Prozenten des investierten Kapitals verstanden. Bei Titeln, die

aus Emission erworben werden, wird die einfache Obligationenrendite nach folgender Formel berechnet:

$$\frac{\text{Zinsfuss}}{\text{Kurs der Obligation} \times 100}$$

Bei Obligationen, die während ihrer Laufzeit erworben werden, meist an der Börse, ist die Obligationenrendite auf Verfall massgebend; sie zeigt nämlich auf, ob ein Kursgewinn oder ein Kursverlust eingetreten ist. Formel:

$$\text{Zinsfuss} + \frac{\dfrac{\text{Rückzahlungskurs} - \text{Tageskurs}}{\text{Restlaufzeit}}}{\dfrac{\text{Tageskurs} + \text{Rückzahlungskurs}}{2}} \times 100$$

Dabei wird die Restlaufzeit als Bruchzahl ausgedrückt, welche das Verhältnis der Lauftage zum vollen Kalenderjahr wiedergibt. So entsprechen sechs Monate einem Restlaufzeit-Quotienten von 0,5.

Bei Wertpapieren spricht man von einer «Brutto-Rendite» = vor Abzug der Quellensteuern, und einer «Netto-Rendite» nach Abzug derselben.

Massgebend für die Berechnung der Rendite ist in der Regel nur der Bar-Ertrag. Die Bar-Rendite bildet ein wichtiges Kriterium zur Beurteilung der Eignung für Anlagezwecke. Eine Aktie oder Obligation mit hoher Bar-Rendite (z.B. Aktiendividende) im Verhältnis zum investierten Kapital wird als «Renditepapier» bezeichnet.

Siehe auch: compund yield; earnings yield.

Z

Zero Bonds, Zero Coupon Bonds: Obligationen, deren Zins nicht in jährlichen Beträgen vergütet, sondern als Diskont für die ganze Laufzeit vom Emissionspreis abgezogen wird. Der Ausgabepreis oder Verkaufskurs liegt, je nach Laufzeit und Zinssatz, meist weit unter dem Nennwert oder Rückzahlungswert von 100%; der Anleger kann solche Titel somit mit einer relativ kleinen Geldsumme erwerben. Bei einem Papier mit 10 Jahren Laufzeit und einem Jahreszins von 12%, zum Beispiel, beträgt der Ausgabepreis nur 32,2%. Besonders verbreitet in den USA und am Euromarkt.

Leere Seite für weitere Fachausdrücke
Blank page for further technical terms

Deutsch —— Englisch/Amerikanisch
German ———— English/American

A

Abänderung (der Akkreditiv-Bedingungen) amendment of the credit terms. When checking compliance with the credit terms, banks are concerned exclusively with the documents presented and not with contract clauses. So it is very important to demand documents in the credit that clearly reflect the agreements reached between importer and exporter.

An amendment of the credit terms ordered by the importer becomes effective only if all parties, i. e. the issuing bank, the exporter, and possibly also the foreign confirming bank, agree to the amendment.

abandonnieren abandon: to withdraw from a premium deal by paying a «penalty» or premium agreed upon in advance.

Abrechnungsstelle clearing office, clearing house: institution undertaking the settlement of indebtedness between members. Employed to rationalize securities trading and bank transfers. Local clearing houses exist in all major banking centers, often supplemented by others serving national and international cooperation.

abstrakte Garantie naked guarantee: guarantee without any objection; no conditions are attached to it. Payment must be made at first request.

Abtretung, Zession assignment: the transfer of title or interest, especially of legal claims, in writing by the assignor (creditor) to a third party (assignee).
See also: stille Zession.

Abwertung devaluation: reduction of the external value of a currency. In a system of fixed exchange rates or blocked currencies, the devaluation is effected by the legal or official lowering of the exchange rate, or parity, of the respective currency in terms of the other currencies (formerly against gold). In the case of flexible or floating exchange rates, devaluation is produced by a decline of the exchange rate on the currency market in conformity with supply and demand.

adjustieren to adjust:
1. adjustment of the value of an asset on the balance sheet to its true value;
2. adjustment of share prices through considering the disposal of subscription rights for the capital increases, for the issue of convertible loans, for split-back of share split.

Affidavit affidavit: written statement, sworn or affirmed, for example concerning the ownership and origin of securities.

Akkreditiv mit aufgeschobener Zahlung deferred payment documentary credit. If the importer and seller have agreed upon an extended payment period, it is necessary to open a deferred payment credit. This documentary credit form increases the importer's expenses because of the prolonged commitment on the part of the issuing bank.

123

The payment is not initiated immediately upon re-presentation of the documents, but only after a period of time specified in the credit.

A deffered payment credit allows the buyer a grace period, and ensures the seller that payment will be made on the due date.

Akkreditiv-Bedingungen (Dokumentar-Kredit) conditions of the documentary credit.

«Credits are separate transactions from the purchase contracts or other contracts on which they are based. Only the wording of the credit is binding on the bank. As far as customers are concerned, this means that the banks act only on the basis of the credit's text in carrying out the transaction, and cannot take into account any contract provisions that differ from the credit wording. The same applies to contracts modified at a later date without the credit text being changed accordingly.

All the banks do is check, on the basis of documents presented to them, whether the conditions of the credit are fulfilled. They are not able to verify whether tho goods supplied actually agree with those specified in the credit. The banks cannot be held liable for discrepancies between the goods invoiced and those actually delivered. It is up to the buyer and seller to settle questions of this nature between themselves.

The banks examine the documents they receive under a credit with due care. They check whether the documents appear on their face to comply with the specified terms and conditions.

Banks assume no liability for delays, through no fault of their own, in the transmission of messages: consequences of Acts of God; acts of correspondent banks or other third parties whom they have instructed to carry out the transaction.»

Source: Brochure «Documentary Operations», 1987. Swiss Bank Corporation.

Akkreditivbetrag amount of the documentary credit. If words like «circa», «ca.», «about», etc. are used in connection with the amount of the credit, it means that a difference as high as 10% upwards or downwards is permitted. In such a case, the same word should also be used in connection with the quantity.

Akkreditiv-Geschäfte see: Dokumenten-Akkreditiv, Dokumentar-Kredit; revolvierendes Akkreditiv; Sicht-Akkreditiv; übertragbares A.; unwiderrufliches A.; widerrufbares Akkreditiv.

Akte see: Einheitliche Europäische Akte.

Aktie share (GB); stock (USA) a form of security representing a portion in the nominal capital of a company entitling the owner to a proportion of distributed profits and of residual value if the company goes into liquidation. Shares further entitle the holder to vote at General Meetings and elect directors (equity paper). Most investors acquire shares in the expectation of receiving dividends in the future and earning a capital gain. The level of the dividend depends on the success of the company, with bad results leading to the possible omission of the distribution.

The most important types of shares are bearer, registered and as a special case, participating certificates. Many companies have all three classes outstanding.

See also: junge Aktien; nennwertlose Aktie.

«In future, there will probably be greater recourse to the equity market again in view of corporate takeovers abroad to exploit new openings within the EC internal market, as well as the dynamic required – because of the tough international competition – to expand or establish promising business areas, and the vital need to preserve competitiveness.»

Source: Annual Report for 1988. Deutsche Bank AG, Frankfurt am Main/Düsseldorf.

Aktienaufteilung   split: division of a share into several shares with smaller par values without changing the sum of the total share capital.

Aktiengesellschaft   joint stock company (GB); corporation (USA): a group or association recognized in law as an individual entity with a fixed capital stock (share capital) divided into parts (shares), that is to say: the form of business organization that is treated as a simple legal entity, and which is owned by a group of stockholders whose liability is generally limited to the extent of their investment. The owner-ship of a corporation is represented by shares that are issued to persons or other companies (or bearer shares) in exchange for cash, physical assets, services and good will. The shareholders elect operating managers who manage the affairs of the corporation.

Aktienindex   share index: index numbers indicating changes in the average prices of shares or groups of shares on the stock market.

Aktienkapital   share capital (GB): capital stock (USA): the amount of money subscribed by shareholders, at par, to a company.

Aktienmantel, Mantel   bare shell: the formal structure of a corporation, meaning the shares without the assets and liabilities, which is no longer economically active but has not yet been legally terminated.

Aktienzertifikat   stock certificate:
1. Confirmation that a certain number of shares have been deposited, used to enable or facilitate stock market trading. Trading in many foreign shares is conducted by means of certificates made out in the name of domestic banks.
2. As special form is the fractional certificate, which, as the name implies, is made out for a fraction of the whole share.
3. Instrument embodying a certain number of shares if a corporation has only a few shareholders and no individual shares are issued.

Aktien-Zusammenlegung   reverse split: restructuring of the capital stock of a company by combining several of the old shares in one new share or preferred (preference) stock and common stock in a single share category.

Aktionär shareholder, stockholder: part-owner of a corporation by virtue of owning one or a number of shares in a corporation.

Aktivgeschäfte lending business: the loans, advances, mortgages and other types of lendings granted by a bank. The activity includes the discounting of bills. Opposite: deposit business.

Akzept acceptance: a time draft (bill of exchange) on the face of which the drawee has written the word «accepted» over his signature. Acceptance also refers to the action of accepting a bill of exchange for payment.

Akzeptkredit acceptance credit: agreement between a bank and one of its customers, according to which the bank allows the customer to draw a time draft on it for an agreed amount and term and promises to provide the draft with its acceptance. The customer or, as the case may be, his supplier thus receives a bank acceptance which he can turn into ready cash by having it discounted. Before the acceptance is due, the customer has to provide the bank with the necessary funds.

Allfinanz-Dienstleistungen multi-function financial services: the customer may conduct money-transactions and effect insurances of all kinds at the same counter.

allgemeine Geschäftsbedingungen general conditions of the banks: the principles and guidelines that govern the business relations between the customer and the bank in addition to the provisions of the law of contract.

Amortisation
1. amortization: the gradual reduction of a long-term debt by means of equal periodic payments, in order to liquidate the debt;
2. repayment, redemption: repayment of a debt or bond issue, either at the due date or in advance by drawings or repurchase of a specified number of series of bonds;
3. depreciation: the decrease in value of an asset through wear and tear or other factors decreasing its usefulness. Fixed assets are depreciated in the accounts by regularly reducing their book value in the balance sheet. Claims on debtors who have become insolvent are also written off.

Anderdepot, Anderkonto fiduciary deposit, trust account: a deposit or current account opened only for members of certain professional groups (lawyers, notaries, accountants, etc.) and in which only funds payable to third parties are entered or under which securities owned by third parties are held.

Anlageberatung investment counselling: advisory board of the bank providing investment guidance, at a fee, to the public.

The importance of asset management is growing, not only because of the large number of new financial instruments and ongoing securitization but also because of the trend away from individual bank saving in favour of collective saving through occupational and

126

private pension schemes. Institutional – and individual – investors are the object of intense competition worldwide. And since the product ranges offered by the banks in the service sector are largely comparable, the only way to distinguish the bank is in quality of customer servicing, protfolio management performance and a first-class bond and equity research capability brought to bear on the most significant markets.

«First of all, the nature of investment counselling is such that any advice depends on the economic situation, the state of the financial markets, or other highly volatile factors. Generally applicable principles and rules do, of course, exist in this field as well. Over and above this, however, investments can only be satisfactory if they are in tune with current and expected developments, and take the client's investment goals into consideration.

Second, the art of investment counselling lies precisely in shaping a tailor-made investment policy from the investor's own preferences. The customer's resources are just as important a factor as investment goals are and whether the emphasis is to be on maximum return or greatest possible security. But the individual's age, temperament, family situation, and nationality, along with tax considerations, also play a major role. Investment counselling is not, as it were, an abstract art but very much a concrete skill, in which the customer is of central importance.»

Source: Brochure «A guide to portfolio investment in Switzerland for non-residents», 1987. Credit Suisse Special Publications, vol. 59.

Anlagefonds, Investmentfonds 1. unit trust (GB); mutual fund (USA); consists of capital raised by investors for common investment on the basis of public solicitation and which is administered by the trust management for the account of the investors. The payment into the trust gives the investor a claim against the trust's management for a share in the assets and income of the investment trust. The right of the investor is evidenced by securities without par value (investment trust certificates). The investment fund certificates embody the right to participate in the assets of an investment trust. The assets, in turn, generally consist of a portfolio of carefully selected shares, bonds or convertible issues.

Individual investors often find it difficult to select suitable investment objects out of a multitude of possible candidates; most of them lack the time to manage their security holdings efficiently. Furthermore, the brokerage charges and other expenses for the purchase of small blocks of shares are relatively high on many stock exchanges, making it hardly worthwhile to invest small amounts in this manner.

2. «Investment Trust: A) A company formed for the purpose of investing in other corporations. Investment trusts are of two main types: closed-end and open-end. Capitalization of close end investment trusts remains constant, so shares are traded on the

open market. Open-end funds, also called mutual funds, issue additional shares as demand increases. – B) An organization that invests its capital in securities, such capital being obtained by the sale of its own stock. The income from its investments and capital gains is used to defray its operating and selling expenses, and the balance is available for distribution to its stockholders.»
Source: BANKING TERMINOLOGY, 1982. American Bankers Association, Washington, D. C.

Anlagepolitik investment policy: totality of the dispositions to be made in connection with the investment of funds in order to attain a certain investment objective in an optimum manner. Depending on the financial circumstances of the investor, special importance is attached to safety, yield, the price and growth potential or the liquidity of the holdings. Of equal significance is the choice of the right time for the acquisition and sale of the investments (timing).

Anleger see: institutioneller Anleger.

Anleihe bond issue: a form of borrowing funds by issuing securities – mostly fixed-interest – and offering them for public subscription during a specified period (subscription period), as a rule for a medium – to long-term period. In many cases the borrower is given the right to repay the issue either wholly or in part prior to final maturity upon observance of a notice period.
See also: Euroanleihen; Index-Anleihe; nachrangige Anleihe; notleidende Anleihe; Wandelanleihe.

Anleihe mit variabler Verzinsung floating rate issue: bonds (or notes) whose interest can change under certain circumstances. As in the case of rollover credits in the Euromarket, the interest rates for these issues are readjusted every six months and are usually based on the London Interbank Offered Rate (LIBOR). By linking the interest rates to the prevailing rate for sixmonth funds, price oscillations are somewhat reduced. Most floating rate notes are provided with a fixed minimum interest rate.

Anleihe mit Währungsoption bond issue with monetary option: the bondholder is enabled to choose between one or more currencies for the repayment and, mostly, also for the interest payments.

Anleihens-Obligation bond; debenture: fractional bond, which runs to a round sum and the emission of which follows within the framework of the issue of a bond. The individual securities of a bond are on equal terms, and the conditions such as rate of interest, repayment etc. are regularly laid down.

Anleihensprospekt prospectus: in the securities business, a prospectus is a document issued by a company or public authority planning to come out with a bond or stock issue describing the nature of the operation, the prospects for profit, the nature of the particular securities and inviting subscriptions. A prospectus must be published by law if bond issue is publicly placed or newly listed. All parties which intentionally or negligently make or publish, or help to make and publish, incorrect or legally deficient statements in prospectuses and similar publications are liable for any losses to shareholders or bondholders (prospectus liability).

Annuität   constant annual principal and interest payment; the annual payment of a borrower consisting of an amortization of principal and an interest component which remains equal through the entire repayment period. The interest payments are gradually reduced whereas the portion representing repayment of principal increases.

Anrecht, Bezugsrecht   right: privilege given to a shareholder to purchase additionel shares of the same stock at a fixed price or to acquire convertible bonds, usually in the form of a specific coupon attached to the old share.
See also: ex Anrecht.

Anweisung   payment order: authorization given to the party to whom an order is addressed to transfer money, securities or other fungibles on account of the party-giving the order to another person who is thereby authorized to receive them in his own name.
Payment orders not designated as bills of exchange in the text but made out expressly to the order of a beneficiary and otherwise meeting the requirements of a drawn bill are bill-like payment orders.

Applikationskurs   marrying price: price quoted on the stock exchange which is used by the stock exchange dealer to offset purchases and sales within the bank.

Arbitrage   Arbitrage. «Arbitrage» in the original sense thus meant taking quick advantage of price differences prevailing in different markets, a process which of course tended to make such differences disappear. Nowadays, European currencies are however quoted against the dollar. Since moreover $/DM rates ar not only quoted in Germany, $/Sfr. rates not only in Switzerland, etc., but also in all other major financial centres, rates for a specific currency tend to be the same everywhere. Arbitrage in the old sense is thus hardly possible anymore. Arbitrage nowadays simply means professional business as against customer-related business.

The electronic rate board in the foreign exchange department of a large bank will thus display the rates for the dollar against the other major currencies rather than rates for foreign currencies expressed in domestic currency. Needless to say, arbitrage business gives depth to the market. If only customer business were carried out, trading patterns would tend to be patchy, and exchange rate fluctuations more erratic (to the detriment of commercial customers).
See also: Zins-Arbitrage.

Asiendollar   Asien dollar: dollar amounts acquired by banks outside the borders of the United States, principally in Asiatic area, i.e. in Singapore, Hong Kong, Tokyo, and used to grant loans to business organizations or private persons, similary to the Eurodollars.

Aufbaukonto   see: Investmentplan.

Aufgeld, Aufpreis, Aufschlag, Prämie, Report premium: in stock exchange trading the difference between the par value and the higher market value of a security expressed as a percentage of the par value. In coin trading, premium or agio refers to the surplus value of a coin (or medallion) compared to its metal value. In foreign exchange trading it is the difference between the spot rate and the higher forward rate.

Auftragsstimmrecht, Depotstimmrecht, Vollmachtsstimmrecht: proxy (to vote shares at the general meeting of a company): power of attorney granted by a shareholder to his bank authorizing it to vote shares of the customer on deposit with the bank or especially deposited with it for this purpose at the General Meeting of Shareholders held by the company concerned. In the event of voting on important agenda items, it is customary for the bank to inform the shareholder in advance and to vote his shares in support of the Board of Directors proposals only if the shareholder does not issue any instructions of the contrary.

Aufwertung   revaluation: increase in the external value of a currency in terms of other currencies. In a system of fixed or bloc-linked exchange rates, revaluation is effected through legal or official increases in the parity of the currency concerned against the other currencies or the key currency (formerly against gold). In the case of flexible or floating exchange rates, revaluation is produced by a rise in the exchange rate on the currency market in response to demand and supply.

Ausgabekurs, Emissionskurs   issue price: the price at which a new issue of securities is placed on sale by investment bankers who handle the marketing process.
In the case of investment trusts (mutual funds) it is the price at which the fund sells its shares to the public. The issue price is equal to the net asset value of the shares plus a supplement for the placement and printing costs incurred by the fund management.

Auslandsanleihe   foreign bond issue: bond issues placed by a public or private entity outside its country of domicile. The issues are usually denominated in the currency of the country where the issue is offered for subscription.

Auslands-Kassenverein   foreign security clearing association: an institution in Frankfurt-on-Main for the rational administration and transfer of securities. See also: Girosammelverwahrung.

Aussenwert   exchange value. The exchange value of a currency is expressed in the trend in foreign exchange rates and is reflected in the Foreign Exchange Index related to a number of different countries. In this way the geometrical average is ascertained of the exchange rate indices weighted in accordance with nations' share in exports or foreign trade.

ausserbörslich over the counter: trading in securities over the counter, outside the stock exchange, it is mainly done by telephone. In the USA, the over-the-counter market is of special importance.

Aussteller, Trassant drawer: the person who signs a bill of exchange and orders the drawee to pay the amount for which it is made out.

Autobank drive-in bank: Bank window or counter which can be used by the bank customer to conduct his business while remaining seated in his car.

Avalkredit guarantee credit, surety credit:
1. a credit for which a bank assumes the liability of a bill guarantee up to a certain amount (guarantee line);
2. a credit for which the bank assumes liability to third parties for the obligations of its customers (such as performed by craftsmen) up to a specified amount.

B

Baisse-Positionen see: Hausse- und Baisse-P.

Bancomat see: Geldautomat.

Bandbreite band of permitted fluctuation; margin of fluctuation. Under the European Monetary System, the countries concerned have agreed that the purchasing and selling prices of foreign currencies may move only within a certain margin in the currency exchanges. By fixing intervention points marking these band widths, the central banks undertake to intervene when the quoted currency rates exceed this margin. See also: Interventionskurse.

Bank bank, banking house: enterprise which is operating in banking transactions; first of all, it accepts savings and deposits, discounts bills and grants credits and mortgages.
See also: Elektronische Bank, federführende Bank; multinationale Bank; Universalbank.

Bankakzept: bank bill; banker's acceptance: draft or bill of exchange accepted for payment by a bank; plays an important role as money market instrument in the United States.

Bankbilanz: bank balance sheet: a statement of the assets and liabilities of a bank existing at a particular time or date. The Banking Law and its Implementing Ordinance stipulate binding regulations for the preparation of the annual accounts (consisting of the balance sheet and profit and loss account or income statement). Larger banks are required to issue interim balance sheets.

Bankenclearing bank clearing: settling mutual indebtedness arising from payment transfers among banks. The clearing house settles customer payments, interbank payments and all other types of payments (incl. those arising from the securities business).

Bankendebitoren auf Sicht due from banks on demand: balances placed by a bank with other banks on demand. The term includes credit balances with other banks (so-called correspondent banks), call money lent out with notice periods of not more than 48 hours and balances in postal current accounts with foreign postal administrations.

Bankendebitoren auf Zeit due from banks on time: balances placed by a bank with other banks at fixed dates, such as time balances arising from stock market and foreign exchange transactions.

Bankengelder interbank funds: borrowed funds (liabilities) raised within the banking system in contrast to funds placed with the bank by the public, such as private customers and commercial clients.

Bankenkreditoren auf Sicht due to banks on demand: liability of a bank due and payable at any time on a current account basis in respect of other banks (so-called correspondent banks) and call money accepted by a bank (up to 48 hours).

Bankenkreditoren auf Zeit due to banks on time: fixed-time liabilities of a bank in respect of other banks.

Bank für internationalen Zahlungsausgleich (BIZ) Bank for International Settlements (BIS), an international financial institution situated in Basle (CH) and founded in 1930. Its original purposes included the coordination of reparations payments between central banks, acting as a central bank for all other European central banks, and serving as a trustee and agent for various international agreements. Although the International Monetary Fund has now taken over most of the functions of the BIS, it is still important in its capacity as a trustee.

Bankgarantie see: Kautionskredit.

Bankgeheimnis banking secrecy: the obligation of the bank, and its employees to keep secret information referring to its customers. Special care is being taken to ensure banking secrecy. Public communications systems and most private communications networks can be regarded as open, as unauthorized persons may have access to information and opportunity to tamper therewith. As unsophisticated coding procedures are no longer sufficient, the continuous cryptological protection of all connections has become an indispensable requirement. In order to safeguard data banks and software from intruders, sophisticated measures are taken to verify the identity and authorization of every user.

Bankgeschäfte: indifferente B., neutrale B., nicht bilanzwirksame B. – off-balance-sheet-business: noncredit business of bank: transactions conducted by the bank which are not reported in the balance sheet, such as the safe custody business, and certain other service functions performed by the bank.

Bankgiro bank giro: transfer of a sum of money from one bank account to another or from one bank to another bank.

Bankier banker: person engaged in the banking and stock market business as owner of a banking institution or employed by a bank in an executive position.

Bankkommission bank commission: charge for special services or for risk coverage added to the interest on loans granted by the banks.

banklagernd retained correspondence: correspondence of the bank to the customer retained at the bank at the customer's written instructions. Mail retained in this manner is handed out or forwarded to the customer only at his or her request.

Bankleitzahl bank code; sort code (USA: transit number): a figure indicating the location of a bank for payment movements.

Banknote banknote, note (GB); bill (USA): papier-money, promissory notes issued by a bank of issue, payable to bearer on demand.

Bankrate see: Diskontrate.

Bankregel see: goldene B.

Bankscheck bank check: a check written by a bank which may be drawn on the issuing bank itself or on a third bank.

bargeldloser Zahlungsverkehr cashless transactions: the transfer of money without the use of cash. In the case of cashless wage and salary payments, these disbursements are not paid out to the employee but credited to his account (salary account). Cashless transactions are becoming increasingly common also in the retail trade and in tourism.

Barscheck check made out to cash: a check drawn by a depositor on his account in order to withdraw cash.

Basis see: monetäre B.

Baukredit construction loan: a current-account-type loan granted specifically for financing the construction or renovation of a building. Payments under a construction loan are permissible only to tradesmen and building firms hired for the construction work. The land and building being erected serve as collateral for the loan.

Bausparen building society savings (investment in building society saving schemes).
Building society savings are in the first instance savings set aside to finance residential accommodation for own use in the Federal Republic of Germany; they benefit from government savings subsidies. The basis is a contract between the saver and a building society for a specific capital sum. Under the contract, the saver undertakes to aim for a minimum capital sum. When this minimum capital sum is achieved, the saver has a legal entitlement to a building society loan.

Beistandskredit stand-by credit: international credit granted by the International Monetary Fund or central banks of other countries to countries with balance of payments problems to support their currencies.

Belegschaftsaktien, Mitarbeiteraktien employee shares: by issuing shares to the workforce, usually at a preferential price, employees are not only tied more closely to «their company» but at the same time are encouraged to invest in securities.

Beleihungsgrenze (Belehnungsgrenze) lending limit: the maximum value of a particular object which may serve as collateral for al loan or mortgage (sometimes expressed as a percentage).

Bereitstellungs-Kommission commitment fee: a charge made by a bank for guaranteeing the availability of loan funds to a customer who is unsure of when he or she will need them, but who wants to be assured that they are available.

Berichtigungsaktien see: Gratisaktien.

bestens at best; at market (USA): abbreviation for «at lowest possible price» in the case of a buying order and «at the highest possible price» in the case of a selling order. The buyer or seller does not prescribe any maximum or minimum price for the execution of the order. In the case of securities with a limited market, the order is carried out at the earliest opportunity.

Beteiligungen see: dauernde B.

Betriebskredit working capital credit: loan granted to temporarily strengthen the working capital of a borrower. Examples: seasonal loans, interim or bridging credit.

Bezogener, Trassat drawee:
1. person or firm in whose name a bill of exchange has been made out (person ordered to pay under the bill);
2. the bank on which a check was drawn and which cashes the check to the debit of the drawer if the necessary cover is available.

Bezugsrecht see: Anrecht.

Bilanzanalyse balance sheet analysis: assessment of the figures and ratios in the balance sheet and income statement (profit and loss account) in order to appraise the standing and creditworthiness of a company or to evaluate the securities it has issued for investment policy reasons.

Bilanzwert see: Buchwert.

Binnenmarkt Internal Market.

«The total potential economic gain to the Community as a whole from the completion of the internal market is estimated to be in the region of ECU 200 billion or more, expressed in 1988 prices. This would add about 5% to the Community's gross domestic product. This calculation includes not only savings due to the removal of the barriers which directly affect intra-EC trade (essentially frontier formalities and related delays) but also the benefits to be gained from removing the obstacles which hinder entry to different national-markets and the free play of competition Community-wide.»

«The Commission believes that this single market will only work efficiently if it is expanding and flexible so that resources, both of people and materials, capital and investment, flow to areas of greatest economic advantage. This is essential if the integrated economy is to cope with changing circumstances.»

Source: European Documentation: Brochure «Europe without frontiers – completing the Internal Market», 1988. Commission of the European Communities.

BIZ see Bank für Internationalen Zahlungsausgleich.

Blankett specimen (of the share certificate to be introduced): sample copy of a security certificate lacking some of the details, such as the serial numbers and/or signature.

Blanko-Indossament blank endorsement: transfer notation lacking the name of the new beneficiary (endorsee). In such a case, the instrument contains merely the signature of the endorser. The endorsement is usually on the back and has the same meaning as a transfer.

Blankokredit unsecured credit: a credit granted without the requirement to furnish collateral due to the integrity and creditworthiness of the borrower.

Blankoscheck, Blankowechsel blank check, blank draft: a check or draft signed by the drawer without the amount having been filled in, usually with the intention that the payee should complete it, with the liability remaining with the drawer.

Blankozession assignment in blank: the formal assignment of a stock, bond or other transferable property or right. The owner or holder signs his name to the assignment form on the reverse of the instrument, leaving the name of the new owner and the date of transfer blank.

Bonität creditworthiness: the ability and willingness to repay debt, largely demonstrated by a credit history.

Bordkonnossement on board bill of lading: bill of lading confirming that the goods accepted for transportation are actually shipped on board.

Börse exchange: market held regularly and organized in observance of fixed customs and practices. There are stock, bond, foreign currency, coin and commodity exchanges, depending on the goods traded on them.

Börsenagent, Makler broker: the agent who handles customer orders for the purchase and sale of securities (or is negotiating the sale, purchase or lease of property) in return for a fee. Over the last years, brokers have become important intermediaries in the foreign exchange as well as in the deposit business.

Börsenauftrag see: widerrufgültiger B.

börsengültig valid for one day: securities buying or selling order which is valid only on the trading day specified in the order. If the order cannot be executed as specified, it lapses automatically. Opposite: valid until cancelled.

Börsenkapitalisierung market capitalization: the ongoing value of a corporation as determined by the market value of its entire issued share capital (capital stock). Calculated by multiplying the number of shares (and participation certificates) issued by the stock market price of such shares.

Börsenkurs see: Kurswert.

Börsentheorien market theories: principles or models used for predicting future stock market performance or for explaining past price trends. Best known is the Dow theory established in the United States.

Branchenrisiko industrial risk: means that an entire industry may be particularly jeopardized in accordance with the general outlook.

Briefkurs asked: price at which securities, foreign exchange or foreign bank notes are offered for sale. Opposite: bid.

Bruchzins, Marchzins, Ratazins, Stückzins broken interest: interest amount that accrues between an interim date (such as the purchase date) and the next regular interest due date or between the regular due date and an interim date (such as the selling date).

Bruttorendite gross yield: the income produced by investments (such as securities, real estate property, etc.) before any deductions, charges or taxes of any kind.

Buchgeld, Giralgeld deposit money: bank and postal current account balances available at any time for transfers and conversion into cash.

Buchwert, Bilanzwert book value:
- the price at which assets are carried on a financial statement.
- The value of each share of common or capital stock based on the values at which the assets of a corporation are carried on its balance sheet. It is obtained by deducting from total assets all liabilities of the corporation and dividing the remainder by the number of shares outstanding.

Bundesschatzbrief Federal savings bond (Germany): a security not quoted on the exchange but sold only to private persons or to non-profit institutions. The interest rate rises annually. These securities may already be redeemed on a restricted basis one year after purchase. There is no market risk as repayments are made at 100%. These savings bonds in circulation at end 1985 amounted to 26,000 million German marks.

Bund Futures: Finanzkontrakte auf zehnjährige Anleihen der Bundesrepublik Deutschland.
Federal Government futures: financial contracts on ten-year loans of the Federal Republic of Germany.

Bürgschaft, Kaution guarantee (also spelled guaranty): guarantee: a contractual engagement to answer for the debt, default or miscarriage of another person. The guarantor is obligated in respect of the obligee of a third party (principal debtor or obligor) to pay the debt if the third party fails to perform.

See also: einfache Bürgschaft, Solidarbürgschaft.

Bürgschaftskredit guaranteed credit: credit granted without collateral but secured by one or several guarantees. In some European countries, special guarantee cooperatives have been founded for this purpose, such as mortgage guarantee cooperatives. The banks usually require joint and several guarantees before granting guaranteed credit.

C

Cedel S. A.: international clearing system in Luxemburg for the settlement of security transactions, especially of Eurobond business.

Check see: Scheck.

Checkkarte see: Scheckkarte.

Checkkonto see: Scheckkonto.

Chefprokurist Assistant Manager (GB). Second Vice President (USA).

Clearingabkommen clearing agreement: a treaty between governments for the settlement of mutual claims through clearing channels and handled by a central office in each country conducting foreign trade with the help of this system.

Coupon see: Kupon.

Couponsbogen see: Kuponbogen.

D

Darlehen loan (credit); fixed advance, lending: a specified sum of money lent by creditor or lender (such as a bank) to a person or entity (borrower). Repayment is made either at a predetermined due date or after notice of repayment has been given. Socalled amortization loans are repaid in instalments.

Datenbank see: relationale Datenbank.

Datenträger-Austausch exchange of data carriers: interchange of Electronic Data Processing data on magnetic disk, e. g. between the banks and their customers. In earlier times, the direct means of procuring information were the telephone and tele-printer. The technological infrastructure of the banks was generally based on a centralized computer center, coupled with a data collection and transmission network with corresponding input and output installations and the internal and external communications network. The interbank payment-transfer and clearing systems were ensured by exchange of data carriers. Consequently, the European bank customer was already fairly familiar with daily advices, safekeeping account statements and statements at the end of each quarter and year. International payment transfers were executed via the public telex network. During the 1960s and 1970s, the large long-distance data processing networks came into being: bank branches were linked with the computer center, data collection was decentralized and the servicing centralized, with the output processing being a mixture of the two.

Datenverarbeitungs-System see: voll integriertes D.

Datowechsel see: Nach-Sicht-Wechsel.

Dauerauftrag standing order (preauthorized debits): instruction issued by the customer for the regular payment by the bank (usually until expressly revoked) of certain obligations. Standing orders are most suitable for the transfer of regular amounts, such as rent, telephone bills, insurance premiums and the like.

dauernde Beteiligungen permanent holdings: long-term participations in the capital of other companies, e. g. through the acquisition of shares (an equity interest). In contrast to the purchase of fixed-interest securities, which is effected primarily in order to benefit from the expected return and/or possible capital gains, permanent holdings aim at exerting an influence on the management in which an equity participation is held or at attaining similar objectives. Depending on the circumstances, permanent holdings are used to obtain a certain equity quota (minority or majority holding).

Deckung collateral: security for a credit or other commitment or liability, usually in the form of something readily convertible into cash, such as merchandise, bonds or shares, etc.

Delkredere-Risiko the delcredere risk: risk that the debtor may not be able to pay interest or repay the principal; depends on the borrower's financial standing.

Deport backwardation; discount:
1. the rate of interest paid by a bear speculator for deferring from one account day to the next final settlement of shares sold during the account period. The expectation of a bear who pays backwardation is that the price of the stock concerned will fall in the near future;
2. the extent to which the spot price of a commodity or the spot rate of a currency, plus the cost of rent and interest, exceeds the future price or forward rate.

138

Depositen see: Einlagen.

Depositenkonto deposit account: deposits placed with a bank for which the customer obtains fundamentally the same terms and conditions as for a deposit book but the account is not kept by means of a book issued to the customer.

Depositenzertifikat certificate of deposit (CD): money market instrument and negotiable claim issued by a bank in return for a short to medium-term deposit, usually 1–12 months but in exceptional cases up to 5 years. CDs were first issued in U.S. dollars in New York, but now also exist in other currencies. CDs issued by the London branches of U.S. banks, for example, are usually in dollars.

Depot securities deposit account; safe custody account; custodianship account (USA); safekeeping account: an account used to safeguard valuables or securities. In a sealed deposit, the valuables are surrendered for safekeeping, wrapped or sealed. This kind of safekeeping account is suitable for valuables which do not require management or administration, such as jewelry or documents. In an open deposit, the safekeeping function is combined with an agreement with the bank to manage or administer the contents, usually securities.

Depotbank depositary: bank or broker where the valuables of a custody account (safekeeping account) are stored for safekeeping.

Depotbewertung custody account analysis: analysis of a securities custody (safekeeping) account according to the market value, income and distribution of the risks by industries, countries and currencies associated with the investments.

Depotgebühr custody account charges: annual fee for the safekeeping and administration of securities charged by the banks in the custody account business.

Depotschein deposit slip: printed form provided by a bank as a receipt for valuables actually placed into custody (safekeeping) account.

Depotstimmrecht see: Auftragsstimmrecht.

Depotwechsel, Kautionswechsel, Sicherungswechsel collateral bill, collateral note (usually issued as a promissory note): instrument intended for securing a claim the amount of which is not yet known. Enables summary bill enforcement procedure in the case of non-performance by the debtor.

Deutsche Mark (DM) currency unit of the Federal Republic of Germany; Deutsche Mark / Pfennig, ¹⁄₁₀₀. The Federal Republic of Germany participates in the exchange rate and intervention mechanism of the European Monetary System. The Mark is fully convertible. Payments of any kind to and from abroad are free.

Devisen foreign exchange: all claims to foreign currency payable abroad, whether consisting of funds held (in foreign currency) with banks abroad, or bills or cheques, again in foreign currency and payable abroad. In the trading of foreign exchange between banks, which is the job of the foreign exchange dealer, only foreign currency held with banks abroad is concerned.

Devisenausländer non-resident: private person and legal entity treated as foreigners in the eyes of fiscal, currency control or other legislation.

Devisengeschäfte foreign exchange operations: buying and selling claims on another country denominated in foreign currency and payable abroad, esp. in the form of bank balances, checks, bills of exchange, etc. The bulk of foreign exchange operations involve the dollar on one side. Due to the time difference of five to six hours between Europe and New York, dollar payments can be initiated several hours later than payments in Continental currencies and still arrive with the same value date.

Devisenhandel foreign exchange dealing. The banks are the natural intermediary between foreign exchange supply and demand. The main task of a bank's *foreign exchange department* is to enable its commercial or financial customers to convert assets held in one currency into funds of another currency. This conversion can take the form of a «spot» transaction or a «forward» operation. In line with the growth of international trade and the liberalization of capital movements, the volume of foreign exchange business grew tremendously in the course of the Sixties and the early Seventies. Under floating, with its sharp rate fluctuations, the volume grew further but excessive speculation also entered the market, and resulted in some spectacular bank failures in 1974. Thanks to restrictions imposed by monetary authorities in a number of countries and tightened regulations within the banks themselves, international foreign exchange activities have since been scaled back to a more normal level. The observation of the French economist Gaétan Pirou that foreign exchange deals spring from «the coexistence between the internationalism of trade and the nationalism of currencies», thus aptly describes at least the original motive of this «métier». Clearly, the day that sees the arrival of a single world currency will also witness the disappearance of foreign exchange business.

Devisenkontrolle foreign exchange controls: the control by the state through various measures regulates the extent to which its currency can be exchanged for that of another country and allocates existing and future foreign exchange balances. Usually regulations are imposed to restrict the outflow of foreign and frequently also domestic currency. Countries with foreign currency shortages generally introduce very far-reaching exchange controls.

Devisenkurs, Wechselkurs foreign exchange rate; rate of exchange; conversion rate: rate of conversion: the rate (price) at which one currency is exchanged for another currency, for gold or for special drawing rights provided it involves a cashless transaction (foreign exchange dealing, checks, bills, payment transfers). Most countries use direct quotation. This means that the exchange rates give the equivalent of a certain quantity of the foreign currency quoted (normally one hundred units, but only one unit in the case of the dollar and the pound).

Thus, foreign currencies are expressed in pesetas in Spain, in Deutschmarks in Germany, etc. There are, however, exceptions to the rule. Great Britain in earlier times did not have the decimal system, and it was therefore easier to quote the value of one pound sterling in terms of the foreign currency: this method of indirect quotation is still used now even though in 1971 Great Britain also switched to the decimal system. In the United States, at least for domestic purposes, the direct quotation is used, which means that the prices for foreign currencies are expressed in dollars; in their international foreign exchange activities, the American banks however adhere to the «European terms», which fo them is indirect quotation.

On the other hand, when it comes to professional foreign exchange dealing among banks, dealers normally quote dollar rates. In other words, the values of the various local currencies are expressed by indicating the price of one US dollar in local currency.

See also: fester Wechselkurs, flexibler W.

Devisenoption   foreign exchange option: it corporates the right, but not the obligation, to buy or sell a specific amount denominated in a foreign currency on a fixed date at a price (also called basic or striking price) agreed upon at the time the transaction is concluded. If the buyer acquires a right to purchase, we speak of a call option, while a right to sell is termed a put option; the buyer always acquires a right, but never an obligation. In other words: the buyer has the right to choose whether he wishes to exercise his right or to let it expire. For this choice, he must pay the seller a price, which is termed an option premium. The maximum risk the buyer incurs, therefore, is the loss of his option premium. Options are particularly well suited for hedging against currency risks that are not too apt to occur. A good example is the presentation of an offer in a foreign currency by an exporter; a foreign currency risk arises in this case only if the offer actually leads to a contract of sale.

Dienstleistungen   Services.

«The Importance of ensuring freedom to provide services should not be overlooked: in 1982, services accounted for approximately 57% of the value added to the European Community economy in that year. Covering a great variety of economic activities ranging from management consultancy, banking and insurance to transport, information technology, bingo parlours or launderettes, services are playing an increasingly important role in the economy and have become as important as manufacturing industry in their contribution to employment. Certainly, in the

Commission's (of the European Communities) view, it is no exaggeration to see the establishment of a common market in services as one of the main preconditions for a return to economic prosperity. The White Papier treats goods and services equally and seeks to eliminate barriers to both. Yet much less progress has been made in liberalizing the provision of services. The Treaty explicitly provides that services should operate throughout the Community without restriction. A renewed impetus is needed to ensure that this becomes a reality.

This, too, must be done on the basis of mutual recognition, underpinned where necessary by common rules. Where the service concerned is generally government-regulated, as banks or insurance companies are, for instance, the primary task of supervision will be carried out by the government where the service company is based, with the role of the authorities of the country where the service is being provided being limited to ensuring respect of certain basic rules of commercial behaviour.

This system will apply both to the new service areas, such as information technology, marketing and audiovisual services, and the more traditional services such as transport, banking and insurance.»

Source: Europe without frontiers: Completing the internal market. European Documentation, 1988.

Direktor Manager (GB); Vice President (USA);
– stellvertretender Direktor Deputy Manager (GB); First Vice President (USA).

Direktzugriff on-line: the user's display screen (terminal) is linked to the central processing unit, enabling direct access to all the centralized data.

The on-line operating system enables the linkup of cash-dispenser networks, self-service banks offices, interbank payment-transfer networks and customer computers.

Diskont discount: interest withheld when a note, draft or bill is purchased.
– Lending: interest collected in advance at the time a loan is made.
– The amount expressed in points that is subtracted from the face value of a loan in order to increase the effective yield.
– Investments: debt discount is the difference between the proceeds of bonds sold by the issuing company below par and their par value.
– As applied to security prices, a term used in two expressions: at a discount, referring to a security selling below face or par value, in contrast to one selling above par (at a premium); have been discounted, referring to certain conditions or factors that are believed to be already reflected in the current market price of a security, by either a lower or a higher price than might have prevailed without such influencing conditions or factors.

The discount is calculated for the period from discounting to the due date as follows:

$$\frac{\text{Amount of the bill} \times \text{discount rate} \times \text{number of days}}{100 \times 360}$$

Diskont à forfait discount without recourse: non-recourse financing; purchase of negotiable instruments where the buyer waives the right of recourse in respect of the seller of the instruments to which the buyer would be entitled under the law on bills of exchange. Mainly used in connection with exports to Comecon countries and some development nations.

Diskontkredit discount credit: credit or discount line granted to a customer by a bank for the provision of liquid funds by presenting bills of exchange or similar commercial paper. On the strength of the discount approval, the customer can have bills discounted up to a stipulated total amount, but remains liable, due to his endorsement of the bill, along with the other endorsers as joint debtor until the bill is paid on maturity.

Diskontrate, Diskontsatz, Bankrate discount rate: the percentage rate of interest which a bank or other lender deducts in advance from loans made, or from the face value of bills of exchange or commercial paper bought for the time from the discounting to the maturity of the instrument. The amount of the discount rate depends on the liquidity of the financial markets and the party liable under the bill. The commercial banks apply the private discount rate in their discounting operations, which as a rule is higher than the official discount rate of the Central Bank.

Dividende dividend: a share in the profits of a limited company (corporation) or cooperative. The rate of dividend is determined at the General Meeting upon the proposal of the Board of Directors. Distribution to the owners of participation certificates and dividend-right certificates are also called dividends. Dividends can take form of a cash dividend (payment in cash), stock dividends (allocation of new shares of the company) and dividends in kind (distribution of material things).
See also: ex Dividende.

Dividendenkupon, Dividendencoupon dividend coupon: the coupon of the coupon sheet attached to the share certificate designated in the dividend declaration which must be presented for the payment of the dividend. The dividend coupon incorporates the claim to the dividend in the form of a bearer instrument. Not customary in the United States.

Dokumentartratte documentary draft: a draft drawn by the seller on the buyer and accepted by the latter in connection with a documentary transaction (documentary credit collection). If the draft contains the notation D/A (documents against acceptance), the documents are already handed over upon acceptance of the draft. If it is marked D/P (documents against payment), they are handed over only after the acceptance has been paid.

Dokumente gegen Akzept documents against acceptance. The collecting bank is allowed to release the documents to the buyer only against acceptance of a bill of exchange. The seller must be aware that the bill of exchange represents his only security after the documents have been released. He will sell on this basis only if he is sure that the buyer will meet the bill at maturity.

Dokumente gegen Zahlung documents against payment. The collecting bank is allowed to release the documents to the buyer only against cash payment in the prescribed currency. In this case, the UCP prescribes that the documents may be released by the collecting bank only if the amount paid is freely available immediately, unless this is contrary to the provisions of local laws or regulations which cannot be avoided.

Dokumenten-Akkreditiv, Dokumentarkredit documentary letter of credit. The most common form of the commercial letter of credit, the documentary credit, is an arrangement for the safe negotiation of a payment and credit transaction, esp. in connection with merchandise.

The documentary credit covering merchandise consists of a written undertaking on the part of a bank to pay, on instructions from the buyer (the applicant), a certain amount to the seller (beneficiary) within a prescribed time limit and against surrender of stipulated documents covering the shipment of goods contracted for between seller and buyer, to accept it or to negociate it, or to authorize another bank to make such payments or draft negotiations if the conditions are met.

All instructions to open, confirm or advise a documentary credit must precisely list the documents to be presented. These are some of the documents concerned:

shipping documents, «on board»;
bills of lading;
insurance documents; consular invoices;
commercial invoices;
certifications of origin;
weight or quality certificates.

The rules and regulations governing documentary credit transactions were summarized by the international Chamber of Commerce in Paris in the «Uniform Customs and Practices for Documentary Credits» (UCP).

See also: Akkreditiv mit aufgeschobener Zahlung; revolvierendes Akkreditiv; Sicht-A.; übertragbares A.; unwiderrufliches A.; widerrufbares A.

Dokumenten-Inkasso documentary collection. Documentary collection is a practical way of handling trade transactions for which the parties to the contract are prepared to forgo the security offered by documentary credits, but still do not wish to make deliveries on open account.

The documentary collection is an order by the seller to his bank to collect a certain sum from the buyer against transfer of the shipping documents. Payment may be made by cash or by acceptance of a bill of exchange.

The documentary collection is mainly appropriate in cases where:

the buyer's ability and willingness to pay are not doubted;

the political, economic and legal conditions in the importing country are considered to be regular;

no import restrictions, such as foreign exchange controls exist in the import country, or else all of the necessary licences have already been obtained;

the goods being supplied are not made to order.

In the course of time, various formulations, expressions and terms have arisen among banks in connection with documentary collection business. In order to ensure uniform interpretations in international trade, the International Chamber of Commerce in Paris has prepared «Uniform Rules for Collections», URC.

See also: Dokumente gegen Akzept; Dokumente gegen Zahlung.

Domizilwechsel domiciled bill: bill containing a domicile clause which shows where the bill will be honored for payment. In actual practice, bills are usually domiciled at the bank of the acceptor.

Doppelbesteuerungs-Abkommen: Double Taxation Agreement: an agreement signed between different nations for the purpose of removing or alleviating the effects of double taxation either by crediting the foreign tax against the tax in one's country of domicile or by reclaiming the foreign tax to the extent allowed under the particular treaty. The «Organization for Economic Corporation and Development» (OECD), Paris, has drafted a model agreement and recommendations in order to standardize double taxation agreements.

Doppelwährungsanleihe dual currency loan: a loan in connection with which the interest payments are not made in the same currency as the payments of the principal.

Dotationskapital endowment capital:
1. capital stock placed at the disposal of a public authority entity by a country or state or municipality;
2. capital stock made available by a firm to its dependent branch or branches.

E

Echtzeit real-time: immediate processing of each inquiry in contrast to Batch operations which involve the processing of inquiries one after another.

Eckzins base rate; standard interest rate. Criteria, for example:
- interest rate for savings deposits with statutory period of notice; the standard rate applies as a guide to savings deposits with freely agreed periods of notice;
- base lending rate: standard rate of the London Clearing Banks for lendings.

EDV see: Elektronische Datenverarbeitung.

Effekten, Titel, Valoren, Wertpapiere, Wertschriften
1. in the widest sense, documents giving title to property or claims on income which may be lodged, e. g. as security for a bank loan;
2. income-yielding papers traded on the stock exchange or in secondary markets. Usually a synonym for stocks and shares. An essential characteristic of a security is that it is saleable.

Effektenabrechnung securities trading statement: statement listing the accounting facts and data regarding the sale or purchase of securities, such as the buying or selling prices, numbers and types of securities, taxes and brokerage charged, and payment or credit dates.

Effektengiroverkehr see: Girosammelverwahrung.

Effektivverzinsung real return: if the inflation rate is deducted from the yield on an investment, the balance is the real return.

eigene Mittel, Eigenkapital capital resources; shareholder's equity; stockholders' equity; capital funds; capital accounts; net worth: the net assets of a company, calculated as the excess of the assets over the liabilities. In the case of banks, the term includes, principally the paid-in capital stock (share capital), the reserves, including surplus carried forward, reported in the balance sheet, and the undisclosed reserves.

Eigenkapital see: eigene Mittel.

Eigenkapitalbestimmungen, Eigenmittelvorschriften capital resources, equity: the net assets of a company, calculated as the excess of the assets over the liabilities. In the case of banks, the term includes principally the paid-in capital stock (share capital), the declared reserves, including surplus carried forward (basic capital), in the balance sheet.

International harmonization of regulations governing own resources: according to recommendations by the Governors of Central Banks (members of the Club of Ten) to banks operating on the international markets and with effect from 1 January 1993, at least eight percent of risks and liabilities must be covered (secured) by capital resources (owners' equity). The capital resources relevant to the Club of Ten are comprised of two levels:

- basic capital, which must make up at least 50% of the equity capital;
- undisclosed reserves, general reserves, secondary loans, specific types of preferential shares.

This contributes to stability of the international financial system and places capitalization of banks trading on the international market on a comparable basis. The banks are assigned a uniform «equity capital burden» as a result of which equitable competition is fostered in the international competitive sector.

Eigenwechsel, Solawechsel   promissory note: a written unconditional promise to pay, issued and signed by debtor himself, engaging to pay on demand at a fixed or determinable future a certain sum of money to or to the order of a specified person, or to bearer.

einfache Bürgschaft   simple (ordinary) guarantee: an obligee can demand payment from an ordinary guarantor only if the principal debtor has become bankrupt or has received payment respite under a composition agreement or certain other conditions have been met. Where the claim so guaranteed has been secured by pledge, the ordinary guarantor may call on the obligee to have primary recourse to the pledge, unless the principal debtor has become bankrupt or has received payment respite.

Eingang vorbehalten   subject to collection: a clause by which the bank reserves the right to reverse or cancel a credit entry if the countervalue of promissory notes and other debt certificates (such as bills, drafts and checks) cannot be collected.

Einheitliche Europäische Akte, die E. E. A.   the Single European Act. «The Single European Act contains the first major amendments to the Treaty of Rome establishing the European Economic Community, since its adoption in 1957. This Act has replaced the original Treaty requirement for decisions to be taken by unanimity with a qualified majority requirement as regards certain measures which have as their object the establishment and functioning of the internal market. The unanimity requirement has, in the past, made any decision-making a complex and lengthy process and meant that progress was often slowed to the pace of the most reluctant Member State.

The importance of the Act for the achievement of the internal market lies in the fact that it provides the necessary political impetus and legal framework to achieve a truly unified market by 1992. Above all, the adoption of the Single Act reflects the renewed political will of the Community to halt the economic fragmentation of the Community and to complete, within a given timeframe, the aims of the original Treaties. It entered into force on 1 July 1987.»

Source: Europe without frontiers: Completing the internal market. European Documentation, 1988.

Einheitliche Richtlinien und Gebräuche für Dokumenten-Akkreditive, ERA   Uniform Customs and Practice for Documentary Credits (UCP). In the course of

147

time, a number of practices, expressions and terms have evolved between banks dealing with documentary credits. To ensure uniformity of interpretation in international trade, the International Chamber of Commerce in Paris has worked out the «Uniform Customs and Practice for Documentary Credits». These have been revised and brought up to date several times in the past. They are now applied by the banks in nearly all countries.

Article 2 of the UCP states that it should be applied for all transactions where a bank is instructed by a customer to make a payment or to accept bills of exchange against receipt of certain documents.

Einlagen, Depositen deposited funds: money placed on deposit with a bank by customers. In the broader meaning of the term it includes all types of funds accepted by the bank for deposit which is also placed by the public.

By a narrower definition, deposits are only funds placed by customers in savings, deposit and investment savings books and accounts.

Einlagensicherung, Sparerschutz protection for savers. «Increased competition between financial institutions must not lead to weaker protection for the users of financial services. This is why European harmonization of prudential rules and supervisory standards is necessary. In facilitating freedom for the provision of financial services throughout the whole of the Community, it should guarantee the solvency and stability of credit institutions and information and protection for savers. The approach proposed is as follows:

– Minimal, limited harmonization of the essential elements of prudential rules and standards: definition and minimal amount of own funds, solvency coefficients, supervision and control of major risks, conditions of access to financial activity, guarantee for depositors.

– Mutual recognition by Member States of the rules and techniques of control implemented by each of them, since they conform to jointly defined minimal principles.

– Control, by the country of origin of a financial institution, over all its activities, where such activities are carried out inside the Community, whether by cross-border provision of services or by the intermediary of a branch established in another member country.»

Source: European File, A Eropean financial area: the liberalization of capital movements. 1988, Commission of the European Communities.

Einzelverwahrung separate custody of securities (so-called jacket custody): a securities safekeeping account where a customer's securities are deposited separately from those of other customers or those owned by the bank.

elektronische Bank Electronic Banking: a qualified range of information provided by the bank for its customers: real-time information readiness. Purpose-built automatic machines for direct and independent processing of transactions in the banking hall. Fast and convenient operation from the customer side.

Electronic systems are an important aid nowadays in helping banks to gain a competitive advantage. But banks which have embraced technology have quickly noticed that the traditional banker cannot solve the technological problems without the assistance of well-trained and experienced engineers and computer specialists.

It therefore comes as no surprise if generalists with a technical background have emerged in the high ranks of major technologically advanced institutes. The extremely high level of spending on development for the installation of new electronic systems is forcing major internationally operative institutions to entrust their own research teams with the technological problems which will arise in the future.

elektronische Datenverarbeitung (EDV) electronic data processing. The banks – specializing, strictly speaking, in information processing – have been utilizing computer technology since the 1950s. The initial challenge facing the banks was to make processes out of laborintensive work flows with a high degree of division of labor and to apply automation to these procedures. In this initial stage, the computer was employed as a work machine and was regarded as a means of streamlining operations. Thus, in the course of time, all significant in-house work-flow procedures have been recorded and electronic data processing introduced. The processing moved in step with the daily work tempo: the transactions of each day were recorded and, in the following night, processed, entered in the books, converted into bank and customer vouchers, forwarded to the post office and dispatched.

See also: voll integriertes Datenverarbeitungs-System.

elektronischer Zahlungsverkehr electronic fund transfer (EFT): any transfer of funds, other than a transaction originated by check, draft, or similar paper instrument, which is initiated through an electronic terminal, telephonic instrument, or computer or magnetic tape so as to order, instruct, or authorize a financial institution to debit or credit an account.

Emissionsgeschäft security issue business, underwriting: public offering of new securities. The subscriber has to fill out a subscription order blank and to submit it to the bank. Depending on the total subscriptions received, the bank will then allot either all or part of the desired bonds to the subscribers (the remaining units can always be purchased on the market at a later date).

Emissionskurs see: Ausgabekurs.

Emissions-Syndikat issuing syndicate, underwriting syndicate: group of banks having for object the underwriting and issuing of domestic and foreign bond offerings, capital increases, the listing of stocks and bonds on the stock exchanges and related operations. In view of the fact that amounts are often invested that exceed the financial resources or risk-taking willingness of a single banking institution, banks form syndicates to facilitate the placement of major issue. As important capital collecting and distribution points, they fulfill an essential economic function.

Emittent issuer; borrower: private sector corporation or public authority raising funds for its own use by issuing securities on the public market (bonds or stocks).

enger Markt narrow market: if a security is traded irregularly or if only a few units of a particular issue are in circulation. Sizable buying or selling orders for such securities generally lead to sharp price fluctuations.

ERA see: Einheitliche Richtlinien und Gebräuche für Dokumenten-Akkreditive.

Eröffnungskurs opening price: in the securities trade, the price paid in the first, or opening transaction in a given security on a given day.

ERP-Kredite: Im Rahmen des Europäischen Wiederaufbauprogrammes (European Recovery Program, ERP) wurden seit 1946 Lebensmittel, Rohstoffe und Investitionsgüter im Werte von etlichen Mrd. $ nach Europa, und mithin auch nach Westdeutschland, geliefert. Da die USA auf die Bezahlung eines Teils dieser Lieferungen verzichteten, verblieben aus den DM-Zahlungen der deutschen Importeure Überschüsse, aus denen das «ERP-Sondervermögen» gebildet wurde.

«Die Verwaltung dieses Sondervermögens, das inzwischen – insbesondere durch Zinserträge – auf rund 15 Mrd. DM angewachsen ist, erfolgt durch die Kreditanstalt für Wiederaufbau und die Deutsche Ausgleichsbank. Die Mittel des ERP-Sondervermögens werden überwiegend als zinsgünstige Kredite vergeben. Aus Tilgungsrückflüssen, Zinseinnahmen sowie ergänzenden Kreditaufnahmen stehen hierzu pro Jahr rund 5 Mrd. DM zur Verfügung. Schwerpunkte bei der Kreditvergabe sind Investitionsfinanzierungen von kleinen und mittleren Unternehmen einschliesslich der Förderung von Existenzgründungen, die Finanzierung von Umweltschutzmassnahmen sowie Berlinhilfen.»

Quelle: «Rund um das Geld», Stichworte aus den Bereichen Geld, Bank und Börse, 1986. Commerzbank AG, Frankfurt/Main.

ERP Special Fund Foodstuffs, raw materials and capital goods valued at several thousand million US dollars have been supplied to Europe, and consequently to West Germany as well, since 1946 under the European Recovery Programme (ERP). As the USA has waived payment for a proportion of these supplies, DM payments made by German importers have left surpluses from which the «ERP Special Fund» has been formed. The special fund, which has now grown to some DM 15,000 million, especially through interest earned, is administered by the Reconstruction Loan Corporation and the German Interventions Bank. The resources in the ERP Special Fund are devoted largely to low-interest loans. Redemption payments, interest paid and increasing borrowings produce a further DM 5,000 million or so per year. Loans are guaranteed mainly to finance investment in small and medium-sized companies including promotion of small businesses as a means of livelihood, the financing of environmental protection measures and special aid for Berlin.

erste Hypothek first mortgage: a transfer of land or saleable property serving as exclusive collateral for the repayment of a loan granted. First mortgages are usually granted for about two thirds of the value of the property as assessed (not necessarily identical with the market value).

Ertragswert capitalized income value: the value of a capital investment calculated by capitalizing future income by using a stipulated capitalization interest rate. The calculation of the capitalized income value is of particular importance in connection with the appraisal of real estate properties.

Euroanlagen investments on the Euromarket: In the execution of fiduciary transactions, the banks place round amounts of not less than US $ 50,000 or SF/DM/FL 100,000 for fixed periods, ranging from 1 to 12 months with other banking institutions in London, Luxembourg and other financial centers in their own name, but for the account and at the risk of the customer. The banks effecting the placements pass on their customers the same interest terms they are granted by the receiving bank. For their services in connection with the fiduciary investment, they charge their customers a commission. Eurocurrency balances are investments outside the country of origin and therefore harbor potential transfer risks.

Euroanleihen Eurobonds: bonds issued on the Eurobond-Market and denominated in a Eurocurrency.
«Accounting for 41,5% of all issues, the U.S. dollar remained the Eurobond market's principal currency. The issue volume in pound sterling achieved in the first half of the year as a result of strong domestic demand placed Britain's currency in second place with 13,4‰ of the market. The loser was the yen, whose share of the market contracted from 15.5% to 8.7%. Straight bonds accounted for 67.6% of the total volume, instruments with variable interest rates for 13.9% and convertible and warrant issues for 18.5%. The total nominal value of the straight bonds issued exceeded the previous 1986 record by 10.7%. The larger volume of equity capital financing can be attributed exclusively to Japanese issuers. Owing to conditions on the stock markets in other countries, such transactions were possible only in isolated cases, if at all.»

Source: Annual Report 1988. Union Bank of Switzerland.

Eurogeldmarkt   euromoney market, international financial market, on which Euro-currencies are invested at banks from one day – so-called overnight funds – to approximately on year, primarily in the form of time deposits. Universal center: London.

Eurokapitalmarkt   Eurobond market (Eurobonds see: Part I), Eurocapital market: that part of the Euromarkets on which transactions with medium- to long-term maturities are conducted, mainly in the form of Eurobonds.

Eurokredit   eurocredit: international bank credit denominated in an Eurocurrency.

Eurokreditmarkt   eurocredit market: on which banks grant, either alone or in groups, loans in Eurocurrencies to companies or governments. The maturities of these credits are up to ten years, with the average most likely being about five years.

Euromarkt   euromarket: international financial market consisting of several specialized markets on which bank loans and bond issues are transacted in Eurocurrencies such as Eurodollars, Euro-DM and Eurofrancs. Although its name refers to Europe, the Euromarkets are by no means confined to Europe geographically but are today organized worldwide. In Asia it underwent strong growth under the name of Asian Dollar Market.

The change in the structure of borrowers in favour of countries or public institutions confronts the banks with new problems because the assessment of a country's creditworthiness requires a different type of expertise form the one employed in the customary corporate lending business, which is centered on an analysis of the standing of individual companies. Political, socio-economic and economic criteria must be analysed, such as the gross national product, the rate of inflation, the development of monetary reserves.

The big bank's stock exchange departments and subsidiaries in the international issuing sector provide access to Euromarkets. Thus publicly issued and privately placed Eurobonds exempt from withholding tax are supplied in the major investment currencies.

In the Euromarket, operations are divided according to their tenor into the Euromoney market (short-term), the Eurocredit market (medium-term, mainly on a «roll-over» basis)', and the Eurobond market (bond issues).

In addition to changes in the number and principal amounts of the issues placed on the Euromarket, several other changes to the market structure are worth mentioning. Although the U.S. dollar maintained its leading position for international capital procurement the value of classical fixed-interest bonds denominated in this currency dropped by 46%. Various currencies came out as the winners, including the yen, the Australian dollar and the pound sterling.

152

The use of the Australian dollar depended almost entirely on the possibility to hedge issue proceeds with currency swaps.

Europäische Akte see: Einheitliche Europäische Akte.

Europäische Gemeinschaft (EG) European Community (often referred to as «Common Market»).

Since 1 January 1986, 12 Member States have made up the European Community: Belgium, Denmark, Federal Republic of Germany, Greece, Spain, France, Ireland, Italy, Luxembourg, The Netherlands, Portugal and United Kingdom. The E. C. now covers 2,25 million sq km and has a population of 320 million.

The treaty of Rome, signed in 1957, assumes that economic and political unification of the Member States of the Community must be founded on a large, integrated single market. The opening lines of the Treaty spelled this goal out in specific terms:

«The Community shall have as its task, by establishing a common market and progressively approximating the economic policies of Member States, to promote throughout the Community a harmonious development of economic activities, a continuous and balanced expansion, an increase in stability, an accelerated raising of the standard of living and closer relations between the States belonging to it.»

The Treaty clearly envisaged that the Community's prosperity and, in turn, its political and economic unity would depend on a single, integrated market. And to bring that about it set out specific provisions for the free movement of goods, services, people and capital. It also foresaw that this would need to be backed up by action in other related spheres, such as establishing freedom of competition and developing common legislation where necessary.

Europäische Währungseinheit, EWE European Currency Unit (ECU): central point of the currency system which came into force on 13 March, 1979. Among other things ECU serves as base for the rates of exchange and as instrument for balance adjustment among the currency authorities of the European Economic Community (EEC). The weighting of the currencies is based on economic criteria, e. g. on the share of the individual countries of the gross national product of the EEC.

Currency weightings in the ECU basket	%
Federal Republic of Germany	30,10
France	19,00
United Kingdom	13,00
Italy	10,15
Netherlands	9,40
Belgium-Luxembourg	7,90
Spain	5,30
Denmark	2,45
Ireland	1,10
Portugal	0,80
Greece	0,80

Europäische Währungspolitik European monetary policy.

«Free movement of capital and full convertibility of European currencies are not only important elements of a uniform market but also represent the foundations for a future currency union. But to burden European monetary policy today with plans for a common central bank would be to place excessive demands on the ability of EC members to achieve a consensus. The ECU as a weighted average of national currencies will, due to its composition, not be able to replace national currencies. An independent parallel European currency would have to fulfill the same high requirements of stability as the best of the national currencies. Nevertheless, the growing convergence of economic policy and economic trends in evidence in recent years is facilitating the further integration of Europe. A clear sign of this success is the relative stability of central rates in the European Monetary System, notwithstanding the need that will arise for future realignments of parities during the transition to a single market.»

Source: Annual Report 1988. Dresdner Bank, Frankfurt am Main.

Europäisches Währungssystem (EWS) European Monetary System (EMS): form of international currency union voted by the European Economic Community Council of Europe, in Brussels, operating since March 1979. The central element of the EMS is the ecu (European Currency Unit), which is decisive for fixing the central rates and the width of the bands within which rates can fluctuate. The intervention margins are, as in the case of the ‹snake›, plus and minus 2,25%. A wider intervention margin can be provided for certain countries.

See also: Europäische Währungseinheit.

Eurowährung Eurocurrency: currency employed for the balances (assets) and liabilities on the Euromarkets. Among the principal Eurocurrencies are the Eurodollar, the Eurofranc, the Euro-FF, the Euro-DM, the Euro-£ and the Euro-guilder.

Eventualverbindlichkeit, Eventualverpflichtung contingent liability: a liability which will come into definite existence only on the occurrence of some event, such as bank liability under acceptance or other type of guarantee. Contingent liabilities are not included in the balance sheet of a bank but added as information below the bottom line.

EWE see: Europäische Währungseinheit.

ewige Renten consolidated annuities, consols: bond issues without fixed maturity, perpetual government loans: funded government loans that need never be redeemed (but can be at the discretion of the government), only the payment of interest is guaranteed. Issued most commonly in France and the United Kingdom.

EWS see: Europäisches Währungssystem.

154

ex Anrecht ex right: share which is traded without its rights (to subscribe to additional shares below the existing market price), which usually takes the form of coupons, after the trading in rights has commenced. The rights are then dealt independently on the stock exchange where they have been listed for a stipulated period.

ex Dividende ex dividend: a share is quoted ex dividend when the amount of the dividend just paid has been deducted from the price. When a stock is dealt ex dividend, the seller retains the dividend.

Exekution forced sale of collaterals, execution: the forced sale of the assets pledged as security to the bank for a loan if the credit utilization exceeds the lending value of the pledged collaterals or if the customer is in default regarding repayment of principal or payment of interest.

Exportfinanzierung export financing: placing at the disposal of exporters the required capital for the shipment abroad of merchandise, or for the rendering of services such as the construction, engineering and development operations in a different country. Export financing generally takes the form of bank credits granted to the supplier or credit given to the foreign purchaser of the goods. An important role in short-term export financing is played by the documentary credit.
See also: Factoring; Forfaitierung; Kompensations-geschäfte.

Export-Finanz-Kredit export financing credit: one of the instruments used in export financing. Export financing credits are granted by banks to finance export shipments, down-payments, intermediate payments and local costs related to the installation of the plant or equipment delivered by the domestic producer.

Exportkredit export credit; export financing: credit granted for the purpose of financing export shipments. Two main forms of these credits exist in regard to their technical processing by the banks: credit granted to the supplier, and customer or buyer's credit granted directly to the foreign buyer or his bank. Large credits of this kind are generally supplied by a syndicate of banks.

F

Factoring factoring: a form of sales financing similar in nature to assignment credit in which the factor or factoring company (often the subsidiary of a bank) purchases the trade debts of its clients and collects them on its own behalf. The claims purchased are usually for 30–90 days with the purchase price a certain percentage (often about 80%) of the face value of the debts, with the balance remaining returned to the client after deduction of a service charge once the debt is collected. The purchase price paid by the factor is credited to the client after deduction of the factoring fee, to which are added the financing fees depending on the utilization of the credit. As a rule, the factor also assumes the del credere risk, i. e., assignement without guarantee for collection.

Fälligkeit, Verfall   due date; maturity date: the date on which a debt (bill of exchange, note, coupon, etc.) becomes payable. If the debtor fails to perform payment by that date, he is said to be in default.
See also: mittlerer Verfall.

Faustpfandkredit   loan against pledge: loan secured by the pledging of collaterals, such as securities, merchandise, etc.

federführende Bank   lead manager: the bank which in the case of a bond issue or syndicated loan acts as representative of the syndicate members in the negotiations for the terms and conditions of such a loan with the borrowing company and manages the placement of the issue.

feste Schuld   consolidated debt: long-term funded debt of a public authority (e. g. bond issue).

fester Vorschuss   fixed advance: loan of a certain sum of money repayable on an agreed due date (as a rule 6 weeks, 3 months or 6 months) or when called. Listed in bank balance sheets under fixed loans and advances.

fester Wechselkurs   fixed exchange rate: officially fixed exchange rate of a currency, with the rate kept within the permitted margin of fluctuations or bands in trading on the foreign exchange markets, if necessary by central bank intervention.
See also: Devisenkurs.

Festgelder, Termingelder, Zeitgelder   time deposits: money placed at the disposal of a bank for a period fixed in advance, such as threemonth deposit, drawing higher interest than sight funds.

Festübernahme (feste Übernahme)   firm underwriting; direct underwriting: most important form of underwriting bond, share or note issue. A bank or syndicate (consortium) of banks takes over the entire face amount of the issue or share capital increase and places it on the market for public subscription at its own risk.

festverzinsliche Werte   see: Rentenwerte.

Finanzdienste   financial services.
«Financial services are a prime example of a sector which is both a vast potential market in its own right and a vital element in the efficient working of the whole of the manufacturing and other service sectors. The challenge for the European Community is to reconcile the need for high standards of supervision and financial security with enabling the sector to

respond to the ever-changing and increasingly sophisticated needs of its customers – both business and individual – throughout the European market.

A considerable amount of the legislation needed to open up the Community market in financial services is already in place, but more remains to be done. In what is inevitably a highly regulated sector, the approach has been to confine harmonization to the essential safeguarding of financial security and prudential practice, leaving as much as possible to be covered by the principle of mutual recognition, on much the same basis as is applied to trade in goods.

Thus, for instance, the standards of financial stability which banks and insurance companies must satisfy and the management principles which they must apply have been or are being thoroughly coordinated. The Commission's programme provides for the establishment of basic rules for the protection of investors, depositors, policy-holders and others to ensure guaranteed minimum safeguards throughout the Community. With that basic regime largely in place, the way is now being opened up for the providers of financial services established in one Member State to be able to offer their ‹financial products› in any other Member State, subject to a minimum of locally imposed conditions in some cases.

Turning to investment opportunities, the White Paper programme recognizes the need for industrial and commercial concerns operating in the large European market to be able to obtain finance Community-wide, and the advantages of investors being able to choose their investments form a Community-wide market. Further measures will deal with the information required to be contained in any prospectus for the public subscription or sale of securities, the conditions for the listing of transferable securities on any national stock exchange, the marketing of units in collective investment schemes (such as unit trusts), and the disclosure of changes in major shareholdings in public listed companies. All of these measures are directed to the wider marketing and availibility of the financial instruments concerned while ensuring basic guarantees of investor protection.

As a result of these and other measures it will soon be possible to excercise a wide choice between loans, investments and different kinds of insurance cover – plus any related financial services – on the terms offered in any Member State and in the knowledge that certain minimum standards are being applied to ensure essential levels of protection Community-wide.»

Source: EUROPEAN DOCUMENTATION, Europe without frontiers – Completing the internal market, 1988. Commission of the European Communities.

Finanzierung financing: any one of several methods of obtaining or supplying money or credit for a business enterprise or an individual, for example by placing a bond issue or by lending money against the pledging of accounts receivable. The type of financing involved (the financing structure) of a corporation is shown in its general outline on the liabilities side of the balance sheet.

Finanzierungsschätze financing bonds: unquoted securities with a currency of one to two years issued on a continuous basis by public authorities in West Germany. They are restricted to investors in West Germany, other than banks.

Finanzkredit financial loan; medium term financing: bank loan for a fixed amount and for a fixed term without linking the use of the loan to a commercial transaction. For internationally operative banks, the financial loan is an important form of credit granted to foreign borrowers, especially to public entities abroad.

Finanzmärkte financial markets. When the Treaty of Rome was signed at the end of the 1950s, Europe was emerging from the period of post-war reconstrction, which was marked by weak interpenetration of financial markets and, often, external inconvertibility of currencies. Since that time, the development of financial dealings has made for international, even world, financial markets which were created by private initiative, frequently avoiding regulation and remarkable for their capacity to adapt swiftly. Among the reasons for such a development are:
– the multinationalization of trade flows and of firms themselves, which obliges financial establishments to strengthen their presence abroad;
– the desire of economic agents to provide against the risks of variations in exchange or interest rates and to manage available funds as well as possible, by using increasingly sophisticated financial instruments for reasonable anticipation of market developments and, sometimes, for speculation.

Finanzraum see: integrierter Finanzraum.

Finanzwechsel financial bill: bill of exchange without direct connection with an actual business transaction which frequently takes the form of a promissory note. Usually offers less security to the bank than a commercial bill linked to a certain merchandise transaction and liquidated together with the settlement of the transaction. The category of finance bills includes treasury notes and bills issued by public authorities and banker's acceptances.

Firmenkundengeschäft business with corporate customers.
«For several years now we have been supporting and encouraging business start-ups. An important feature of these activities is the comprehensive counselling with which we assist the new entrepreneurs at the planning stage and when their operations are getting under way. Our business start-up seminars continue to enjoy considerable popularity, as do our publications dealing with the various aspects of this subject, including the «Information on Starting a Business»

158

booklet. Besides the foregoing, an important part of our Business Start-up Programme consists of the arrangement of the necessary finance, where the assistance available under various public development schemes can be backed up by the Dresdner Bank Business Formation Loan. This latter provides for partial deferment of interest payments and is specially tailored to meet the needs of business starters. So far, this programme has enabled us to lend around DM 500 million to some 2,300 new entrepreneurs.»

Source: Annual Report 1988. Dresdner Bank, Frankfurt am Main.

fixen see: Leerverkauf.

flexibler Wechselkurs floating (flexible) exchange rate: exchange rates that are determinated by the supply and demand for the currency on the foreign exchange markets and are allowed to move or ‹float› freely without any – or minimal – central bank intervention (clean floating).

See also: Devisenkurs.

Fluchtgeld, Fluchtkapital flight capital, hot money: assets removed for fear of political developments, government intervention, currency unrest, high taxes, etc., to another country with more stable conditions, sometimes in violation of capital export or exchange control laws.

Flugzeug-Hypothek aircraft mortgage: claim secured by a lien on an aircraft entered in the airplane register.

Forfaitierung non-recourse financing: purchase by a bank or financing company of the medium and longterm accounts receivable (usually claims for exported goods) of a firm, waiving the right of recourse on the seller.

Frachtbrief waybill (not negotiable): a written listing and description of goods included in a shipment by rail or road. In maritime trade, one talks of a bill of lading.

Fraktion fraction; odd lot (USA): in share trading, number of share units which is smaller than the number of units usually traded, distinguished from the round lot which is a multiple of the trading unit.

Franken Swiss currency unit: Swiss Franc / Centimes (Schweizerfranken – Rappen), 1/100. Exchange rate arrangements: the Swiss Franc is independtly floating. Fully convertible. Payments of any kind to and from abroad are free.

franko free from duties, transportation charges and other levels. Used also as delivery condition, e.g. franco . . . (named place of delivery), which means that the seller must bear all transportation charges and duties up to the named place.

freier Kapitalverkehr free movement of capital. A considerable degree of liberalization has already been achieved in relation to the movement of capital Community-wide. The Commission's (of the European Communities) objective is the complete liberalization of all financial transactions: this means, in effect, complete freedom of movement for all financial instruments including cash, bank transfers and all other financial instruments. This objective is clearly linked to the liberalization of financial services and ensuring fair conditions of competition and adequate saver and investor protection Community-wide. Complete freedom of movement for capital also has implications for each Member State's balance of payments and increased possibilities for tax evasion. In this context the Commission has proposed a directive to extend liberalization to investments in short-term securities, current and deposit account operations and financial loans and credits, subject to the possibility of the reintroduction of controls on short-term capital movements in emergency monetary or exchange rate conditions. The Commission has also proposed a declaration of intent and procedure concerning the liberalization of capital movements to and from non-member States and a uniform system for the provision of medium-term financial support for individual Member States.

fremde Mittel, Fremdgelder deposits and borrowed funds: funds listed in the balance sheet which a bank or other company borrows or accepts from third parties (depositors, bondholders etc.).

Fremdwährungskonto foreign currency account: an account not denominated in local currency but in the currency of another country.

Fusion amalgamation (GB); merger (USA): the fusion, or combination, of two or more separate companies into one. This can be accomplished either by one company buying up all the shares of the other, or by giving its own stock in exchange for the shares of the merged company, or by buying all the assets of the merged company which is then dissolved.

Fusionen und Übernahmen (Investment Banking)

«The wordlwide process of deregulation, the introduction of numerous new financial products and the related changes in market conditions will also compel the banking system to make strenuous efforts in the future. For example, in the sector of corporate takeovers new ways must be found to protect the interests of all parties concerned. It is still too early to say whether the exceptionally large increase in the number of takeovers that are wholly or largely financed on the basis of borrowed funds – a widespread practice in the United States, but one becoming more commonplace in Europe, too – will generate another debt problem. For example, the long-term effects of leveraged buyouts on the financial markets remain to be seen.»

Source: Annual Report 1988. Union Bank of Switzerland.

G

Garantie guaranty: the undertaking of responsibility by one party for another party's debt or obligation to perform some specific act or duty. Although the original debtor is responsible for the debt, the guarantor becomes liable in the event of default.

See also: abstrakte Garantie.

Gebietsansässiger resident.

«The liberalization of capital movements gives a resident of one Member State the right to access to the financial system of another Member State in order to conclude investment, placement,lending or borrowing operations there. It must be accepted that, in so doing, he agrees to comply with the regulatory framework of the financial market or financial institutions with which he is dealing and that the rules of his country of residence cannot be invoked in order to protect him.»

Source: «Creation of an European Financial Area». Commission of the European Communities, 1987.

gedeckter Kredit secured credit: credit granted on the basis of security of collateral pledged or deposited to assure repayment. The security may take the form of a pledge of securities an assignment, a guarantee, a surety or real and personal collaterals.

Gehaltskonto, Salärkonto salary account: all those drawing a regular salary can benefit from opening a Bank's salary account. All the trouble of making private payments is saved and, in addition, large amounts of cash do not have to be kept at home. If a customer maintains a salary account (as well as a current account or a deposit account), he can make his payment transactions easier by asking for a checkbook, or an eurocheque/Bancomat card. If necessary, it is even possible to overdraw such an account temporarily up to the amount of one month's salary. And, of course, funds kept in a salary account bear interest.

gekreuzter Scheck crossed check: a check whose use has been restricted through special notations. A general crossed check has two parallel lines across the face and possibly with the designation «and company» added. Such a check may be paid by the bank on which it is drawn only to one of its customers or to a bank. A check bearing special crossings has the name of a bank added to the parallel lines, which denotes that it may be paid by the bank on which it is drawn only to the designated bank or, if the check is drawn on it, to one of its customers. A general crossed check may be converted into a special crossed check, but not vice versa.

Geldautomat, Bancomat cash dispenser, bank note automat, Bancomat: a special machine for supplying cash. A time and labor saving device installed by a bank and operated by the customer through inserting a plastic card on which his personal code is embossed, which makes it possible to debit his account with the amount of cash obtained.

161

Geldkredit   money loan: loans under which the bank makes payment directly, such as current account loans or discount credits. Opposite: guarantee credit.

Geldkurs   bid price; buying price: price which a buyer offers for the purchase of securities, foreign exchange or foreign bank notes. In other words, the price or terms at which a person is willing to buy.

Geldmarkt   money market: the open market for lending or borrowing short-term funds and dealing in negotiable instruments. In addition to the national money market, the Euro-money market has developed in recent years into an efficient international marketplace for dealing in short-dated loanable funds.

Major banks are all actively engaged in money market transactions, which consist in accepting and relending deposits. Frequently, different currencies are involved on the two sides – for various reasons – and this gives rise to swap transactions. Short-term funds seek investment abroad, in foreign currency, essentially for two reasons:

– either the domestic money market does not offer the necessary investment possibilities;
– or investments in another country and currency offer a higher return, even on a hedged basis.

Smaller banks, and corporate or private customers, can place time deposits with the big banks, but the latter have no possibility of in turn putting funds into short-term domestic money market instruments, such as treasury-bills – for such paper hardly exists. The big banks are thus forced to place excess liquid funds abroad; this is mostly done by placing dollar time deposits in the Euromarket, on a hedged basis (i. e. one purchases dollars spot and simultaneously sells them forward). With regard to the calculation of interest, it must be mentioned that international deposit business is based on a 365:360-day year, i. e. an exact number of days divided by 360. (Exeption: sterling deposit business, at least domestically, is based on a 365 : 365-day year.)

Geldmarktpapiere   money market paper: securities with a short maturity. Of particular importance for short-term investments abroad are US money market instruments or papers, usually with terms of 3 to 6 months (Treasury bills, banker's acceptances, commercial papers, finance papers and certificates of deposit issued in New York) as well as London certificates of deposit.

Geldmenge   money supply: the stock of money that exists in an economy at a given time. M 1 = circulation of coins and notes in the non-banking sector and domestic nonbank demand deposits at banks and in postal current accounts. M 2 = M 1 plus time deposits. M 3 = M 2 plus savings deposits and salary accounts. Limiting the expansion of the money supply forms an important policy target in many countries.

162

Geldwäscherei money-laundering: when illegally gained money is paid into a bank account or exchanged into foreign currency in order to conceal its criminal origin.

Gemeinsamer Markt see: Europäische Gemeinschaft.

Gemeinschaftsdepot und/oder Gemeinschaftskonto joint custody account and/or joint account: custody account or current account opened in the names of two or more persons jointly. Depending on the exakt terms of the account agreement, withdrawals from such an account may be made by either of the joint depositors alone or only by the signatures of all of them together. It may also be specified that withdrawals may be effected by any two of three or more depositors.
See also: Oder-Konto; Und-Konto.

Generaldirektor General Manager (GB); Executive Vice President (USA).

Genussaktie dividend shares: equity papers issued in the place of repaid shares conferring membership rights and the right to participate in the distribution of profits and liquidation proceeds of a corporation.

Genussschein dividend-right certificate: equity paper which does not confer any ownership rights (no voting rights, for example) but grants the holder the right to participate in the net profit and the liquidation proceeds, as well as the right to subscribe to new shares in the case of an issue.

Gerichtsstand place of jurisdiction: place where a court or judge has the power (competence) to hear and decide a case; the territorial limits within which legal authority may be exercised. In their contracts, agreements and forms, banks also stipulate their domicile as place of jurisdiction.

Gesamtrendite, Globalrendite compound yield: the total return on an investment, consisting of the distribution (dividend, interest) and the price or capital gain or loss, in % of the investment amount. The overall yield of investment trust shares is also calculated in this way.

Geschäftsbedingungen see: allgemeine G.

Gewinn profit: the income remaining after deduction of all expenses during a specific period. In the case of banks, total income less interest paid is considered gross operating earnings, whereas total gross income minus all operating and non-operating expenses is called the net or clear profit. The disposable net profit consists of the net profit for the year plus any surplus carried forward from the previous fiscal year.

Giralgeld see: Buchgeld.

Girosammelverwahrung, Effektengiroverkehr clearing system for settling transactions in securities: system used to rationalize and simplify the trading of securities in that the securities are no longer physically delivered by one bank to another but are settled and balanced against each other through a bookkeeping arrangement via a clearing center: See also: Part I, Euroclear.

glattstellen liquidate a position; close a position: the action of compensating an open stock exchange or foreign exchange position by the related hedge position (for example, covering securities sold forward for a certain date by a forward purchase as of the same date).

Globalrendite see: Gesamtrendite.

Globalzession blanket assignment; general assignment (ceding) to the bank of all present and future claims of the debtor on third parties, as collateral for a loan.

Golddeckung: gold coverage: system under which the bank notes of a country which are in circulation are covered to a certain extent (which may be more than 100 percent) by the official gold reserves.

Golddevisenwährung gold exchange standard: a form of gold standard where a country using it has neither a gold currency in circulation nor reserves held in gold for external purposes, but instead keeps its reserves mostly in the currency and securities of another country which is on the gold standard. In this way both sterling and dollars have been reserve currencies.

goldene Bankregel golden rule of banking: principle which states that the maturities of the loans granted by a bank should be congruent with, or match, the maturities of the deposits used to finance such loans.

Goldklausel gold clause:
1. term in a agreement that certain payments must be effected in gold or gold coins;
2. agreement that the amount of certain payments must be linked to the value of fine gold or of specified gold coins (gold value clause).

Goldkredit gold credit: credit facility in the form of physical gold. The metal is borrowed from a bank and sold on the market; in this way, gold producers (in the fast expanding gold industry of Australia and North America) can immediately acquire the liquidity needed for outlay. The loan is repaid in stages from future production by supplying gold.

Goldmünzen gold coins: coins minted of gold or gold alloys. Some gold coins are still valid as legal tender (for example, in South Africa and Canada). In practice, however, all gold coins are traded at their market value, which is subject to continual fluctuations.

Goldparität gold parity: legally stipulated amount of gold which is equivalent to one currency unit. Owing to the transition to floating exchange rates and the termination of the National Bank's obligation to pay gold for bank notes and coins, the gold parity has lost most of its significance.

Goldpreis gold price. The price of gold has only temporarily been determined by the supply side (production, auctions, etc.). The decisive influence has been demand which in turn has been stimulated by inflation, the state of the dollar and international developments. Moreover the price of gold has never reacted to the event as it took place but rather in anticipation of it. The gold price is therefore a form of barometer which measures international confidence in economic, foreign exchange and political developments.

Goldwährung gold standard: a system of note issue backed by gold, used in the United Kingdom from 1821–1914. The system has the advantage that it gives an automatic check on inflation, and the disadvantage that the total of world trade must be limited by the total output of gold in the world. Three conditions must be satisfied for a gold standard to work:

1. there must be free mintage of gold into the standard legal coins;
2. gold must be free to be imported into or exported from the country without restraint;
3. the legal paper money of the country must be convertible by the central bank into gold on request.

Gratisaktien, Berichtigungsaktien bonus share: shares newly issued by a corporation to its shareholders to the debit of its reserves.

Graumarkt «gray market»: for instance: if in the case of an issue the bonds to be issued are already offered on the free market, before the underwriting conditions have even been fixed.

greifbare Mittel liquid funds: assets which can be used immediately to make payments, i. e. cash and equivalent, giro balances with the Central Bank and postal account balances.

Grossbank big bank; large, internationally operative bank. Frequently as full-services bank, i. e. it not only carries out all types of domestic and foreign payment transactions, accepts savings and deposits, discounts bills and grants credits and mortgages, but also engages in all types of stock market, foreign exchange and underwriting operations for its clients. The range of bank's services also includes investment counseling, the safekeeping and management of securities as well as the sale and purchase of bank notes, precious metals and coins. The bank also aids its customers in establishing business contacts, accepts subscriptions to domestic and foreign securities issues, assists in the formation of companies and administers estates. For the information of its clients, the press and the public the bank publishes stock and bond price lists as well as regular and special reports on economic trends and events, companies and countries, among other publications.

Grundschuld, Grundpfandverschreibung registered land charge: a charge on land which is independent of any claim to be secured; preferred as security for bank loans in view of its greater mobility (opposite: mortgage, which necessarily pre-supposes a loan charge).

H

Haben-Zinsen credit interest: interest paid to the customer of a bank for monies accepted by the bank for deposit (esp. interest credited to the customer for current account balances). The term refers to double-entry bookkeeping because the deposits are entered on the liabilities side.

haftendes Kapital, Haftkapital see: eigene Mittel.

handelbar, übertragbar negotiable; marketable: means that the instrument may be freely transferred and full legal title vested in another party merely by endorsement or proper delivery.

Handelswechsel, Warenwechsel commercial bill: a bill of exchange drawn by an exporter directly on the importer.

Händlerposition dealer position.

«The bank's foreign exchange department has to keep constant track of the positions in the various currencies, which in modern trading rooms is done by computers. This so-called «dealer position» has to reflect the exposure in the various currencies regardless of maturities; it has to record not only spot but also forward transactions and currency exposures resulting from money market operations (the term «risk position» is frequently used to make clear that one refers to the total position, i. e. the one including forward positions, and not just to the spot position).

In principle, the dealer position (risk position) reflects the bank's entire net exposure in the various currencies. A bank may, however, have certain foreign currency assets which it does not want to be considered for the daily dealing purposes (e. g. long-term investments abroad) because it is willing to have to leave them unhedged. Such items would therefore be excluded from the «dealer position» which therefore may differ from the bank's total position.

From what has been said before, it should now be clear that a «long» position in a certain foreign currency always has its counterpart in a corresponding «short» position in another currency. If we have «long» and «short» positions in several foreign currencies, we need a common denominator to measure our overall exposure. Normally, this common denominator is our own domestic currency.

Since all currencies are quoted in terms of the dollar in the professional foreign exchange business, it is however convenient to keep the dealer position on a dollar basis even if the bank is not dollar-based.»

Source: Brochure «Foreign Exchange and Money Market Operations», 1987. Swiss Bank Corporation.

Handlungsbevollmächtigter Signatory (GB); Authorized Officer, Assistant Manager (USA).

harte Währung hard currency: currency whose exchange rate tends to go up because demand for it is persistently high relative to the supply.

Hausse- und Baisse-Positionen long and short positions. As a rule, current or checking accounts maintained with foreign correspondents must not be over-drawn, but in any case, if a debit balance developes, briefly and by chance, the bank would have to pay appropriate debit interest. Such working (credit) balances are foreign currency assets and thus «long» positions. Since these foreign currencies had to be brought with another currency – let's assume with the domestic currency – the bank is automatically «short» with the respective amounts in its domestic currency. The foreign exchange position is, however, in most cases by no means identical with the working balances maintained, for a number of reasons. First, the banks will often not be enthusiastic about maintaining large working balances in all major trading currencies because of the inherent exchange risk, and will therefore seek to eliminate this risk. For this purpose, instead of buying the required foreign currencies on a spot basis, the banks create them by means of a swap transaction, i. e. they buy them spot but simultaneously sell them forward.

Hedgegeschäft (Kurssicherung) hedging: forward transaction undertaken by a buyer or seller to protect his business, assets or business deal against a change in prices or rates. Used in merchandise, commodities, foreign exchange and securities transactions, representing an action taken for safety and not speculative purposes.

Heimlandkontrolle home country control.
«All the activites of banks (and other financial institutions) throughout the Community whether carried out through a branch or by cross-frontier provision of services, will be supervised by the authorities of the Member States of the head office.»
Source: «Creation of an European Financial Area». Commission of the European Communities, 1987.

Hinterlage see: kurante H.; unkurante H.

Hortung hoarding: to collect or amass metals, cash or other supplies either for borrowing and lending or to hold it in idle balances in the expectation that shortages are developing or the price may go up.

Hypothek mortgage: a written conveyance of title to real estate property, but not its possession, to secure the payment of a debt or the performance of some obligation. Distinguished from a lien in that the creditor has actual title to the property and from the pledge, in that the debtor keeps possession.
See also: erste Hypothek; zweite H.

Hypothekaranlagen mortgage loans: mortgages taken over outright by the banks.

Hypothekarkredit mortgage loan. In the case of the direct mortgage loan, the creditor receives the lien to the property as security. The bank granting the direct mortgage loan has the mortgage entered in the Land Register. The mortgage note which has been drawn up becomes the property of the bank. If the debtor becomes insolvent, the bank can directly dispose of or realize the property.
Indirect mortgage loan: a mortgage credit in which a

debt instrument secured by real estate (such as mortgage note) is pledged as collateral. If the debtor becomes insolvent, the bank can dispose of or realize the property only after it has obtained title to it (e. g. by debt collection for realization of the pledge).

Hypothekenklausel   see: negative H.

I

Illiquidität   illiquidity: the lack of liquid and easily marketable assets, so that the financial responsibilities can no longer be respected in time.

Immobilienfonds   real estate investment trust: investment trusts (mutual funds) whose assets pooled by investors are placed in buildings and/or vacant land according to the principle of geographic spread of risks and the distribution of risks by investing in a number of diverse properties.

Index: index: a statistical figure derived from a series of observations and used for comparisons of various kinds. A certain date is selected as the base (usually 100). All other numbers calculated at regular intervals (days, weeks, etc.) show a possible deviation from the base. The use of the various stock market indices makes it possible to illustrate the overall market trend or the trends for specific security groups or individual securities by a simple method. The best known of the indices is the Dow Jones (USA).

Index-Anleihe   index-linked bond issue: bond issue which links the amount to be repaid for principal and interest to the changes in a specific index. A price index clause can protect bondholders to a large extent against the consequences of monetary erosion (inflation).

indifferente Bankgeschäfte   see: Bankgeschäfte.

Indossament   endorsement: in commercial law, the only recognized method of transferring title or rights to a negotiable instrument by writing one's name on the back of the instrument. The signature may be accompanied by conditional or restrictive wording.

Indossant   endorser: person who has title to a negotiable instrument and writes his name on it, usually on the back, in order to transfer his title or rights to another person or other persons.

Indossatar   endorsee: person or body corporate to whom the title to and rights of a negotiable instrument are transferred by the endorser by means of the latter's signature.

Inflation   inflation: inflation is the depreciation of money or, put another way, the rise in the general level of prices. Whenever possible, the investor attempts to ensure that the yield on an investment at least equals the rate of inflation. If the inflation rate is deducted from the yield on an investment, the balance is the real return. This will be negative if the rate of inflation is higher than the yield. In that case that investment is losing value in terms of its purchasing power.

Inhaberaktie   bearer share: shares made out to the bearer, i.e., the person who holds or possesses the instrument, and do not have an actual name of the owner written on them.

Inkasso   collection: the presentation for payment of any obligation, bill of exchange or draft or other instrument and obtaining such payment.

Inkassowechsel   bill for collection: bill of exchange presented to a bank for collection (and not for discounting). Equivalent of the bill is credited to the account of the customer either immediately «on the due date» or only «after collection».

institutioneller Anleger   institutional investor: a purchaser or seller of securities who acts on behalf of an institution, such as a pension fund, trust fund, mutual fund, or insurance company.

integrierter Finanzraum   integrated financial area. The establishment of an integrated financial area involves progress on several points:
- The strengthening of the European Monetary System.
- The harmonization of national supervisory structures to facilitate complete freedom for financial services (harmonization = the adjustment of national regulations to conform to an agreed Community standard).
- Measures to combat tax evasion.
- The implementation of the full liberalization of capital movements.

«The liberalization of capital movements is not in itself sufficient to establish a true financial area at European level. It calls for complementary supporting arrangements in the areas of prudential harmonization, fiscal alignment and monetary cooporation. Howerver, in the eyes of the Commission of the European Communities a global solution for these problems is not a precondition. The Commission has opted for a strategy which aims to create a dynamic process of integration and therefore accepts the risks of temporary disequilibrium which the strategy may provoke. In short, rather than relying on progress in other areas, the liberalization of capital movements should itself bring about such progress.»

Source: European File, A European financial area: the liberalization of capital movements. 1988, Commission of the European Communities.

Interbanksatz   interbank rate: interest rate applied to credit operations between banking institutions. On the Euromoney market the so-called ‹London Interbank Offered Rate› (LIBOR) is calculated daily and serves as guide for the interest rates used for many international loans in Eurocurrencies. Another example of an interbank rate is the U.S. federal funds rate (Federal funds = excess funds in the accounts held by member banks with the Federal Reserve Bank, which are loaned on a daily basis among banks).

interessenwahrend safeguarding interests: phrase added to large securities transactions executed by the broker (or bank) «at best» on the customer's orders. The notation authorizes the broker, depending on stock market price developments, to abstain from buying or selling the securities involved temporarily if the immediate and complete execution of the order would adversely affect the price of the securities to the disadvantage of the customer.

Interimsdividende, Zwischendividende interim dividend: Many companies in the United Kingdom or the United States pay one or more interim dividends on account of the current year, as it is sometimes inconvenient for shareholders to receive dividends only once a year. The payment of an interim dividend does not necessarily mean that a final dividend will be declared or give an indication of the amount of the final dividend. The size of the interim dividend is determined prior to the closing of the financial year on the basis of the current income statement.

Interimskonto, Zwischenkonto suspense account; interim account; an account for the temporary entry of charges or credits, pending determination of their ultimate disposition. Frequently used in connection with doubtful accounts receivable.

Internationale Bank für Wiederaufbau und Entwicklung (Weltbank) World Bank: abbreviation for International Bank for Reconstruction and Development (IBRD) which, like the International Monetary Fund, was established in 1944 at Bretton Woods (USA) and has its headquarters in Washington. The purpose of the bank is to encourage capital investment for the reconstruction and development of its member countries, either by channeling the necessary private funds or by making loans from its own resources. The bank also raises money by selling bonds on the world market. Generally speaking, the bank makes loans either direct to governments or with governments as the guarantor. Contributions of member countries to the capital of the bank are made in proportion to that member's share of the world trade.

In view of the special problems involved with financing in newly industrialized and developing countries, the banks are firm believers in cooperation with international institutions such as the World Bank and development banks in Asia and Latin America, because a certain level of quality is guaranteed in the projects with which they are associated.

internationale Verschuldung international debt. All the signs point to a continuation of the problems of the heavily indebted countries at an undiminished – or even higher – level of intensity.

«We are basically prepared to cooperate with international institutions and the countries involved in searching for long-term solutions to the debt quandary, and to take new paths if need be. From our standpoint, however, the use of bank loans to keep financing the deficits is much too one-sided and has to be relegated to the past. The future «new money» from the banks will have to be confined as far as possible to transaction-related financing such as trade credits and project loans. Above all, it must be voluntary. Direct investments and other fundraising operations must be focused more on financing development.

This presupposes, however, that the debtor nations create the necessary preconditions and structures for a return to economic health on a permanent basis.»

Source: Annual Report 1987. Swiss Bank Corporation.

Internationaler Währungsfonds (IWF) International Monetary Fund (IMF): the most important international organization for monetary policy cooperation, with headquarters in Washington.

Interventionskurse intervention rates. With most industrialized countries on a regime of floating rates, there are far fewer intervention rates than there were. But the European currency bloc (the EMS) represents an important fixed rate area. The EMS currencies, while not having fixed rates against the dollar, have fixed rates among themselves, with a $\pm 2\frac{1}{4}\%$ margin.

Inventarkurs inventory rate: the rate or price at which foreign exchange, bank notes, gold coins, securities, etc. are maintained on the books of the banks for internal and balance sheet purposes.

Inventarwert inventory value: in the case of investment trusts, the market value of a trust (mutual fund) share calculated for a particular day on the basis of the value of the trusts assets and the number of shares issued.

inverse Zinsstruktur, Zinsinversion inverse interest: when interest rates on the capital market for short-term investments exceed those for comparable long-term investments. Normally, the opposite is the case.

Investition capital investment:
1. in banking terms, the act or process of placing money in a property, security or other thing of value or in a venture, generally on a longer-term basis;
2. in corporate terms, the longer-term commitment of funds for the purchase of machines, equipment, buildings, etc. for manufacturing purposes (direct investment).

Investitionskredit capital investment loan: credit granted for the financing of fixed assets, i. e., property, plant, machines, equipment, etc.

Investmentfonds see: Anlagefonds.

Investmentplan, Aufbaukonto Investment program

permitting the saver to build up a portfolio of investment trust shares on a systematic basis through regular (usually monthly) payments. More shares are
automatically acquired if their prices are low and
fewer if they are high for the investment amount
provided under the Plan (averaging). Plans are usually concluded for at least 5 to 10 years and can
frequently be combined with insurance protection to
guarantee completion.

IWF see: Internationaler Währungsfonds.

J

junge Aktien new shares issued on the occasion of a
capital increase which do not yet entitle to the annual
dividend and are therefore traded separately until the
dividend is distributed.

K

Kaduzierung forfeiture of shares: the rights in respect
of the shares may be forfeited if a shareholder fails to
pay the subscription price of new shares or fails to pay
a call properly made on him. The shares concerned
may be cancelled or newly issued.

Kaffirs: a colloquial name sometimes given to South
African land and gold-mining shares traded on the
London Stock Exchange (from Kaffirs, one of the
Bantu races in Africa).

Kapital capital: In economics, the term «capital» refers to buildings, machinery, materials and other
goods used in production (capital goods). The actual
property is called «real capital» to distinguish it from
«money capital» – the money needed to provide real
capital.
  In connection with business enterprises, «capital»
denotes the capitalization of a business, comprising
both equity or ownership capital and borrowed, debt
or loan capital. Equity capital (or share capital, GB. –
US: capital stock) is provided by the owner or owners,
loan capital by the creditors of the enterprise.

Kapitalerhöhung share capital increase: In order to
finance capital investment as well as research and

development companies can either borrow, in the form of bank credits or bonds, utilize internally generated funds or increase their share capitalization. In the case of a share capital increase, shareholders normally have the right to take up new shares in proportion to their existing holdings. Because the subscription price is usually below market price capital dilution occurs. This means that the share price is lower after the capital increase than before. A shareholder who does not want to subscribe to the new shares can sell the subscription rights on the stock market. The value of the subscription rights, commonly called «rights», is the difference between the share price just prior to the capital increase and the theoretical price after the increase.

Kapitalexport capital exports: flows of capital from one country to another. In the case of remunerative capital exports, the exporting company acquires legal claims, whereas unrequited capital exports can take the form of grants or other non-returnable conveyance. In a broader sense, capital exports also include direct investments effected abroad by multinational companies.

Kapitalflucht capital flight: a not authorized transfer of capital in the form of foreign currency, banknotes or securities from a country prohibiting or restricting such transfers abroad by its residents.

Kapitalisierung capitalization:
to calculate the value of the capital sum (e.g. the earning power value) of regularly recurring performances or income (such as rental income) by applying a specified interest rate (capitalization rate).

Kapitalisierungssatz capitalization factor: factor by which interest must be multiplied to arrive at the capital value.

Kapitalmarkt capital market: any place or system where the requirements of business enterprise and public authorities or governments for medium and long-term capital funds can be met. Opposite: money market.

Kapitalverkehr see: freier K.; Liberalisierung des K.

Kassageschäft spot transaction: transactions where delivery and cash payment for the instruments or goods (e.g. securities, foreign currencies or commodities traded on exchanges) are immediate.
Opposite: forward transactions (foreign exchange), future transactions (commodity trading).

Kassakurs spot rate: in foreign exchange dealing, the rate quoted for immediate payment and delivery. In securities and commodity trading, one talks of a spot price.

Kassenobligationen,   Kassenscheine medium-term notes. In West Germany, medium-term notes are issued by the public authorities and by several special institutions to raise money. The securities are purchased mainly by banks for medium-term investment. The individual tranches are consequently expressed in high amounts.

In Switzerland: medium-term certificates of indebtedness issued by banks continously on demand with lives of 2 to 8 years; important source of funds used by the banks for the financing of mortgages.

Kassenverein see: Auslands-Kassenverein.

Kaufkraft-Index purchasing power index: purchasing power (= value of money) is the real equivalent (= value in goods) of a monetary unit. The purchasing power index always moves contrary to the price index: if prices rise, purchasing power drops and vice versa. The purchasing power index abroad indicates the value of the domestic currency in a foreign currency at a certain time.

Kaution see: Bürgschaft.

Kautionskredit, Bankgarantie bank guarantee, guarantee credit: the bank takes over the responsibility for their client's liabilities towards third parties, e.g. for artisan work, up to a fixed amount. Guarantee credit is an obligating credit because the bank becomes only indirectly liable for the customer.

Kautionswechsel see: Depotwechsel

Kleinaktien: low-priced shares: shares with a low market value and held widely by many shareholders.

kleine und mittlere Unternehmen, KMU small and medium-sized enterprises, SMEs.

«The European Investment Bank (EIB) reserves the major share of its global loans for SMEs. They are provided through the intermediary of financial institutions. Between 1982 and 1984, the total volume of Community loans to SMEs doubled, to represent approximately one quarter of total Community loans. Such a striking increase demonstrates how assisting the financing of SMEs is one of the pillars of Community SME policy.»

Source: EUROPEAN FILE. The Community and business: the action programme for small and medium-sized enterprises.

Commission of the European Communities, 3/88.

Kleinkredit, Konsumkredit, Personalkredit, Privatkredit personal loan: instalment credit: credit granted to private persons for non-commercial purposes (small loans, consumer loans). Granted to an individual solely on the basis of that person's creditworthiness, income and financial circumstances, without any specified assets serving as collateral for the repayment. Granted mostly to employed persons to acquire articles for personal use and to buy durable consumer goods.

KMU see: kleine und mittlere Unternehmen.

kommissionsweise Plazierung placing on commission: the issuing of securities by the borrower (debtor) himself at his own risk. The banks act as subscription-receiving offices and receive a placing commission for any subscription effected through their good offices.

Kommunalobligationen communal bonds; municipal bonds. Unlike mortgage bonds, which are secured by mortgages, the security for the communal bond lies in the communal loans re-financed from them wich are made either directly to public bodies (in West Germany, especially the Federal, Land and Municipal authorities) or otherwise as loans guaranteed by public bodies.

Kompensationsgeschäfte   offset transactions; compensation transactions:
1. in securities trading: adjustment (clearing) of buying and selling orders of the customers among the banks at the market price established during market trading;
2. in foreign trade: offsetting the countervalue of merchandise shipped to a particular country against the merchandise imported from that country. Compensation (offsetting) frequently occurs only for part of the deliveries, the rest being cleared in foreign exchange. Of particular importance in East-West trade.

Konnossement   bill of lading. Document giving title to the goods, signed by the captain or his deputy or by the shipping company or its agent, containing the declaration regarding receipt of the goods (cargo), the conditions on which transportation is made, and the engagement to deliver goods at the prescribed port of destination to the lawful holder of the bill of lading.

The banks will accept the following documents: ocean bill of lading; combined transport bill of lading; short form bill of lading; «received for shipment bill of lading», provided it carries the notation «on board». Unless expressly permitted in the credit, the banks will reject the following bills of lading: charter party bill of lading; bills of lading issued by a freight forwarder, if the forwarder does not act as carrier or as the agent of a named carrier.

See also: Bordkonnossement; reines K.; Übernahme-K.

Konsolidierung   consolidation:
1. conversion of outstanding, short-term debts into fixed, long-term debts;
2. firming of the price level on the stock exchange following a downturn;
3. combination of the separate balance sheets of a group of companies into one group or consolidated balance sheet.

Konsortialgeschäft, Konsortialkredit   consortium operation, syndicated loan: bond issue, loan, etc. granted jointly by two or more banks, with one bank acting as lead manager.

«Medium-term bank loans, which can be utilized flexibly and are available in high amounts, played a growing role in the international financing process in 1988 for the second year in succession. The strong expansion of newly arranged syndicated credits continued to be driven by corporate demand, especially for loans to finance takeovers and mergers. At the same time, though, it reflects a renewed awareness of the value of relationship banking following a fairly lengthy phase when preference was given to securitized and hence marketable loans.»

Source: Annual Report for 1988. Deutsche Bank AG, Frankfurt am Main/Düsseldorf.

Konsortium, Syndikat consortium: an association of independent companies formed to bid for and, if successful, to undertake a project requiring skills and resources not prossessed by any of them individually. A consortium is usually formed to undertake one project, such as a bond issue underwriting, a capital increase, a loan, etc. for common account. Similar to syndicate, which, however, is often a more lasting undertaking.

Konsumkredit see: Kleinkredit.

Konto pro Diverse sundries account; provisional account: account for individual entries expected to be only temporary. Usually used for compensating transactions by persons not maintaining an account with the bank.

Kontoauszug account statement: a summary in writing of all amounts withdrawn and all deposits credited to a customer's account within a given period and showing the balance as the date of the statement. Banks supply their customers with quarterly or semiannual statements showing interest calculations, on request also at different intervals. Statements covering transactions between correspondent banks or with commercial clients are often daily.

Kontokorrent current account: chronological, ongoing entry of the debits and credits resulting from the business relations between the bank and current account customers, with a running balance being kept. May also be maintained as a debit or credit account. Periodical or daily statements furnished. Current accounts offer little or no interest return but unlimited withdrawal privileges and many other services, such as checkbooks, automated cash withdrawal, payment transfers, etc.

Kontokorrent-Kredit overdraft; current account credit: if a bank customer draws out more money than is in his account, he overdraws his account (an overdraft exists). This overdraft can be converted into a current account credit offering the possibility to draw a desired amount at any time up to an agreed limit within the contractual period. Used in particular to cover changing credit needs of corporation clients.

Konversion conversion:
1. replacing an old, due or called bond issue by new bonds of the same company at different terms and conditions (debt restructuring or refinancing);
2. the renewal of a bank-issued medium-term loan;
3. the change of convertible bonds into shares. Holders of convertible bonds are essentially bondholders; however, they are granted the opportunity to exchange the convertible bonds for shares – if this appears an interesting proposition – and thereby to become shareholders of the same company. The owner of convertibles must, as a rule, make the following concession in return for the advantage consisting of the conversion right: the interest rate

applicable to convertible bonds is somewhat lower than for regular, or straight, bonds of the same issuer. The conversion price, that is the price at which convertible bond can be exchanged for shares, is generally 5–12% higher than the share price quoted at the time the bonds are issued.

4. In the foreign exchange business, exchanging a credit balance or claims for one in a different currency.

Konversionssoulte adjustment on conversion; conversion difference: cash amount payable on conversion to the bondholder or payable to the company by the bondholder if the adjustment is negative. It consists of these components:

1. broken-period interest if the running period of the new bonds begins after the coupon date of the old ones;
2. interest differential if the running periods overlap and interest rates differ;
3. price difference if the new bonds are issued above or below par value.

Konvertibilität (Umtauschbarkeit) convertibility. A currency, whether in foreign exchange or bank notes, is usually called convertible if the person holding it can convert it, other words change it, freely into any other currency.

Konzertzeichnung, Majorisierung stagging: applying for new issues of shares or bonds at several issuing units at once in the case of issues which enjoy strong demand in the hope of being able to sell the allotments exceeding own requirements for a capital gain when dealings in them begins on the market. A stag is a speculator engaging in this practice.

Korrespondenzbank correspondent bank: continuing banking connection of a credit institution with another bank in a different banking center, where the latter acts as agent of the former which is not itself represented in that center. The bank is also operative in the field of international payment transactions: via a worldwide network of correspondent banks it carries out transactions of all types and buys as well as sells the desired currencies for its customers. To clients who are often on the go, the bank provides foreign currencies, travelers' checks, the Eurocard, Diners' Club and eurocheque cards.

If the bank is asked to open a documentary credit in favour of a foreign seller, it generally utilizes the services of a correspondent bank, if possible at the same location as the seller. This second bank is referred to as the advising bank. It forwards the credit of the issuing bank to the beneficiary.

Korrespondenzscheck correspondance check: check provided with a separate tab designed for writing messages to the recipient or beneficiary.

Kosten see: ohne K.

Kraftloserklärung cancellation (of securities): legally prescribed procedure for declaring lost securities invalid. The law calls for invalidation to the unknown owner to present the document. The securities are cancelled after the legally specified period has expired without such presentation.

Kredit credit:
1. money lent for a certain period of time or the time allowed for payment for goods and services. A money credit is usually called a loan; loans are made by banks and other financial institutions. Another kind of loan consists in the issue of fixed-interest securities by companies and governments. The term «credit» is also applied to a person's reputation and trustworthiness which qualify him as a recipient of loans of money or goods.
2. In accounting, an entry made on the liabilities side of an account.
3. In finance, an amount loaned to a borrower.

Credits within the meaning of definition 3 can be in cash or in the form of credit lines, for production, investment or operating purposes, or for consumption (consumer loans). Credits can be secured or unsecured or, depending on their use, in the form of current account loans and advances.

See also: gedeckter Kredit; revolvierender Kredit; unbefristeter Kredit.

Kreditbrief (commercial) letter of credit: a document issued by a bank in favor of a customer allowing him to draw money up to the listed maximum amount at correspondent banks enumerated in a separate schedule. In the case of a traveler's letter of credit, the customer is authorized to draw funds in local currency at listed correspondent banks by signing checks drawn on the issuing bank, which are forwarded to the original issuing bank of the letter of credit for crediting to the account of the check issuing bank.

Kreditkarte credit card: identity card issued by credit card organizations (or department stores, etc.) showing the member's name, signature and number, permitting the cashless purchase of goods and services at firms or enterprises associated with the credit card organizations (such as retailers, hotels, restaurants, transport companies, etc.). International credit cards are: Eurocard, Diners Club, American Express, Visa, Master Card and many others.

Kreditkommission credit commission: compensation charged by the bank in the credit business in addition to the interest for special services or as a risk premium.

Kreditlimite credit limit; credit line: maximum amount of the credit granted by the bank to borrowers. If the customer does not draw the entire credit line at once, he can dispose over the remaining amount at once any time within the agreed term of the loan without filling another credit application.

Kreditoren auf Sicht see: Sichtgelder.

Kreditoren auf Zeit time deposits, fixed-term deposits: nonbank funds listed in a bank's balance sheet with a fixed, agreed notice period or a fixed due date.

178

Kreditprotokoll credit memorandum: written agreement by which the bank grants the customer (borrower) a credit or a credit line.

Krügerrand South African gold coin, containing exactly one ounce of pure gold.

kumulative Vorzugsaktie cumulative preferred (or preference) share: a form of preferred stock on which unpaid dividends accumulate until they can be paid. When profits are not great enough to meet the full dividend on such shares, any unpaid dividend accumulates until enough profit cover is earned and meanwhile no dividend may be paid on other types of stock.

Kupon, Coupon coupon: a certificate attached to a bond or share which, when detached and presented to the issuer of the security, entitles the bond- or shareholder to receive the interest payment or dividend due or to exercise rights.

Kuponbogen, Couponsbogen coupon sheet: a set of coupons normally attached to a bond or share certificate. The individual coupons are detached from the sheet at the respective due dates and entitle the owner to receive the interest or dividend upon presentation. The last of the coupons to be detached is called a talon and enables the holder to obtain a new sheet of coupons. U. S. shares are frequently issued without coupon sheets. The payment of the dividend is then mailed directly to the shareholder entered in the corporation's share register or to his banking connection.

kurante Hinterlage marketable collateral: security pledged as collateral which can be easily sold or otherwise realized, such as stocks and bonds listed on a stock exchange.

Kurantmünzen full legal tender: coins which by law must be accepted as legal tender without restrictions. Gold coins, for example, were legal tender in countries on the gold standard. Opposite: divisional or subsidiary coins.

Kurs price, quotation: in the case of securities or merchandise one talks of a market or selling price; foreign exchange is quoted in rates, not prices.

Kurs/Gewinn-Verhältnis Price/Earnings ratio: an important aid to assessing shares. It is calculated by dividing the share price by the earnings per share. The level of the P/E is dependent upon, among other things, the regularity with which a company increases its earnings. The acquisition of shares in a company with consistent earning growth is rightly considered less of a risk than buying shares with a sharply fluctuating record. The industry also has an influence on the P/E which should not be underestimated. The shares of a company with the same earnings growth as another but operating in a less popular sector can have a noticeably lower P/E ratio.

Finally, overall economic developments play a large part in determining the level of the P/E and accordingly the course of the stock market. Interest-rates serve as an excellent example of this. Declining interest rates on the money and capital market tend to lead not only to an improvement in company profits, but also boost prices on the stock market which raises the P/E ratio. Rising interest rates have the opposite effect.

Kurspflege price nursing: prevention of large-scale accidental fluctuations in the prices of shares or bonds by selling such securities in the event of excessive price rises and purchasing them when there is excessive pressure on their prices.

Kurswert, Börsenkurs market value: the price at which a security (share or bond, etc.) is traded on the stock exchange. The market price changes independently of the par value, if any, of the security in response to demand and supply.

kurzfristig short-term: a transaction where success is expected to set in within a short time, as a rule within 1–6 months. In the case of bonds, short-term means a maturity or life of up to 3 years.

L

Länderrisiko country risk: the risk arising from political, economic, legal or social factors in a particular country, e.g. the risk of lending to, or under the guarantee of, a government.

«At all companies included in the Group, commitments in lending business were valued with unchanged care. Provision was made for all discernible risks – both for individual borrowers and for country risks – by the formation of adjustments and provisions in accordance with uniform standards applied throughout the Group. At the end of 1988, the provisioning ratio for country risks in the Group stood at 77%. General provisions for possible loan losses at domestic Group companies were written back on the basis of the order of the Federal Banking Supervisory Office of August 18, 1988. Account was taken of latent risks through the formation of collective adjustments.»

Source: Annual Report for 1988. Deutsche Bank AG, Frankfurt am Main/Düsseldorf.

langfristig long-term: a transaction concluded over a long period, for instance over 8 years in the case of bonds.

Lastschriftenverfahren debit charge procedure: method for the efficient handling of entries on the debit side of customer accounts. Processed by the banks on the basis of a one-time authorization to collect the sums due given to it by the customer or customers.

Laufzeit   duration, maturity of life, term: the time that elapses from the date a debenture is issued until it is repaid; the time for which a loan or credit is granted. See also: mittlere L.

Leerabgabe, Leerverkauf, fixen   to sell short: selling a security one does not own with the intention of buying the security later at a lower price to cover the sale. Until the purchase to close the transaction has been made, the trader is said to be short on the particular stock or other security. Traders taking advantage of falling prices to go short are known as bears.

Liberalisierung des Kapitalverkehrs   liberalization of capital movements.

«The liberalization of capital movements and of financial services is an indispensable element in the realization of the large European internal market. Such a market effectively implies the creation of a financial area without frontiers. Business and individuals in the Community should have access to efficient financial services; they should therefore be able to choose those services which appear to them to perform best, to be the most appropriate for their requirements, to be the most reliable and the least costly. In addition, they should be able to exercise their activities throughout the Community without having to fragment their financial dealings according to the country of operation and without the ruptures, restrictions, and direct or indirect barriers (such as those caused by exchange controls) which can be created by excessively disparate national regulations. Payments (reciprocal transactions in goods or services) have been liberalized for a long time; the process must be completed by the liberalization of capital movements (investments, loans, etc.) which involve the transfer of currencies from one Community country to another. National financial systems will have to adapt to a more competitive environment; as a result, financial costs will be reduced and a process of modernization, specialization, and rationalization will develop, which will favour productivity and innovation. The European financial industry will thus be better able to face the growing international competition from the United States, Japan, etc. National administrations will be encouraged to promote more convergent budgetary policies, due to the elimination of exchange controls and alternative possibilities for investment offered to the traditional purchasers of government bonds.
A proper Community capital market is not simply a «gift to capitalists». It is an objective in the public interest, a new chance for growth and employment in Europe. It will have a wide positive impact on the growth potential of the European Community.»
Source: European File, A European financial area: the liberalization of capital movements. 1988, Commission of the European Communities.

Limit
1. bank line, limit, credit line, line of credit: credit limit granted by the bank to its customer. If the customer does not draw the entire credit line at once, he can dispose over the remaining amount at once any time within the agreed term of the loan without filing another credit application.
2. at limit: a limit on the price at which a bank may purchase or sell securities on behalf of a customer. A limit of this kind is recommended by banks especially for securities on a narrow market and those with sharply fluctuating prices. Opposite: at best, at market.

Liquidation liquidation:
1. dissolution of assets or of a company by realizing the assets and settling the debts;
2. settlement of forward transactions on the exchanges, with specific dates stipulated ahead of time for the individual operations (option declaration, payment, delivery of securities, etc.). The so-called liquidation calendar is determined by the Stock Exchange Board.

Liquidationstage settlement dates: days towards the end of the month specified in advance when the forward transactions concluded previously are paid and delivery made on the exchanges.

Liquidität liquidity: the ability of an enterprise to meet its payment obligations on time. In a wider sense it means the availability of cash and cash-like funds within a company, on the money and capital markets and within the national or world economy.
Only (non-interest bearing) cash and (low-interest bearing) demand deposits can be described as fully liquid. However, although longterm investments have a higher yield, this does not necessarily mean that they cannot be realized at short notice. According to the relative case of converting investments to cash they are referred to as liquid or illiquid. Investments which are liquid include principally securities that are regularly traded on the stock exchange, or over-the-counter. More illiquid are securities that are only occasionally traded, mortgages, land and property as well as items of mainly collectors interest such as stamps, pictures, precious stones and antiques.

Liquiditätsausweis liquidity statement: statement showing the relationship between the disposable means and the easily marketable assets on the one hand and the short-term liabilities on the other.

Lombardkredit lombard loan (GB); collateral loan (USA): loan granted against the pledging of securities as collateral (broker's loan) or against the pledging of goods (advance against goods as security).

Lombardsatz rate for advances against collateral; rate for advances on securities:
1. interest rate for lombard loans granted to the commercial banks by the central bank against the

pledging of securities eligible for discounting (official lombard rate);

2. interest rate applied by the commercial banks to lombard (collateral) loans granted to their customers.

Loroeffekten loro securities: securities held by a bank but owned by a third party.

Loskurs (stock or bond) price drawn by lot: price at which more than one buyer wishes to purchase the same stocks or bonds from the same seller or several sellers wish to sell to only one buyer. If not enough units are available to satisfy the entire demand, lots are drawn to decide who can effect the purchase or sale.

M

Magnetband-Clearing-Verfahren magnetic tape clearing procedure.

«Zahlungsverkehrs-Verfahren, bei dem die Kunden den Kreditinstituten die Daten ihrer Aufträge (Überweisungen, Lastschriften) auf Magnetbändern einreichen oder bei dem die Daten der bei Kreditinstituten eingegangenen Überweisungs- und Lastschriftaufträge auf Magnetbändern (ähnlich wie Tonbänder) erfasst und anstelle von Belegen an die verschiedenen Kreditinstitute verschickt werden. Diese drucken dann in ihrem Hause für ihre Kunden neue Belege oder geben die Daten direkt auf dem Kontoauszug des Kunden an. Dieses Verfahren ist schneller und rationeller als die Methode, bei der die Originalbelege unter den Banken ausgetauscht, d. h. per Post versandt werden. Die Möglichkeiten zur beleglosen Datenübertragung werden inzwischen von nahezu allen grösseren und mittleren Instituten genutzt.»

Quelle: «Das neue Bank- und Börsen-Abc», 1987. Bundesverband deutscher Banken e. V., Köln.

Money market process in which the customer submits the data for his instructions (transfers, debits) to banks on magnetic tapes or in which the data of transfer and debit transactions undertaken by banks are entered on magnetic tapes (as on a tape recorder) and are sent to the various other banks instead of vouchers. The latter then print out new vouchers for their customers on their promises or pass the data to the customer direct on a statement of account. This process is faster and more rational than that of exchanging original vouchers as between banks, i. e. despatching them by post. The possibilities of voucherless data transfer are now used by nearly all large and medium-sized banks.

Majorisierung see: Konzertzeichnung.

Makler see: Börsenagent.

Maklergebühr, Courtage brokerage: the service fee charged by a stockbroker to a client for executing purchase or sale orders for securities, commidities, etc.

Mantel see: Aktienmantel.

Marchzins see: Bruchzins.

Marge margin: for instance, difference between buying and selling prices in stock exchange and precious metals trading and between foreign exchange rates (price and rate margin).
See also: Zinsmarge.

Markt market:
«the public place where the buying or selling of a particular good takes place;
the aggregate demand for a particular good or service; the sum of buyers and sellers of any good or service, and their interaction.»
Source: BANKING TERMINOLOGY, 1982. American Bankers Association, Washington, D. C.
See also: enger Markt.

Marktanteil market share. The stiffer competition is forcing the banks to continually monitor and improve their services. Only an institute that has exhausted all the means of rationalization and can keep up to date with the customers' technological expectations has any chance of gaining market shares, and, in the current buyers' market, market shares are decisive in determining profitability and, in turn, success in the future in the highly competitive banking world.

marktgängig (kurant) marketable: securities or other assets which can be readily sold or otherwise disposed of for cash.

Medio mid-month: 15th day of the month. Date on which forward transactions are settled (squared) on the exchanges, especially in Belgium and the United Kingdom.

Mengengeschäft volume (banking) business, retail business: banking services which are largely standardized and offered to a large group of customers, such as salary accounts. Opposite: custom-tailored services for large (usually corporate) individual clients. Known as wholesale banking in the United States.

Mikroprozessor microprocessor. In 1958, the first intergrated circuit was developed and, in 1969, the first microprocessor on a single chip. It required a further fifteen years to tame the chip to such an extent that it could be used as the key element in intelligent high-performance workstation computers and could be employed in any case which required the mastery of complex accounting, monitoring, control and communications processes.

Mindestreserven minimum reserves; minimum balances: funds which must be deposited by the banks with the central bank to the extent prescribed by law and usually without interest. The amount which must be deposited is, as a rule, calculated as a percentage of certain liabilities items. Minimum reserves restrict the credit-granting lee-way of the banks and influence the money supply.

Mischkredit   mixed credit: export credit is divided into a bank portion at market conditions on the one hand, and into a public participation on the other hand, which is granted at preferential conditions, e. g. at a rate of interest of 1% p. a. The aim of such skeleton agreements consists in lowering the credit costs for the debtor country (development aid) by mixing public with private funds below the market level.

Mitarbeiteraktien   see: Belgschaftsaktien.

Mittel   see: greifbare M.

mittelfristig   medium-term: a transaction concluded for a medium-term period, as a rule within 6 months and 1–2 years; in the case of bonds, as a rule if they have a life of 3 to 8 years.

mittlere Laufzeit   average term:
  1. in the case of a bond issue: the maturity based on the date halfway between the earliest and the latest date stipulated for the repayment;
  2. in the case of an export credit: running time based on the date halfway between the normally semi-annual repayments, allowing for the time until such payments are received.

mittlerer Verfall   average due date: due date for several sums becoming payable at different dates; applies especially to bills of exchange.

monetäre Basis   see: Notenbankgeld.

multinationale Bank   multinational bank: internationally operative bank in the capital and management of which the citizens of several or many different countries may be participating.

Mündelsicherheit   trustee investment status: secure gilt-edge investments for the funds belonging to persons under guardianship. Status is assigned in particular to State bonds, mortgage bonds, savings deposits at first-class banks.

N

nachbörslich   after market: inofficial trading in securities listed on a stock exchange after official hours. Part of the over-the-counter market.

nachrangige Anleihe   subordinated issue, postponed convertible loan: a kind of financing, substitute for capital resources. It represents capital from outside sources until the moment of an eventual conversion, approaching however to capital resources, in opposition to ordinary convertible loans. By the means of such a temporary financing, capital can be employed at risk, the lender, however, remains creditor and gets a determinated interest. The lender has the faculty to suspend his decision about a participation, according to the development of the respective enterprise.

Nach-Sicht-Wechsel, Datowechsel after-sight bill; fixed-date bill: bill of exchange which becomes due and payable at a stipulated date after the issue date. Common in overseas transactions.

Nachttresor night safe: night depository in the form of a vault which can also be used by bank customers outside opening hours. Its use is regulated by a written agreement between the bank and the customer.

Namenaktie registered share: registered shares, in contrast to bearer, have the name of the owner entered on the certificate. Only a shareholder, whose name is entered in the company's register, ranks as owner and can exercise his voting rights. By issuing registered shares the company hopes to maintain control over the shareholders and thus prevent possible foreign domination through the buying up of shares on the stock market. In this way a competitor can be prevented from building up a controlling interest or taking over the company. A company's articles of association can provide for a form of share with even more restricted transfer regulations. These are termed restricted shares, a transfer of ownership taking place only with the approval of the board of directors. The articles of association can also stipulate that such a transfer can be refused without reason being given.

Namenpapier, Rektapapier registered security: a security which is made out in the name of the owner and can be transferred only by assignment. It differs from instruments made out to order, such as bills of exchange, checks, registered shares, promissory notes, etc., which name a beneficiary and are transferable by endorsement.

negative Hypothekenklausel negative mortgage security clause: promise of a mortgage debtor to his creditor not to establish and hypothecary rights in the favour of a third party without the creditor's agreement and not to increase existing encumbrances on his own property.

negative Verpfändungsklausel negative pledging clause: promise of the borrower to the creditor, not to burden any assets (securities, goods, claims, etc.) with hypothecary rights without the agreement of the creditor.

Negativzins negative interest: if the inflation rate exceeds the interest on capital.

Nennwert, Nominalwert face value, nominal value, par value: the value of the security printed on its face, therefore also called face value. Ordinarily not identical with the market value.

nennwertlose Aktien no-par-value shares.

«Die Einführung «nennwertloser» Aktien – wie es sie z. B. in den USA, Kanada und Italien gibt – ist häufig befürwortet, in Deutschland aber bisher nicht zugelassen worden. Für die nennwertlose Aktie spricht, dass der Nennwert infolge des oft stark von ihm abweichenden Kurswertes eine «unwirkliche» Grösse ist. Nennwertlose Aktien lauten auf einen bestimmten Anteil an dem Unternehmen, wie es dem Charakter der Aktie tatsächlich entspricht.»
Quelle: Broschüre «Rund um das Geld», Stichworte aus den Bereichen Geld, Bank und Börse, 1986. Commerzbank AG, Frankfurt/Main.
The introduction of «no-par-value shares», as in the USA, Canada and Italy, for example – is frequently advocated but has not so far been permitted in Germany. The no-par-value share is justified by the fact that the nominal value is «unrealistic» as it often differs widely from the selling price. No-par-value shares are expressed as a percentage holding in the undertaking, which is actually in line with the character of the share.

Nettoabschluss net settlement (stock exchange business): inclusion of brokerage in the price paid.

Nettozins net interest: interest after deduction of the withholding tax (tax at source) on interest or dividend credit advices. In the case of bonds exempt from withholding tax (foreign bond issues) net interest is equal to gross interest.

neutrale Bankgeschäfte see: Bankgeschäfte.

Nominalwert see: Nennwert.

Nostrogeschäfte nostro transactions: transactions which banks conclude on own account.

Nostro-Konto Nostro account: the account maintained by a domestic bank with a foreign bank in foreign currency. The account is operated by the foreign bank, which also prepares the statements. Opposite: vostro account.

Notadresse notify address: person named on a bill by the drawer, endorser or guarantor expected to accept or pay in an emergency; address mentioned in a bill of lading or an airway-bill, to which the carrier is to give notice when goods are due to arrive.

Notenbank bank of issue; note-issuing bank: bank on which the right to issue bank notes has been conferred.

Notenbankgeld, monetäre Basis monetary base, central bank money: bank notes and coins circulating in the private sector of the economy as well as giro (clearing) balances maintained with the central bank by commerce, industry and the banks.

Notenbank-Instrumentarium powers of the central bank: combination of the powers granted to the central bank to govern the credit, monetary and currency policy sectors. Among the classical powers in this field are the discount and lombard policy, the open market policy and the minimum reserves.

«Notes» notes: credit instrument consisting of a written, unconditional promise to pay a sum of money at some specified future date to a named person or to bearer.

See also: Privatplazierung.

Notierung listing, quotation: fixing of an official stock exchange price for shares or fixed-interest securities.

Notifikation notification: formal advising of the borrower by the former or new creditor in the event of assignments or the pledging of assets as security (such as claims arising from life insurance policies). Under bill law, notification means the legally prescribed communication addressed by the check or bill owner to the previous holder and drawer or by the endorser to the previous endorser concerning the refusal of the drawee to pay under the bill.

notleidende Anleihe bond issue in default: a bond issue whose interest or planned repayments of principal are not effected as scheduled under the terms of the issue.

Novation renewal: the act or process of transforming or extending a credit agreement, whereby the old debt is cancelled by the establishment of a new one (e. g. in current accounts by striking and acknowledging a balance).

Nullcoupon-Anleihen zero coupon bonds: bonds on which interest is not paid annually but is deducted as a discount for the entire running period from the issue price. If, for instance, the interest rate of fixed-interest dollar bonds repayable in 10 years is 16%, a zero-interest bond of the same duration and yield would be issued at 22.67% of the face value. Therefore, the investor only has to pay $ 226.70 for a bond with a face value of $ 1,000; yet, he receives full payment of the principal amount on maturity. But he does not receive any interest payments.

Nummernkonto numbered account (Contremarque, Cque): account (or securities deposit), for which the name of the holder is known only to a few people within the bank, all transactions are handled through the number, without mention of the name.

«It is a widely held view abroad that banking secrecy is reinforced by numbered accounts. This view is false. Numbered accounts do not establish a privileged form of secrecy. They merely ensure that the identity of the account-holder is known only to a select group of bank officers. The holder of a numbered account must prove his identity to the bank in exactly the same way as a regular account-holder. For legal reasons, anonymous accounts do not exist in Switzerland. Basically, numbered accounts are therefore suitable chiefly for people living in the glare of publicity, such as film stars, artists and writers, In all legal respects they are fully equivalent to regular accounts. The limitations on banking secrecy apply equally to both.»

Source: Credit Suisse Special Publications, vol. 59: A guide to portfolio investment in Switzerland for non-residents, 1987.

nur zur Verrechnung   for deposit only: notation on the face of the check indicating that the amount must be credited to an account and cannot be paid out in cash.

O

Objektkredit   lending tied to specific properties: a long-term loan, the interest and redemption payments on which are made from income from the item securing the loan (generally residential housing).

Obligation   see: Schuldverschreibung.

Obligation (oder Notes) mit variabler Verzinsung   see: Anleihe mit v. V.

Obligationenfonds   bond investment trust: mutual fund or investment trust which under its by-laws invests its assets in straight and convertible bonds.

Oder-Konto: a joint account from which each holder may draw without the signature of the others. See also: Gemeinschaftsdepot/Gemeinschaftskonto.

offene Schalterhalle   open banking hall.

«We concentrated our efforts on developing further the idea of an open banking hall on the one hand and promoting self-service on the other. Self-service is becoming more and more common for simple transactions, particularly cash withdrawals. At the end of 1987, approximately 250 cash dispensers were in operation in our branch offices throughout Switzerland. About 20% of all cash withdrawals by clients are made via Contomats. The «Electronic Bank», with its range of automatic banking services unparalleled throughout the world, represents a further step in this direction. At the same time, open banking halls were set up in 16 business offices, which permit closer contact with customers wishing to avail themselves of services requiring intensive, individual counseling.»
Source: Annual Report 1987. Union Bank of Switzerland.

Offenmarkt-Politik   open market policy: influence exerted on the money supply and interest levels by the central bank through buying and selling short, medium and long-term debt instruments (such as treasury notes, bills and bonds) on the money or capital market for its own account.

offizieller Diskontsatz   official discount rate: the discount rate (also called bank rate) of the Central Bank applicable only for bills of exchange with a maturity of at least 90 days, drawn on a domestic party and bearing at least two signatures of parties which are independent of one another and are known as solvent. The official discount rate is also applied to bill-like instruments with undisputed standing.

ohne Kosten without protest: notation or equivalent clause (such as without costs) used by the maker, endorser or bill guarantor to protect the holder against protest because the bill has not been paid or acceptance refused.

Option option:

1. in the securities or commodity trade, the purchased right to receive or deliver a specified security or commodity in a specified amount at a specified price at some future date;
2. in the case of a convertible or warrant issue the right of the bondholder to purchase equity papers (shares, participation certificates, etc.) at specified terms and conditions;
3. in the case of securities underwriting, the right of the banks participating in the issue which have taken up so far only part of the bonds or shares to be issued, to acquire another allotment or quota until a stipulated date.

The origin of Options lies in the commodity sector. «Producers, wishing to protect themselves against over-production and a possible price collapse, bought the right to be able to sell their products to the dealers at a set price and date. They had to pay dealers a premium for this right to sell something (Put Option). – On the other hand, dealers, who wanted to protect themselves against price rises, bought the right to be able to buy certain goods at a set price and a set date. For the right to be able to buy something (Call Option), they paid the producers a premium.

Thus, the basic idea underlying Option trading is that one party wants to be free of a certain risk and another is willing to take this risk. With regard to financial Options, nothing has changed this basic idea, only that now shares, bonds, foreign currency or even stock price indices – rather than grains or metals – form the basis of Option agreements. The use of Options can not only limit the risk, but also increase the earnings of an investment.»

Source: CREDIT SUISSE, Options on Swiss shares, CS-Investment Service plus, 1988.

Optionenbörse options exchange: exchange specialized in the trade in share options. The leading exchange of this kind in the United States is the «Chicago Board Options Exchange», where purchase options (calls) and selling options (puts) are traded. In the Federal Republic of Germany: the «German Options and Financial Futures Exchange» (GOFFEX), and in Switzerland is operating since 1988 the «Swiss Options and Financial Futures Exchange» (SOFFEX), the first fully electronic options exchange in the world. Exchange members can place buying and selling others directly by computer, thus displacing the traditional exchange floor.

Optionsanleihe option loan, warrant issue: option loans are bonds with warrants attached which entitle the holder to subscribe for shares, participating cer-

190

tificates, etc., of the company concerned at a fixed price for a given period of time. It follows that, in contrast to a convertible bond, the investor does not acquire shares by exchanging (converting) the bond but by paying the subscription price. Bond and warrant can be separately quoted and in such an event the bonds is said to be «ex-warrants». Accordingly, there are three different stock exchange prices;
1. bond price «cum-warrants», i. e. with warrants;
2. bond price «ex-warrants»;
3. price of warrants as separately traded securities.

The purchaser of an option loan hopes that the price of the underlying shares rises above the subscription price so that he can then acquire the shares, by exercising the warrant, at a price cheaper than on the stock market. As with convertibles the coupons on option loans are lower than on straight bonds.

Optionsschein warrant: a separate form for the subscription to equity paper attached to the bond certificates of warrant issues. It gives the holder the right to purchase a share or participation certificates in the corporation issuing the bonds within a stipulated period and at a fixed price.

Orderklausel to the order of: the notation «to the order of» after the name of the beneficiary makes it possible to transfer or negotiate securities by endorsement. The clause turns the security into an instrument to order. In the case of legal instruments made out to order the notation is not essential because these securities can be endorsed without it.

Orderpapier instrument to order: securities which can be transferred or negotiated by means of endorsement. Legal instruments to order (checks, bills, registered shares) are always of this category even if the order clause is absent.

Organgesellschaft, Tochtergesellschaft subsidiary, affiliated company: a company which is controlled by another company, usually through ownership of all or a majority of its outstanding stock.

Organkredite (loans extended by a corporation to its officers).

«Der Begriff kann zweierlei meinen: bei
– Aktiengesellschaften bedeuten sie Kredite an Mitglieder des Vorstandes, des Aufsichtsrats oder leitender Angestellte sowie deren Ehefrauen und minderjährige Kinder; sie bedürfen der Zustimmung des Aufsichtsrats;
– Kreditinstituten sind Kredite an Geschäftsführer, Mitglieder des Aufsichtsrats und sämtliche Angestellte sowie deren Ehefrauen und minderjährige Kinder, sowie an weitere bestimmte Personen und Unternehmen, die mit dem Kreditinstitut eng verbunden sind, gemeint; sie bedürfen des einstimmigen Beschlusses der Geschäftsleitung und der Zustimmung des Aufsichtsorgans.»

Quelle: Broschüre «Das neue Bank- und Börsen-Abc», 1987. Bundesverband deutscher Banken e. V., Köln.

Corporate loans   The term has two different meanings.
- In the case of joint-stock companies it refers to loans to members of the board, supervisory board or senior employees and their spouses and minor children; they require the consent of the supervisory board;
- In the case of banks they are loans to chief executives, members of the supervisory board and all employees and their spouses and minor children, and other specified persons and undertakings closely connected with the bank; they require a unanimous resolution by the executive management and the consent of the supervisory body.

Ortoli-Fazilität: instrument of the European Community for the financing of industrial development projects.

P

Pari-Emission   security issue at par: securities issued at the nominal or face value, i. e. without agio or disagio respectively premium or discount.

Parität   parity: the ratio of exchange between one currency and another, e. g. dollar parity (exchange value of a currency expressed in dollars).
See also: Wandelparität.

Partizipationsschein   participation certificate: a security incorporating the right to participate in the ownership (equity) of a corporation, but without some of the rights granted to shareholders such as the right to vote at shareholders' meetings. Participation certificates are used like dividend-right certificates and are issued for the purpose of raising capital. The participation certificate, like the capital stock, is part of the equity capital of a company.

Passivgeschäfte   deposit business: transactions in which the bank accepts funds and thereby assumes liabilities. Deposits may take the form of savings, the purchase of medium-term notes, time or demand deposits and so on.

Pensionsgeschäfte   borrowing against bill or security pledging: the acceptance of securities (such as equity paper) by a bank or financing institution for a limited period, with the depositor or a third party undertaking to repurchase the securities concerned after a period stipulated in each individual case.

Personalkredit   see: Kleinkredit.

Pfandbrief   mortgage bond: a debenture-like security for the long-term financing of first mortgages granted by banks, issued exclusively by the central mortgage bond institutions. In contrast to ordinary bonds, mortgage bonds offer far-reaching, legally stipulated collateral.

Pflichtaktien: qualifying shares: shares which must be deposited by the members of the Board of Directors of a corporation for the duration of their office. The number and form of depositing is stipulated in the Articles of Association or the Administrative Regulations of the company. Qualifying shares serve as security for the liability of the governing body and are a form of guarantee. They do not differ from the other shares of the corporation.

PIN persönliche Geheimzahl: peresonal identification number, PIN. The PIN, generally a four digit number or word, is the secret number given to a plastic cardholder either by selection by the cardholder (customer selected PIN) or randomly assigned by the card processor. The PIN is to be used in conjunction with the plastic card to effect any kind of transfer, withdrawal, deposit, or inquiry. It is intended to prevent unauthorized use of the card while accessing a financial service terminal.

Platzwechsel local bill (GB); town bill (USA): bill of exchange accepted by a bank for collection or discounting which is payable at the place where the accepting bank is located.

Plazierung see: kommissionsweise P.

Prämie see: Aufgeld.

Primärmarkt primary market: the market for securities during the issuing period.

Prioritätsaktie see: Vorzugsaktie.

Privatdiskontsatz prime rate (USA); market discount rate, private discount rate: discount rate at which banks discount bank acceptances and first rate commercial paper.

Privatkredit see: Kleinkredit.

Privatplazierung private placement: the sale by the banks of notes, usually for a medium term, issued by foreign corporate borrowers to their investment clientele in the absence of any public advertising; the underwriting of privately placed notes with short-to-long-term maturities on the Euromarket (international private placements).

Programmhandel program trading: computerized arbitrage transactions between future markets, options markets and spot markets.

Projektfinanzierung project financing.

«Over the last several years a preference for package solutions in infrastructure investment and plant engineering has evolved in both industrialized and developing countries. Package solutions address engineering and construction requirements as well as the operation and financing of the project. We set up a central team of project financing specialists to meet these new needs, and work closely with our branches. Although the team is active worldwide, the overwhelming majority of its mandates have so far been for financing of power plant and mining projects in the USA.»

Source: Annual Report 1987. Swiss Bank Corporation.

Prokurist   Senior Officer (GB) – Assistant Vice President (USA).

Prolongation: prolongation; renewal: extension of the maturity or running period of a transaction or an order. If a stock exchange transaction is not executed at the performance date as agreed but further extended, the act of postponement is known as a prolongation. Postponing the due date of a bill is called bill renewal or prolongation.

Prospekt   see: Anleihensprospekt.

Protest   protest: formal written notice that the drawee of a bill has refused to accept or pay it, i. e. that the bill has been dishonored. Filing the protest within the prescribed period is a condition for the right to seek recourse, except if the bill carries the notation ‹without costs› or ‹without protest›. Checks can also be protested in the case of nonpayment, it being sufficient for the drawee to make a written, dated declaration on the check or for a clearing house to make a dated statement.

Q

Quellensteuer   tax at source; witholding tax; tax which is collected at the source by withholding the amount of the tax from payments due to the taxpayer.

«The European Commission is considering two types of measures to reduce increased risks of tax evasion resulting from investors having greater ease in collecting income outside their country of residence. These are: a generalized witholding tax applied to all Community residents; an obligation on banks to disclose information about interest received by Community residents. In any case, greater cooperation between the tax authorities in Member States is indispensable.»

Source: European File, A European financial area: the liberalization of capital movements. 1988, Commission of the European Communities.

R

Rahmenkredit credit line, transfer credit: based on credits granted by skeleton agreements, in which uniform conditions are laid down or a large number of individual exportfinancings and a reasonable amount is fixed as overall limit.

Rangrücktritt, Subordination waiver: in the case of bankruptcy of the debtor, the creditor renounces to his claim, so long as the remaining funds are needed for payment of the other creditors.

Ratazins see: Bruchzins.

Realkredit credit secured by specified assets or collaterals. The collateral can consist either of movables (chattels), such as securities or merchandise, or of immovables, mostly real estate.

Realkredit-Institute (in Deutschland üblicher Sammelbegriff) land credit banks; mortgage banks; real estate credit institutions; private and public mortgage banks. The main task of these special banks is to grant credits secured against the Land Register of loans under a local authority guarantee. The banks obtain the necessary funds by selling communal bonds, mortgage bonds and similar debentures.

Rechnungseinheit unit of account: not a real payment medium but a specially defined unit used to process international payments. Used also for international bond issues and for the deposits of international institutions. Several units of account were created in recent years, resting on a combination (or basket) of currencies, such as the special drawing rights (SDRs) of the IMF and the European currency unit (ECU) defined for the European Monetary System.

Rediskont rediscount: literally to discount again. To sell or discount a negotiable instrument which has already been discounted at once. For example, the commercial banks are able to rediscount bills (which they have already discounted) at the Central Bank.

Redundanz redundancy: refers to the double or multiple execution or activation of important computer and transmission functions for increasing safety and availability.
Information technology has now assumed such proportions that the banks would be unable to function without this electronic infrastructure. Protective measures and redundancy are therefore problems occupying the banks' attention.

Registerpfandrecht registered lien (charge): lien on movable property without transfer of title to the pledge. The transfer of ownership is replaced by the entry of the lien (pledge) in a register while the pledged item itself remains the property of the pledgor. Applied for the pledging of livestock, ships and airplanes as collateral.

Regress recourse: the right of a person to whom a note or other obligation has been endorsed to recover payment from the endorser if the original maker defaults.

reines Konnossement clean bill of lading (clean B/L): bill of lading without any reservations as to the condition of the goods or packaging.

Reisecheck traveller's check: medium of payment created especially for use in international travel and tourism. In contrast to regular checks, traveller's checks must be paid in advance by the buyer. They can be cashed at most banks and many enterprises in other sectors (shops, hotels, etc.) in observance of special control and safety measures.

Rekta-Indossament restrictive endorsement: endorsement with the clause «not to order», which prevents transfer by endorsement. The endorser is liable only to the direct endorsee, but not to persons who obtain the instrument despite the clause through further endorsement.

Rektapapier see: Namenpapier.

relationale Datenbank relational data bank: a data bank which stores data in tabular form. Access to the data is also achieved by tabular operations.

The banks are faced with a wide variety of questions: How important are the new digital communications transfer and transmission techniques? When and where, are the so-called integrated services – voice, image, data (ISDN, Integrated Service Digital Network) – to be included in the telematics systems? What is the most promising relational data-bank system? What new computer languages should be used from now on? How important is teletext? What role will applications of artificial intelligence and expert systems play in the banking system?

Remittent, Wechselnehmer payee: person or firm to whom payment must be made.

Rendite yield: the income produced by capital investment expressed in the percent. In the case of securities, the yield forms an important criterion for judging the eligibility of such vehicles for investment purposes. A stock or bond with a high cash yield is termed a yield paper.

Yield to maturity: The rate of return on a long-term investment, such as a bond, taking into consideration its purchase price and redemption value, the total of annual interest payments, and the time period to maturity. The rate of return is calculated by dividing the total income received from an investment, plus the increments through appreciation minus the loss through amortization, by the original cost of the investment. If the borrower reserves the right to repay the issue early then, should the price rise above par, it is to be expected that the issue will be repaid before maturity. (In such a situation the interest rate on the bond is no longer in line with overall market conditions, that is, the coupon is too high. The borrower can raise the necessary funds at a more favourable rate of interst.) When this happens the redemption yield is based on the earliest possible redemption date.

Rentabilität   earning power; profitability; return: the capacity to gain or profit, or to return a profit or income. The productive capacity of the company, measured in terms of the profit produced during a certain period in relation to the capital employed. More narrowly defined: the ratio of the net profit generated to the capital resources.

Investment is the longer-term, planned use of money to increase or at least maintain its real purchasing power. To this end a return must be earned on the asset either in the form of interest, dividends or through an increase in value of the asset. It should be noted, however, that a high return cannot be achieved without accepting a corresponding degree of risk.

If profitability can be assumed to be the major yardstick for assessing the efficient running of any business concern, then in banking it is of even greater importance, since it is indispensable for maintaining the one major attribute of banking significance: public confidence in its solvency.

Moreover, in the case of banks it is now of even vital importance to be able to achieve progressively higher degrees of profitability, in view of the fiercely competitive environment fast approaching when the domestic market is to be thrown open to all European banks.

Renten   see: ewige Renten.

Rentenfonds   bond fund: investment fund whose assets are invested in fixed-interest securities.

Rentenwerte, festverzinsliche Werte   fixed interest securities: e. g. straight bonds, in contrast to dividend papers. A bond represents a certificate of a debt or of the right to receive a sum of money. The performance of this obligation includes the payment of stipulated annual interest and the redemption, or repayment, of the principal in accordance with previously designated terms and conditions. The debtor must meet these obligations regardless of his business results: in other words, the government agency or corporation issuing the bonds is pledged to pay interest and repay the principal even if it reports a deficit in its annual accounts.

Report   see: Aufgeld.

Reportgeschäft   carry-over (contango) transaction: in securities trading, a carry-over transaction means the prolongation of a bull transaction concluded on a forward basis from one closing or settlement date to the next, with the buyer selling the securities from the liquidation spot to the bank participating in the transaction, paying the contango (premium) and buying them back as of the next closing date. Contango transactions are generally conducted with the help of a collateral loan. Backwardation is the opposite, namely the seller's postponement of the delivery of stocks or bonds with the buyer's consent and payment of a premium to the latter.

Reskriptionen   see: Schatzanweisungen.

197

Retrozession retrocession: the act of passing on, or assigning part of the commission received by a bank to another bank or to an agent (intermediary) which has participated in the transaction. Retrocessions are common on bond underwriting or syndicate and consortium operations.

revolvierendes Akkreditiv revolving documentary credit. The revolving credit is a commitment on the part of the issuing bank to restore the credit to the original amount after it has been utilized. The number of utilizations and the period of time within which these must take place are specified in the credit. It is either cumulative or non-cumulative. Cumulative means that unutilized sums can be added to the next instalment. In the case of non-cumulative credits, partial amounts not utilized in time expire.

The revolving credit is used in cases where a buyer wishes to have certain partial quantities of the ordered goods delivered at specified intervals (multiple delivery contract).

revolvierender Kredit revolving credit; a credit which is repaid during the agreed period and can be automatically renewed without additional negotiation.

Richtigbefundanzeige reconciliation statement: a notification signed and returned by the customer confirming the correctness and accuracy of a statement showing the balance of a regular or safekeeping account. A statement may also be tacitly confirmed by not sending a reconciliation statement within a prescribed period.

Rimesse remittance: sum of money forwarded from one person or one entity to another, either by cash or by negotiable instrument, usually in payment of an invoice for goods or services purchased.

Risikoverteilung risk spread: distributing the risks of losses or reductions in income by spreading the capital investments or the loans granted to third parties among a number of investment objects risks in an optimal manner through distributing the investments (or loans) widely among different countries or regions, currencies, industries and individual companies.

Rückkaufswert surrender value: the amount an insurance company will repay to a policy holder who wishes to discontinue the insurance protection prior to the date of maturity. Usually, the life insurance policy premiums must have been paid for at least three years. The surrender value is used as a guideline for determining the credit line granted against pledging life insurance claims as collateral.

Rücknahmepreis the repurchase price or redemption price is the amount at which an investment trust (mutual fund) is obligated to repurchase trust shares to the debit of the trust's assets. It equals the net asset value less any redemption charges and sometimes the expenses incurred in connection with the sale of investments.

S

s. abbreviation for: siehe = see, refer to.

Sachwert, Substanzwert intrinsic value, material asset value, real value: assets with an inherent, tangible value (such as real estate, precious metals, raw material or merchandise inventory shares). Investments in real values usually offer better protection against inflation than nominal claims (such as bonds) and against the exchange rate declines of a currency.

In the case of company valuations, the material asset value refers to the inherent market value of the company's fixed and current assets.

Sachwertklausel material-value clause: clause in a bond loan agreement linking the amount of the nominal claim to a material substance or assets or to changes in the price of real (material) values. Depending on the type of link, one differentiates between a gold clause or an index clause.

Saisonkredit seasonal credit: credit granted to bridge seasonal needs for funds experienced by certain types of enterprises, such as fashion houses.

Salärkonto see: Gehaltskonto.

Saldovortrag balance carried forward: balance moved forward from a closed accounting period to the next, starting accounting period.

Sammelverwahrung collective custody: the safekeeping of fungible securities according to categories in a bank or a central depository. The customer has a claim on the collective custody in accordance with his holdings but not on specific securities.

Samurai-Bonds samurai bonds: bonds issued in Japan in yen by foreign borrowers.

Schachtelbeteiligung intercompany participation: capital interlocking between several companies which hold participations in each other's ordinary or share capital.

Schadloserklärung declaration of indemnity: a declaration by which the writer who received substitute instruments upon the loss of securities, coupons or savings books, undertakes to indemnify the bank or company concerned for any improper use of the lost documents.

Schalterhalle see: offene Sch.

Schatzanweisungen (Schatzscheine, Schatzwechsel) treasury notes, treasury bills (TRB): short- and medium-term certificates of indebtedness in bill form issued by the government. In the USA, one differentiates between short-term treasury bills (3–12 months), medium-term treasury notes (1–7 years) and long-term treasury bonds (5–30 years).

In the Federal Republic of Germany, treasury notes are issued on the money market by the Federal Government, the Länder, the Federal Railways and the Post Office. «U - Schätze» (= discounted treasury notes): these are treasury bonds with a currency of 6 to 24 months, bearing interest in the form of a discount against the sum loaned (as when discounting a bill).

In Switzerland, the Federal Government issues treasury notes; other obligations of the Confederation, the cantons and the communities are called rescriptions.

Schätzungswert estimated value; appraised value: value of a real estate property or other asset estimated on the basis of an analysis by experts.

Scheck, Check cheque (GB); check (USA): bill of exchange, usually drawn on a bank, and payable on demand. Unlike other drafts or bills, a check is always payable on demand, always purports to be drawn against funds already on deposit, cannot be withdrawn once signed except by the act of stopping payment and needs no acceptance to make it valid or payable.

Checks made out to bearer can be transferred to others simply by handing them over. Crossed checks may be paid only into a checking account. Special check types: traveller's check, eurocheque and correspondence cheque.

See also: gekreuzter Scheck.

Scheckkarte, Checkkarte check card: card issued by a bank for accountholders who are members of a check system, such as Eurocheque. With the card the bank promises to cash the checks provided that the signature and account number on the check and on the check card are identical and that the number of the check card is noted on the back of the check.

Scheckkonto, Scheckrechnung checking account: a demand account from which withdrawals of funds on deposit can be made by writing a check. As a rule, such accounts do not pay interest.

Scheidemünzen divisional coins; subsidiary coins: coins without full value which must be accepted as legal tender only to a limited extent. The metal value of divisional coins is usually less than the nominal value embossed on them.

Schilling currency unit of Austria: Schilling/Groschen, $\frac{1}{100}$. Exchange rate arrangement: without assuming any formal obligations, the authorities aim at maintaining a stable relation of the Schilling with the currencies participating in the European Monetary System.

Schliessfach, Schrankfach, Tresorfach safe deposit box: lockable deposit box in the vault, which can be leased out to the bank's customers.

Schlussdividende final dividend: dividend paid out by a corporation at the end of the year (annual dividend) after quarterly, semiannual or other interim dividends have already been distributed in the course of the year.

Schlusseinheit closing unit; minimum unit of trading; round lot; trading unit: minimum face amount in the case of bonds, and minimum number of units needed for quotation in the official quotation list; at the NYSE, for instance, 100 shares.

Schlusskurs closing price: the last price for a specific security quoted at the trading session.

Schuld see: feste Schuld; schwebende Schuld.

Schuldbuchforderung debt register claim: a claim on the state arising from a loan or credit entered in an official register of such debt. The debt is not represented by securities.

Schuldscheindarlehen borrower's note loans: long-term loans for very large amounts based on a written undertaking or loan agreement. The borrowers are commercial companies with first-class credit ratings and public bodies. A bank usually acts as first lender. Although interest rates on these bonds are higher than average, this is balanced out by avoiding additional debtor expenses on the loan (such as the issue consortium's underwriting commission, printing costs for the prospectus, governmend charges, etc.).

Schuldverschreibung, Obligation debenture: an obligation that is backed only by the integrity of the borrower, and not secured by a specific lien on property. As the term is usually employed, a debenture is an unsecured note of a corporation. Principal category bond:
- an interest-bearing certificate of debt;
- a formal written obligation whereby the maker agrees to pay money either absolutely or upon certain conditions.

See also: Anleihens-Obligation; Kassenobligation.

schwebende Schuld floating debt: short-term, unfunded and nonconsolidated debt of a public authority (such as a construction loan or short-term rescription).

S. E. & O. abbreviation of the technical term from the Latin ‹salve errore et omissione› (errors and ommissions excepted); the request addressed to the customer to examine the bank statement carefully, with the bank reserving the right to correct any errors at a subsequent date.

Sekundärmarkt secondary market: for trading in securities subsequent to the initial placement during the issuing period (primary market). The secondary stock market is the market for securities outside the organized exchanges (another example would be the over-the-counter market in unquoted shares).

Selbstbedienungsbank self-service bank. The bank is active in the entire spectrum of banking operations. The technological basis is a highly integrated realtime informatics system spanning the entire branch office network and all business sectors. The system is equipped for telebanking, i. e., teletext service, portable terminals and home computers, with autonomous self-service banks also able to be connected.

selbstschuldnerische Bürgschaft, Solidarbürgschaft joint and several guarantee: guarantee, by which the guarantor or guarantors commit themselves jointly and severally with the principal debtor. The guarantor can, on principle, be sued even before the principal debtor, if the latter is in arrears with his payments and has already been unsuccessfully admonished. Joint and several guarantee is the most widespread guarantee and the one usually requested by the banks.

Serienanleihe   serial loan: public issue placed in series. The series can be subject to different terms and conditions and whole series can be drawn by lot for redemption.

Sicherheitsmarge   collateral security margin: the margin or difference between the market value of a collateral and the credit granted which is demanded by the bank to cover itself against any possible decline in the value of the collateral.

Sicherheitspool   security pool: an agreement by various lenders with a borrower that the security put up by him will be administered and realized in common.

Sicherungsübereignung   assignment of chattels: an instrument to secure credit, whereby the borrower transfers title to chattels, e.g. a private car, to the lending bank to cover a receivable due to it. The borrower retains possession of the article. When the debt has been redeemed, the transferred title reverts to the debtor.

Sicherungswechsel   see: Depotwechsel.

Sicht, auf S., bei S.   on demand, on sight: in the case of a claim document the notation «on demand» means that the amount specified becomes due and payable immediately upon presentation of the debt certificate or payment order by the creditor to the debtor.

Sicht-Akkreditiv   sight   documentary   credit.   The amount is payable as soon as the prescribed documents have been presented and the bank has checked them. So the proceeds are normally at the immediate disposal of the beneficiary.
In some cases (e.g., foreign currencies) a few days may pass between presentation of the documents and actual transfer of the funds. As a rule it is the time required by the banks to remit the amount of the credit.
In the case of unconfirmed credits, situations can arise where the advising bank delays payment to the beneficiary until it has received the amount specified by the documents from the issuing bank.

Sichtgelder, Sichtguthaben   demand deposits, sight deposits: nonbank deposits listed in a bank's balance sheet which may be withdrawn at any time without the need to observe a notice period.

Sichtwechsel   sight draft; sight bill: a bill of exchange characterized by the notation «on demand», which does not require payment on a definite date. The sight draft or bill is payable immediately on presentation, but has to be presented within the space of a year after drawing, if no other period is noted on the bill.

Solawechsel   see: Eigenwechsel.

Solidarbürgschaft   see: selbstschuldnerische   Bürgschaft.

Solidarschuld   joint liability: the contractual obligation of several debtors through which each of the debitors individually is answerable to the creditor for the discharge of the entire debt.

Sollzinsen debit interest: compensation received by the bank from their clients in return for sums of money loaned, which is related to double-entry bookkeeping, since the loan granted by the bank is entered on the debit side of the books.

Solvabilitäts-Koeffizient solvency factor: the solvency factor is the ratio of a bank's funds to its risk-bearing assets; as from 1 January 1993 it may not be less than 8% overall. See also: Eigenkapitalbestimmungen.

Sonderziehungsrechte (SZR) special drawing rights. During the Sixties, the volume of world trade expanded rapidly at a time when new production of gold was stagnant. Because of this, the currency reserves of central banks could only increase if there were a corresponding United States balance-of-payments deficit. It was feared that if America's external transactions were in balance a dangerous international liquidity shortage would result, and in 1969 therefore, after years of preparatory work, the members of the IMF decided to create Special Drawing Rights (SDRs). In contrast to the Ordinary Drawing Rights, SDRs are not credits, but currency reserves in addition to existing gold and dollar reserves.

SDRs are therefore an international currency which can be used, however, only between central banks or between a central bank and the International Monetary Fund. By contrast, non-banks cannot use SDRs as a means of payment in external transactions; by the same token, they are not traded on the foreign exchange markets nor are they used as instruments for market interventions.

The value of an SDR is measured against a «basket» of the five main currencies. The currencies involved are those of countries the exports of which account for the highest proprotion of world trade. A weight has been established for each of these currencies (total: 100%). The basket is made up as follows:

US-dollar	42%
D-Mark	19
Japanese Yen	15
French franc	12
Pound sterling	12%

On the basis of the market value of these five basket currencies and their weighting, the value of an SDR is determined daily. It is established by the IMF for a large number of currencies and then published.

Special Drawing Rights are important not only because they complement the monetary reserves, made up overwhelmingly of foreign exchange, but also because they could be the first step to international money.

Sorgfaltspflicht-Vereinbarung see: Vereinbarung.

Sorten foreign bank notes. Foreign bank notes are not foreign exchange in the narrower sense. They can be converted into foreign exchange, however, provided they can be placed without restriction to the credit of an ordinary commercial account abroad. The exchange regulations of some countries do not allow this conversion of bank notes into foreign exchange, although the operation in reverse is nearly always permitted.

Sortennummer, Valorennummer security number: a nationally designated number, for identification, assigned to each separate category or any other security deposited with a bank.

Sparbrief savings bond: an alternative investment midway between a savings book and fixed-interest securities, with the same security as traditional savings deposits.

Sparbuch, Sparheft savings passbook: issued by a bank and made out in the name of the holder for the entry of payments, withdrawals and other transactions of the related savings account. Savings books or accounts are used primarily for depositing purpose and not for processing payment and stock exchange transactions, for which current accounts and deposit accounts are more suitable. The restrictions placed on the use of savings accounts are compensated by a higher interest return. Bearer savings books can not be opened without the checking of identity. However, in the case of the savings passbook not being entrusted to the bank for safekeeping, the bank is not in a position and consequently not under obligation to trace the changes in the book's bearer so as to know the entitled party.

Spareckzins see: Eckzins.

Spareinlagen savings deposits: savings books and savings accounts which are specially protected by law, if the bank should go bankrupt.

Sparerschutz see: Einlagensicherung.

Sparheft see: Sparbuch.

Sparkasse savings bank: a bank which accepts interest-bearing deposits of small accounts.

Sparkonto savings account: account managed under the same conditions as a savings book account, with the only difference being that no book is issued.

Spekulation speculation: in general, the act of buying, or of laying out money, with the hope of reaping a quick profit, rather than of making an investment, or making a normal profit on reselling. It is buying in the hope or expectation of a quick rise in the prices, so that there is always a risk of disappointment and loss.

Spitze fractional rights: subscription rights which are not sufficient to subscribe to a whole new share. The shareholder can either purchase additional rights on the market to purchase whole new shares or can sell his fractional rights at the prevailing market price.

Stammaktie ordinary share (GB); common stock (USA): a regular share, without any special features such as a preferred (preferential) share.

stellvertretender Direktor Deputy Manager (GB); First Vice President (USA).

Stichtag settlement day; declaration day:

1. on the stock market the term denotes the day on which the liabilities arising from forward transactions must be settled:
2. in the case of dividend distributions it is the day on which the shareholders become entitled to the dividend. Registered shares are not entered in the Shareholders' Register on the declaration day.

stille Zession   undisclosed assignment: assignment by which the new creditor (assignee) dispenses with notifying the third party of the transfer of title or interest which has taken place.

Stillhalter-Option   option seller. Purchase and sales options are traded. The purchaser takes the active role in each case, while the vendor must wait and see which way his opposite number will decide. The vendor is known as the option seller. See also: option.

Stimmrechtsaktie   voting right share: shares which in relation to the other shares of the same company carry a greater voting right although they have the same par value or are equipped with the same voting right despite a lower par value. Such shares confer preferential rights upon the shareholder in regard to voting rights (qualified voting rights).

Stockwerkeigentum   property (GB); condominium ownership of an apartment (USA): ownership of an entire floor of a building or of a particular apartment (flat) within a multifamily dwelling. Mortgages may be obtained for the acquisition of condominiums in a manner similar to mortgages for entire properties.

Stückzins   see: Bruchzins.

Subordination   see: Rangrücktritt.

Substanzwert   see: Sachwert.

Swapgeschäft   swap operation: the simultaneous purchase and sale of two currencies for delivery on different dates.
Swap line: a mutual credit facility whereby a government buys a foreign currency from a foreign central bank, uses the foreign currency to buy its own surplus currency held by foreigners, and agrees to sell the foreign currency back to the foreign bank at the end of three or six months.

Switchgeschäft   switch: term used especially in connection with shifting investments, for example if securities with an unsatisfactory outlook for price appreciation or income are sold and the proceeds used to purchase equities or bonds with better prospects.

Syndikat   see: Konsortium.

syndizierter Kredit   see: Konsortialkredit.

SZR   see: Sonderziehungsrechte.

T

Tafelgeschäft counter transaction: consideration and counter-consideration are given across the counter simultaneously without involving a customer's account, for example the exchange of German marks for currency or the purchase of securities for cash.

Tagesgeld, Callgeld call money; day-to-day money: funds lent by the banks to one another in round amounts which can be called for repayment by the lending bank on demand and can be paid by the borrower at any time without notice.

Talon certificate of entitlement; talon: renewal coupon; certificate attached to the coupon sheet of a share or bond and exchangeable for a new set of coupons.

Tankscheck filling-station cheque: cheques for cashless payments to filling stations (in West Germany only). It is issued by banks to their customers who frequently use a car for business travel or maintain a substantial vehicle fleet. Unlike the Eurocheque, the filling-station cheque is not confined to the holder of the cheque card but issued against the vehicle.

Teilakzept partiel acceptance: an acceptance which varies from the terms of the bill itself; e. g. one calling for payment of only part of the amount, or at a different time.

Tenderverfahren tender procedure: an issue procedure in which the price is not yet fixed at the time of issue; the securities are allotted to the highest bidder against offers to be lodged in writing, subject to a fixed minimum price.

Termingelder see: Festgelder.

Termingeschäft, Zeitgeschäft forward transaction; future transaction; time settlement deal; account transaction: in contrast to deals done for cash, account transactions do not have to be settled at the time of dealing but only at a later date. Account transactions can be for 1, 2 or 3 months. A bull will buy securities on account in the hope that prices will rise. If the price does rise he can, before the end of the account, sell the same number of securities at a higher price thus making a profit without ever having to take delivery of the securities. Should the shares decline, however, against expectations, the bull must either sell at a loss within the account or, on settlement day take delivery of the securities at the contract price. A bear, in contrast, expects the price of a security to fall. He will, therefore, sell short on account, i. e. he sells securities which he does not possess. If the price falls, in accordance with his expectations, he can then buy back shares, before the end of the account, at a price lower than his original sale, so closing his transaction at a profit.

Theoretically, the forward price for a currency can be identical with the spot price. Almost always, however, the forward price in practice is either higher (premium) of lower (discount) than the spot price.

Forward transactions can serve a number of different purposes. First of all, by doing forward transactions one can cover, or hedge, an otherwise existing exchange risk, be it of a commercial (trade) or financial nature. In connection with money market (deposit) transactions, we encounter the swap operation, which is the combination of a spot purchase with as imultaneous forward sale (or vice versa). To avoid confusion when talking about forward business, dealers use the term «outright» operation when it is a single forward transaction, as against a forward transaction forming part of a swap operation. Outright deals can, as just seen, be a hedge; however, they are speculative transactions if they lack a commercial or financial background.

Hedging by means of forward operations is possible even if the underlying transaction is of a medium- or long-term nature. For many currencies, forward deals of more than twelve months are difficult to arrange, but by regularly renewing, say, a twelve-month forward contract at maturity, we can match the hedge with the tenor of the underlying longer-term transaction. True, in such a case one only knows the cost of the hedging for the first period while the costs for the ensuing periods are not known in advance; this, however, need not be a reason for not hedging.

Terminkontrakt   contract for futures: contract for the delivery or withdrawal of a currency con a specified date in the future at an agreed rate of exchange.

Terminkurs   forward rate: the price applicable for future transactions or on the future markets. Opposite: spot rate, the rate quoted for immediate payment and delivery.

Ticker   ticker: a telegraphic installation which immediately transmits the rates ruling during a session of the stock exchange. It also transmits items of news.

Titel   see: Effekten.

Tochtergesellschaft   see: Organgesellschaft.

Tranche (zum Beispiel Teil-Emission)   block, portion, set: part of an uniform capital issue, which for technical reasons is offered in several sections for subscription. Tranches can be offered at different intervals in order to obtain a more favorable issue price, or they are formed in order to reach the international capital market. In this case several tranches of a single issue are placed simultaneously in different countries, usually in national currencies.

Transfer   transfer: payment from one country or currency area to another.

Transferrisiko   transfer risk: the repatriation of principal and interest to the domestic country could be delayed or prevented owing to offical action or measures in other countries.

Trassant   see: Aussteller.

Trassat   see: Bezogener.

Tratte   draft: a drawn bill without acceptance of the drawee.

Tresor vault; strong room: deposit facilities of a bank for the safekeeping of valuables.

Tresorfach see: Schliessfach.

Treuhandgeschäfte fiduciary transactions: transactions in which a trustee, very often a bank, acts in its own name, but on the instructions of, and at the risk of and for the account of the principals, in a wider sense, any business arising out of the trust connection, such as auditing, giving expert opinions, reorganizing business, dealing with tax questions or liquidation, or making specialized knowledge available.

U

Überbrückungskredit bridging credit; interim credit: a short-term loan made to enable a borrower to complete a purchase before he receives funds from another source, e. g. seasonal loan.

Übernahme-Konnossement received letter of lading; received for shipment bill of lading; words stamped into a bill of lading to indicate that the shipowner has received the goods for shipment. It does not indicate that the goods have already been shipped.

Übernahmen see: Fusionen und Übernahmen.

Übernahmepreis acceptance price: in the underwriting business: the price that will be paid by the banks to the issuers for the direct underwriting of a new securities issue. The difference between the issue price and the acceptance price is the banks' gross profit margin or commission.

übertragbar see: handelbar.

übertragbares Akkreditiv transferable letter of credit. The beneficiary specified in the transferable letter of credit has the option of instructing his bank to transfer the credit fully or in part to another beneficiary.

For the handling of documentary credit transactions in international transit trade, the transferable letter of credit allows the intermediary to have a credit opened in his favour transferred to his own supplier. The intermediary has to commit only a very limited amount of his own funds.

Überzeichnung oversubscription: when a new issue of securities is made and the demand for the securities exceeds the number on offer, the issue is said to be oversubscribed.

überziehen overdraw: to draw in excess of the deposit balance or credit limit.

Umschuldung debt rescheduling: to stipulate new terms for existing debit commitments of enterprises or countries that have not been in position to meet their debt service commitments, above all granting lower interest rates and extending the time limits for the repayments.

unbefristeter Kredit credit which is granted for an unlimited period and is therefore subject to being revoked or cancelled at any time by either of the parties involved (e. g. current account credit).

Und-Konto account opened in the names of two or more persons jointly. Withdrawals from such an account may be made only by the signatures of all of them together. See also: Gemeinschaftsdepot.

Universalbank full-services bank: it not only carries out all types of domestic and foreign payment transactions, accepts savings and deposits, discounts bills and grants credits and mortgages, but also engages in all types of stock market, foreign exchange and underwriting operations for its clients. The range of Bank's services also includes investment counseling, the safekeeping and management of securities as well as the sale and purchase of bank notes, precious metals and coins. The bank also aids its customers in establishing business contacts, accepts subscriptions to domestic and foreign securities issues, assists in the formation of companies and administers estates. For the information of its clients, the press and the public the bank publishes stock and bond price lists as well as regular and special reports on economic trends and events, companies and countries, among other publications.

unkurante Hinterlage non-marketable collateral: security pledged as collateral for a credit transaction which cannot be sold easily or readily because no market or only a very restricted market exists for it (such as unlisted bonds and shares).

Unterbeteiligung sub-participation:
1. in the underwriting business, participation of a bank not represented on the underwriting syndicate by accepting a share in the issue;
2. in the credit business, participation of a customer in a bank loan with a fixed interest rate and maturity.

Unternehmen see: kleine und mittlere U.

Unternehmensberatung business counseling: services in connection with the acquisition, selling, founding or conversion of companies, as well as with respect to successor arrangements and reorganization and restructuring programs. Their advice is also sought in connection with finding solutions to problems evolving around staff pension schemes.

Unternehmensführung Management: the use or skilled application of people and resources to accomplish specific objectives.

Those individuals responsible for directing the operations of any enterprise.

«The quality of management is not revealed in conducting «business as usual» but in fulfilling the far more demanding task of performing in times of crisis. Leadership is the ongoing process of optimizing con-

ditions in the aftermath of setbacks and disappointing performance. On the other hand, internal measures must never be formulated in such a way that they allow policing functions to impinge upon cooperation based on mutual trust.»
Source: Annual Report 1987. Union Bank of Switzerland.

Unternehmerkredit   contractor loan: loan to a building contractor or craftsman for the financing of working capital (salaries, materials, etc.). The equivalent amount will be paid out successively by the building owners on the basis of the progress in building.

Unterschriftenkarte   signature card: the document deposited at the bank which bears the signature of the account or deposit holder, together with those of the authorized agents.

unwiderrufliches Akkreditiv   irrevocable documentary credit. The issuing bank (buyer's bank) commits itself irrevocably to honour its obligation under the credit, provided that the beneficiary complies with all conditions.

Thus the beneficiary receives a firm undertaking of the issuing bank, giving him the security he desires. There are two types of irrevocable credits:
– the irrevocable credit not confirmed by the advising bank. Irrevocable documentary credits always involve a commitment on the part of the issuing bank to pay. In this case, the advising bank does not make any payment commitment. It merely acts on behalf of the issuing bank.
– the irrevocable confirmed credit. By confirming the credit, the advising bank enters into a commitment to pay that is independent of, and in addition to, the issuing bank's commitment. The confirming bank undertakes to honour its commitment regardless of whether or not the issuing bank is in a position to reimburse it.

U-Schätze   see: Schatzanweisungen.

V

Valoren   see: Effekten.
Valorennummer   see: Sortennummer.
Valuta   see: Währung; Wertstellung.
Valutaklausel   see: Währungsklausel.
variabler Zinssatz   variable interest rate which may be changed during the running period of a loan or a bond issue. In the case of international credits, the periodic adjustment to the interest level of the London-centered Euromoney market (LIBOR) is of particular importance.

210

Vario-Kredit: an overdraft on a private customer's current account enabling variable redemption and recourse on payment of a fixed minimum rate.

Vereinbarung über die Sorgfaltspflicht der Banken bei der Entgegennahme von Geldern (VSB) Agreement on the observance of care by the banks in accepting funds (ACB), concluded by the Swiss banks in their endeavour, by careful examination of the bank customer's identity, to prevent assets being invested in the Swiss banking system anonymously; in their effort to maintain Switzerland's good reputation as a financial centre and to combat economic criminality.

Verfall see: Fälligkeit.

Verkehrswert market value; market price: the price for an object (such as real estate property or a security) obtained on the open market under ordinary circumstances. Generally, the market price differs from the income-producing value, which is calculated on the basis of the income.

Vermögensverwaltung portfolio management. A customer who does not wish to manage his portfolio himself can entrust this job to the bank by signing a portfolio management agreement. Such an agreement authorizes the bank to manage the assets in the customer's account and safekeeping account within the framework of normal banking business, but not to make any withdrawals from the accounts.

Institutional investors have developed into a major client segment. Demanding and sophisticated, they entrust their portfolios only to organizations with a proven track record and the latest in technical aids and communications systems. The cost/benefit equation must also be right. A relative dearth of qualified portfolio management professionals and the substantial investments in technology required are cogent reasons for concentrating resources.

Vermögensverwaltungs-Depot management securities safe custody account: a securities safe custody (or safekeeping) account which is normally administered by the bank on the basis of a client's management mandate (in part including additional services of asset administration). In the case of such an account, the bank not only performs the technical details for the administration of the assets but also supervises the portfolio, including changes in its composition.

Vermögenswirksames Sparen capital savings: savings formed by employees in conjunction with a collective labour agreement benefiting from a state subsidy (West Germany only).

Verpfändung pledge: anything put up, or turned over to a creditor, as security for a loan. When the pledge consists of such things as securities, bonds, notes, etc., it is called collateral. A pledge differs from a mortgage in that title to the thing pledged remains with the debtor.

Verpfändungsklausel see: negative V.

Verpflichtungskredit   guarantee credit: credit whereby a bank advances no money to a customer, but gives its guarantee on his behalf.

Verrechnung   see: nur zur Verrechnung.

Verrechnungsscheck   account-only check; collection-only check; crossed check (GB): a check which, due to the addition of one or several crossing marks, is limited in the way in which payment can be effected, with either the number of payees restricted or payment being possible only by a credit entry in an account.

Verschuldung   see: internationale V.

Versorgungswerte   public utilities (USA): the privately operated companies providing electricity, gas, water or telecommunications (incl. telephone) to the general public; in stock market language it refers to the shares and bonds issued by such companies.

Verwaltungsvollmacht   management   authorization; management mandate: a limited authorization for the bank to manage only the technical aspects of a client's securities safekeeping account, without taking over the economic supervision of the investment, e.g. changes in the security holdings.

Verzugszins   default interest: the rate charged on an overdue debt, from the date of default to the date of eventual settlement.

Vinkulierung   (von Aktien) restricted transferability (of shares): a restriction of the right of disposal over securities which, in the case of registered shares, means that they can only be transferred to a new owner if the issuing company has given its assent.

In some countries, the company reserves the right to refuse to enter the name of a prospective shareholder in its share register; the purpose is to provide better protection against an undesired change in the distribution of the share capital, for example to prevent a takeover by foreign shareholders.

Vizedirektor   Assistant Manager (GB) – Second Vice President (USA).

voll integriertes Datenverarbeitungssystem   fully integrated processing system. The major institutes began to form fully integrated processing systems. These included integrated, fully interrelated bank application software packages, based on a large real-time customer and reference data bank linked to a centralized accounting system. Computer centers, operating on the principle of high-speed channels linked to large computers, nowadays serve an extensive computer and terminal network among bank branches via the public communications system. These integrated systems – in operation around the clock – support every type of banking activity and ensure a total and prompt information service at all times.

Vollmachts-Indossament   procuration   endorsement: an endorsement whereby the endorsee is given only the full authority to collect, without transfer of ownership on paper.

212

Vollmachtsstimmrecht see: Auftragsstimmrecht.

Vorschuss see: fester V.

Vortragsposten item carried forward: entries in current account movements which are transferred into the new period, and which are then subject to interest.

Vorzugsaktie, Prioritätsaktie preference share (GB); preferred stock (USA): a share with preference rights, which is preferred over other stocks of the same company with regard to dividend payments and any distribution of assets on liquidation. Preferred stock must receive its full dividend before any dividend can be paid on other stock. See also: kumulative Vorzugsaktie.

Vorzugsaktien ohne Stimmrecht non-voting preference shares: in exchange for a waiver of voting rights, holders receive a preferential dividend.

Vostro-Konto vostro account: foreign bank's account with an inland bank in the inland currency or that of a third country, whereby the inland bank looks after the account and prepares the statement. Opposite: nostro account.

W

Wagniskapital venture capital: equity finance to enable the start up of small and medium-sized private companies and to cover development until profits are generated. Especially young companies with advanced technology and high growth potential need venture capital. In many industrialized nations, this type of companies is promoted by specialized banks, associations and funds (venture capital funds).

«In the light of the single market of 1992, the supranational orienation of business enterprises is a very important factor. In recognition of this, we have increased our investment in Euroventures B. V., 's Hertogenbosch, a European venture capital association supported by major European businesses which via eleven country funds has meanwhile invested some ECU 150 million in 132 different companies.»

Source: Annual Report 1988. Dresdner Bank, Frankfurt am Main.

Währung, Valuta currency: the legally established monetary medium of exchange in a particular country. Changes in the trade and services balances play an important role in appraising a currency's fundamental soundness. A detailed analysis of the underlying factors reveals to what extent attractive investment possibilities exist. In this connection, higher interest rates than in other countries can be very important.

Capital naturally has a tendency to flow where the return is highest. Yet in system of flexible exchange rates, the market is guided not only by nominal rates but also by likely exchange rate fluctuations throughout the duration of the investment. (Experience has shown that above-average interest rates always go together with high inflation.) The decision as to an investment in foreign currency is therefore based on the net yield (interest rate minus expected depreciation).

See also: harte W.; weiche W.

Währungseinheit   currency unit: the monetary unit of a country, Pound sterling (£), Dollar (US$), German mark (DM), Schilling (Austria), Swiss franc (Sfr).

Währungsklausel, Valutaklausel   currency clause: a foreign exchange clause aimed at removing the risk, with regard to a particular claim, of a devaluation of one's own currency, by designating a fixed ratio between this currency and the foreign currency.

währungspolitische Zusammenarbeit   monetary cooperation.

«The European Monetary System has won the first round by ensuring the joint achievement of a certain internal and external stability between Community countries participating in its exchange mechanism. Such an achievement is valuable and must be preserved. However, it is not possible to hide the fact that the dismantling of controls on capital, besides having many advantages, also runs the risk of allowing markets to magnify the impact which external disturbances (particularly those created by the development of the dollar) or temporary differences between Member States' economic policies may have on exchange rates. The liberalization of capital movements therefore calls for increased coordination of economic policies and a strengthening of European monetary cooperation.

In 1987, the Governors of Central Banks in the Community decided to undertake several actions aimed at strengthening the European Monetary System (EMS). Essentially, the intention is to supervise more closely market developments, use all available intervention instruments more actively and more flexibly, and strengthen European cooperation on the financing of interventions made on the exchange rate market».

Source: European File, A European financial area: the liberalization of capital movements. 1988, Commission of the European Communities.

Währungsschlange   European currency snake: the system of tight cooperation in currency policies between European countries.

See also: Europäisches Währungssystem.

Wandelanleihe   convertible bonds issue: bonds issued by a corporation that may be converted by the holder into stock of the corporation within a specified time period, and at a specified price.

Wandelobligation convertible bond: Convertibles are bonds which, during a fixed period (the conversion period) and on fixed conditions, can be exchanged for shares, participating certificates or other similar securities of the company in question. Thus, holders of convertible bonds are firstly bondholders with an outstanding charge against the company which falls due after a fixed term and carries a set income. In contrast to a normal bondholder, however, they also have the right to convert the bond into shares if such action is in their interests, thus becoming shareholders in the company. Convertible bonds have often proven attractive investments. Such securities can rise in price, as shares do, but do not necessarily have the same risk (the fixed coupon and life of the convertible bond offer a support against an excessive decline in price). However, in order to make a capital gain the convertible must be supported by a company whose shares offer good prospects of appreciation. The higher the convertible bond price above par the more it follows the share price.

Because of the advantages of the conversion right, convertible bonds usually have a lower coupon than normal (straight) bonds.

Wandelparität conversion parity: the price at which common stock has the same value as convertible bonds. The holder of a convertible bond will usually not exercise the privilege until market price of common stock reaches conversion parity.

Wandelprämie conversion premium: the difference between the conversion parity and the share price. As a general rule, the conversion premium should not exceed 20%. The premium is justified for two reasons: firstly, a convertible generally has a lower inherent risk than shares and, secondly, such bonds normally have higher income than equities.

Wandelpreis conversion price: the price at which the convertible bond can be exchanged for shares.

Wandelrecht warrant, conversion right: the debtor gives the lender the authority to request, during a certain period, the conversion of the bonds or the loan, instead of the reimbursement, into shares or other equities.

Waren-Anlagefonds commodity fund: investment trust, which mainly invests its funds in commodity bills, e.g. grain contracts.

Warenwechsel see: Handelswechsel.

Wechsel bill (of exchange), draft: an unconditional written order, addressed by one person to another, calling on the person to whom it is addressed to pay, on demand or at a fixed or determinable future time, a sum of money to the order of a specified person or to bearer. Acceptances, checks, and drafts are forms of bills of exchange.

wechselähnliche Anweisung (bill-like payment order) see: Anweisung.

Wechselbürgschaft bill guarantee: commitment, generally by signature of the document, to meet a bill of exchange in the event of the failure of a specified signatory to do so.

Wechselkurs see: Devisenkurs.

Wechselnehmer see: Remittent.

Wechselpension loan against pledged bill; «en pension» bill transaction: a loan granted by the bank in exchange for a bill of exchange as pledge, blank endorsed by the customer.

Wechselstrenge summary bill enforcement procedure: especially rapid summary bankruptcy proceeding applicable against bill and check debtors who are incorporated in the commercial register.

Wechselstube exchange office: banking department concerned with currency exchange and coinage dealing.

weiche Währung weak currency; currency whose exchange rate tends to go down, for example as a result of economic crisis in the country concerned.

Weissbuch White Paper. The Commission of the European Communities published a White Paper in June 1985 setting out the necessary programme for the completing the internal market, together with a clear timetable for action.

«Unlike previous initiatives, the White Paper aims to be completely comprehensive. It seeks to create, step by step, an integrated and coherent economic framework. It does not tackle only one economic sector or an area which favours only one particular Member State. Nor does it simply concentrate on minimal proposals that would be easily acceptable to the Member States. It attempts to identify all the existing physical, technical and fiscal barriers which justify the continuing existence of frontier controls and which prevent the free functioning of the market, and it puts forward over 300 legislative proposals required for their removal.

The importance of ensuring freedom to provide services should not be overlooked, particularly since this is now one of the central issues involved in the new round of international trade negotiations – the ‹Uruguay Round›. Until now services have been regarded as an activity separate from the manufacturing industry and moves to liberalize trade in services have made less progress than in the case for goods. This has been a great mistake both because services form an increasingly important part of the economy and because they are an essential support for maintaining a strong manufacturing base. The White Paper treats goods and services equally and seeks to eliminate barriers to both.»
Source: Europe without frontiers: Completing the internal market. EUROPEAN DOCUMENTA-CION, 1988.

Weltbank see: Internationale Bank für Wiederaufbau und Entwicklung.

Wertpapiere, Wertschriften see: Effekten.

Wertrechte loan stock rights: entitlements registered in conjunction with the issue of a public loan; no securities are issued as such.

216

Wertschriftenanalyse security analysis: systematic assessment of securities as a basis for investment strategy. The fundamental analysis deals mainly with the general financial situation of a company and its earning power, as opposed to the technical analysis of movements on the stock market, price trends, sales, etc. of individual securities.

Wertschriften-Clearing securities clearing: rationalization measure to process securities operations via a central unit of the banks.

Wertschriftenfonds securities investment trust: investment trust whose capital funds are invested in stocks, bonds and other securities.

Wertstellung, Valuta value date: the value date of an amount is the date on which it is available or commences to bear interest. Interest runs from the value date of the amount deposited.

widerrufbares Akkreditiv revocable documentary credit: the revocable credit can be modified or cancelled at any time. Because it offers little security, this form is hardly ever used.

widerrufgültiger Börsenauftrag stock market order: order given to the bank or stockbroker by the customer to buy or sell securities on his behalf on the stock or bond market, valid until the end of the current month or, if given at month's end, until the close of the following month. The principal can extend or revoke the order at any time.

Wirtschaftsindikatoren economic indicators: leading indicators come in especially useful for making economic and stock market forecasts. In the US a combined index of leading economic indicators is published. This barometer of US activity is constructed from the following 12 important indicators:
Average workweek of production workers
Layoff rate, Manufacturing
Net business formation (formations less failures)/change in number of business telephone connections
New orders for consumer goods and materials
Orders for new plant and equipment
Permits for new private housing
Change in inventory and order levels
Change in delivery lead times
Money supply
Change in total liquid assets
Change in sensitive wholesale prices of crude materials (excluding foods and feedstuffs)
Share index (Standard & Poor's 500).
Similar information is also available in other industrialized nations but no other has such a complete collection of leading economic indicators.

Wuchsaktie growth stock: stock or share which can be expected to appreciate in capital value. A growth stock is associated with a rather higher purchase price on the stock exchange and with a rather low current rate of yield. It is a good proposition for long-term investment.

Z

Zahlstelle paying agent: paying office, paying counter: place of performance: the place, where the debtor accomplishes, under an agreement or order, that which was to be accomplished, i. e. office appointed by the issuer of shares or bonds to carry out all transactions arising from the placement and circulation of the given security.

Zahlungsauftrag payment order: an order to the bank from a customer instructing the bank to make payment in favour of a third party.

Zahlungsbilanz balance of payments: an itemized account of the commercial and financial transactions conducted within a stated period of time, by all people of one nation with the people of all other nations. The transactions included in determining the balance of payments include current transactions, such as imports, exports, and tourist spending; capital transactions, such as investments in another country; and so-called gold transactions, which represent the transfer of gold or other valuables to offset deficits in trade balances.

The proposal from the Commission of the European Communities aims to establish, in the framwork of the European Monetary System, a single instrument to provide short-term financial assistance for the balance of payments of Member States. Such an instrument would combine the two current support mechanisms and broaden their scope. The Community would thus be in a better position to help Member States which had particular problems in fully participating in the liberalization of capital movements.

Zahlungsverkehr see: bargeldloser Z.; elektronischer Z.

Zehnerklub Club of Ten: the ten leading industrial nations belonging to the International Monetary Fund who, through the General Credit Agreements of 1962, declared their readiness to make definite amounts of credit available in their currencies, in order to strengthen the resources of the International Monetary Fund in the event of the occurence and existence of certain circumstances.

Zeichnung subscription: purchase of newly issued securities, such as shares and bonds. The subscription to new securities must take place during the subscription period announced by the issuing company in its subscription conditions.

Zeichnungsschein subscription order blank; subscription form: order form in the underwriting business. The subscriber commits himself to take up and to pay for the allocated securities according to the terms of the prospectus.

Zeitgelder see: Festgelder.

Zeitgeschäft see: Termingeschäft.

Zession see: Abtretung.

Zessionar assignee: the acquirer of title or interest transferred by an assignor.

Zessionskredit   assignment credit: credit facilities on the basis of assignment of claims.

Zins   interest: the price paid by a borrower for the use of the lender's money. In banking a distinction is drawn between the interest charged (remuneration to be paid by the customer for the loan taken up) and interest paid on deposits.

For interest calculation there are three separate ways which need to be differentiated, when computing the days; German practice: 1 year = 360 days, 1 month = 30 days. English practice: 1 year = 365 days, calendar month. French practice: 1 year = 360 days, calendar month. Internationally, French interest practice applies, counting 360 days a year and 28, 29 or 31 (actual) days a month. Daily balance interest calculation: method customarily used for calculating interest on current accounts, with interest calculated on the daily balance. It means that interest is paid on the existing balance until it changes.

Zins-Arbitrage   interest arbitrage. In the most elementary sense, «interest arbitrage» means accepting deposits and relending them, for matching periods, at a higher rate. Since, however, the interest spread that can be achieved in such pure money market transactions is very small, balance sheet considerations set limits to such activities; banks do not wish to inflate their balance sheets with low-yield transactions which on the other hand necessitate expensive share capital increases.

Attempts have been made over and again to earn better interest spreads by willingly not matching the tenors of the borrowing and lending operations – lend long, borrow short, for instance. This can also be considered a form of interest arbitrage. It is so commonly known that this is as dangerous as it is tempting.

See also: Arbitrage.

Zinsdivisor   interest divisor: a calculated constant for simplifying the computation of interest. It is composed of the number of the days in the year divided by the rate of interest.

Zinseszins   compound interest: interest arising after having added interest for a determinated period to the principal, computing interest on principal including said interest.

Zinsformel   interest formula: interest numbers divided by interest divisor. The interest number is the result of multiplying the interest days by one hundredth of the capital.

Zinsfuss, Zinssatz   interest rate: the rate of interest expressed as a percentage and calculated for a year.

See also: variabler Zinssatz.

Zinsinversion   see: inverse Zinsstruktur.

Zinsmarge   interest margin:
- difference between the interest receivable and interest payable. The performance of total interest operations is reflected in this margin.
- Difference between rates of interest, e. g. between

that for first mortgages and the one for savings deposits.

Zinssatz   see: Zinsfuss.

Zinsswap   interest swap. Payment obligations based on the assumption of a loan or the issue of debentures, e. g. as between companies and banks, are exchanged with the aim of benefiting from relative advantages possessed by the one party compared with the other as a result of its position in a particular financial market. This depends usually on requirements for finance or different credit ratings.

Zirka-Auftrag   ‹near› order; approximate-limit order: a limited stock exchange order, which grants the dealer a certain scope for its execution.

Zirkularkreditbrief   circular letter of credit: a letter of credit, purchased by a person intending to travel abroad, authorizing him to obtain funds, in local currency, at any of a number of listed correspondent banks.

Zuteilung   apportion (allotment subscribed): allocation of the securities (bonds or shares) apportioned to the individual subscriber in the case of oversubscribed issues. If more applications for subscription are received than securities are available, the individual allotments must be reduced accordingly.

Zwangssparen   forced saving: compulsory saving on a large scale by a state-imposed limitation of consumption expenditure, carried out in such a way that the money «saved» is directed into channels which place it at the disposal of the state (usually by way of a consumption tax) or direct it towards a specific end (as financing for a pension fund).

zweite Hypothek   second mortgage: a mortgage which is granted with a level of enfeoffment of 65 to 80% of the negotiable value and which, as secondary mortgage, is placed after the first mortgage, usually with amortization and with a somewhat higher rate of interest.

Zwillingsaktien   twin shares: shares of two legally independent companies, whose shareholders must be identical. Such shares are united during the merger of the companies.

Zwischendividende   see: Interimsdividende.

Zwischenfinanzierung   bridging financing, interim f., intermediate f.: the assumption of a short-term to medium-term loan to be replaced at a later date by own capital or a long-term loan. Especially popular in the housing field, when the period from the commencement of building work up to payment of a mortgage loan or building society loan must be bridged. Borrowers frequently also opt for a bridging loan when interest rates are expected to rise.

Zwischenkonto   see: Interimskonto.

Leere Seite für weitere Fachausdrücke
Blank page for further technical terms

Leere Seite für weitere Fachausdrücke
Blank page for further technical terms

Band 2

Fachausdrücke im Bankgeschäft
Termes techniques bancaires
Deutsch–Französisch, Français–Allemand
2. Auflage, 238 Seiten

Band 3

Fachausdrücke im Bankgeschäft
Terminologia bancaria
Deutsch–Italienisch, Italiano–Tedesco
224 Seiten

Band 4

Lexique bancaire
Banking Dictionary
Français–Anglais, English–French
264 Seiten

Band 5

Fachausdrücke im Bankgeschäft
Terminologiá bancaria
Deutsch–Spanisch, Español–Alemán
208 Seiten

Band 6

Banking Dictionary
Terminología bancaria
English/American–Spanish,
Spanish–English/American
247 Seiten

Paul Haupt Bern und Stuttgart

Volume 2

Termes techniques bancaires
Fachausdrücke im Bankgeschäft
French–German, German–French
2nd edition, 238 pages

Volume 3

Terminología bancaria
Fachausdrücke im Bankgeschäft
Italian–German, German–Italian
224 pages

Volume 4

Lexique bancaire
Banking Dictionary
French–English, English–French
263 pages

Volume 5

Terminología bancaria
Fachausdrücke im Bankgeschäft
Spanish–German, German–Spanish
208 pages

Volume 6

Banking Dictionary
Terminología bancaria
English/American–Spanish,
Spanish–English/American
247 pages

Paul Haupt Berne/Stuttgart